"YUAN BEN · WULING"

CHUANGXIN CHUANGYE SHIJIAN ZHINAN

"原本·武陵" 创新创业实践指南

主　编 ⊙ 王永强　彭清忠

副主编 ⊙ 黄兴龙　吴　涛　闫　亮　唐雯熙

中南大学出版社
www.csupress.com.cn
·长沙·

编委会

EDITORIAL COMMITTEE

序言

创新是一个民族进步的灵魂，是一个国家兴旺发达的不竭动力。要实现中华民族伟大复兴，就必须建设创新型国家，培育创新型人才。

办学在武陵山区的吉首大学"生于贫瘠，长于艰难，立于奋斗，成于创新"，一直十分重视创新性人才培养，自觉挖掘和充实各类课程、各个环节的创新创业教育资源，强化创新创业协同育人。

"'原本·武陵'创新创业实践营"是吉首大学一门致力于培养学生创新创业能力的实践类课程，有着20多年的建设历史。它肇端于1997年学校为参加"挑战杯"全国大学生课外学术科技作品竞赛开展的专项培训，后来逐步成为以"实践教学为载体，能力培养为导向、立德树人为核心"的实践教学课程。该课程于2020年1月被认定为湖南省一流社会实践课程，于2020年11月被认定为国家级一流本科课程。

"'原本·武陵'创新创业实践营"课程的设立，旨在服务武陵山区发展，服务"下得去、留得住、用得上、干得好"的"四得"人才培养。课程聚焦武陵山区生物资源保育与可持续利用及生态文明建设这一主题，以具备一定专业基础和专业知识的生命科学类专业学生为培养对象。

该课程自开设以来，学生创新创业成绩斐然。近年来，参加学习的学生有50%以上考取了硕士研究生，在中国国际"互联网+"大学生创新创业大赛、"挑战杯"竞赛、"创青春"中国青年创新创业大赛以及全国大学生生命科学竞赛中获得20余项国家级、省级奖励，获奖数量和等级在省内外同类高校生命科学类专业中位居前列，比肩省内外双一流高校的相关专业。对吉首大学生命科学类专业的学生来说，参加"'原本·武陵'创新创业实践营"课程学习是一次终生难忘的经历，不仅巩固和拓展了他们的专业知识，提升了他们的实践技能和人文素养，还为他们亲近大自然、感悟自然和生命的意义提供了实践平台。

王永强、彭清忠领头的课程团队按照政治性、专业性、实用性及现代化、个性化、素质化的编写要求编写了这本教材。该教材逻辑严密、知识完备、实用有效，将有助于提升课程质量，也将为我们学校立足本土资源，开发具有本土特色的实践教学教材蹚出新路。

基于此，乐为之序！

（吉首大学党委书记、教授、博士生导师）

2024 年 12 月 31 日

前言

FOREWORD

二十多年前，我国高等教育实行并轨改革，取消公费生和自费生的区别，所有学生按照划定的招生录取分数线分类录取并承担部分培养费，大学生毕业后实行双向选择自主择业。并轨改革之后，紧接着迎来了高校大幅扩招，出现了一系列新情况、新问题，比如高校经济困难学生的比例大幅增加，大学生心理健康问题凸显等。

针对当时出现的众多问题，很多社会有识之士积极想办法、出对策，其中很有代表性的是何进博士在国内发起的 PHE 项目，PHE 的全称是"pathways to higher education"，中文直译就是"高等教育的路径"，项目实施的目的就是在高等教育实行并轨改革和高校大幅扩招的背景下，在政府的大力支持下，通过创新性的举措，助力贫困大学生上得起学、上得好学且在毕业后能充分就业。项目的理念是"授人以鱼不如授人以渔"，主要原则就是"做事，练人，摸方法，建模式，改进规则，改善组织文化"。为了切实让 PHE 项目取得实效，何进博士还创造性地提出了"实事求是、创新、可持续、宜推广、参与式"的十五字实施方针。

吉首大学有幸从 2003 年开始自筹资金实施 PHE 项目，2005 年开始获得 PHE Ⅱ 期项目资助。"挑战杯"全国大学生课外学术科技作品竞赛的专项培训在经过提炼后也获得了项目资助，项目名为"地方性大学学生科技创新能力培养模式研究"，是吉首大学 PHE 项目的一个子项目，主要试点实施学院是生物资源与环境科学学院。项目通过成立科技创新专家指导委员会和学生科技创新社团、资助大学生科技创新基金项目、举办学生科技创新艺术节和科技创新高峰论坛等，营造了浓厚的科技创新氛围，播下了创新的种子，也收获了丰硕的成果，保持了连续八届(时间跨度为十六年)有作品获得"挑战杯"全国大学生课外学术科技作品竞赛国赛奖励的纪录，占到了全校获奖总数的80%以上，而且获得了学校仅有的两个国赛一等奖。科技创新也带动了学生的创业就业工作，学生的考研深造率连续多年名列全校第一，初次就业率和最终就业率也都高居学校前列。

为了固化"大学生科技创新能力培养"项目的成果，一门极具特色的社会实践课程——"'原本·武陵'创新创业实践营"应运而生，"原本·武陵"中的"原本"二字出自汉代辞赋家枚乘所著《七发》中的"原本山川，极命草木"，这句话被众多生物学家奉如圭臬，其原意为"陈说山川草木，尽名草木之所出"，意即弄清山川地理的情况，并对一草一木逐一展开全面的研究，而武陵山片区具有独特的自然地理环境和丰富多样的生物种群，是一个天然的生物资源的宝库，位处武陵山腹地的吉首大学学子没有理由无视这些绝佳的科技创新能力培养资源。"'原本·武陵'创新创业实践营"课程秉承立足资源、服务需求，教研融合、创新多能的教育理念，积极采用参与式的教学方法，完善教学内容和模块，课程分为创新创业培训讲座和创新创业实践两大部分。课程开设以来，在校、院两级领导的大力支持下，在课程团队的辛勤工作下，开拓进取、求实创新，不断完善课程体系，实现了课程高阶性、创新性和挑战度的统一，深受广大学生、同行及专家的好评。课程于 2020 年 1 月被认定为湖南省一流社会实践课程，于 2020 年 11 月被认定为国家级一流本科课程。

党的十八大以来，习近平总书记将创新提到了前所未有的高度。他在党的二十大报告中指出，"教育、科技、人才是全面建设社会主义现代化国家的基础性、战略性支撑。必须坚持科技是第一生产力、人才是第一资源、创新是第一动力，深入实施科教兴国战略、人才强国战略、创新驱动发展战略，开辟发展新领域新赛道，不断塑造发展新动能新优势"。

教育部也高度重视创新创业工作，在文件中明确提出：挖掘和充实各类课程、各个环节的创新创业教育资源，强化创新创业协同育人，把深化高校创新创业教育改革作为推进高等教育改革的突破口，深化创新创业课程体系、教学方法、实践训练、队伍建设等领域改革。教育部教育质量评估中心发布的《普通高等学校本科教育教学审核评估（2021—2025 年）工作指南》也明确将"创新创业教育"列为新一轮高校本科教育教学审核评估的一个重要指标。作为武陵山区唯一的综合性大学，吉首大学理所应该更加重视创新、鼓励创新、支持创新。

这就为"'原本·武陵'创新创业实践营"这样的"双创"类课程提供了更好的用武之地，而美中不足的是"'原本·武陵'创新创业实践营"作为一门着力于培养学生创新创业能力的实践类课程，一直以来缺乏一本和课程完全匹配的教材，这一定程度上影响了课程的整体效果。校、院两级领导高度重视"'原本·武陵'创新创业实践营"建设，支持编写"'原本·武陵'创新创业实践营"课程教材，经过课程团队两年多时间的筹备，才有了这本《"原本·武陵"创新创业实践指南》的出版。

《"原本·武陵"创新创业实践指南》的特色和价值就在于它是立足本土资源，针对学生的特点和课程实际打造的一本教材。教材分为三个部分，第一部分是创新创业理论概述，主要介绍创新创业概念、创新创业者与团队、创新创业思维与方法；第二部分是"原本·武陵"创新创业实践解析，主要介绍创新创业资源的分析与利用，并对如何从植物学、动物学、微生物学等方向的视角开展创新创业实践进行解析；第三部分是"原本·武陵"创新创业实操训练，主要选取"挑战杯"全国大学生课外学术科技作品竞赛、中国国际"互联网+"大学生创新创业大赛、全国大学生生命科学竞赛和全国大学生创新训练计划项目等开展实操训练。

本教材具有较强的针对性和实用性，我们相信，本教材的出版将会助推"原本·武陵创新创业实践营"这门国家一流课程的建设，助力吉首大学的创新创业教育，助力大学生的成长成才。

作者

2024 年 12 月

目 录
CONTENTS

第一篇

创新创业理论概述

第一章 大学生创新创业理论概述

我们必须把创新作为引领发展的第一动力，把人才作为支撑发展的第一资源，把创新摆在国家发展全局的核心位置，不断推进理论创新、制度创新、科技创新、文化创新等各方面创新，让创新贯穿党和国家一切工作，让创新在全社会蔚然成风。

——习近平总书记谈创新

第一节 创新创业概念解析

一、创新的内涵

创新作为一个汉语词语，一指创立或创造新的，二指首先，最早出自《南史·后妃传上·宋世祖殷淑仪》："据《春秋》，仲子非鲁惠公元嫡，尚得考别宫。今贵妃盖天秩之崇班，理应创新。""创"和"新"在《辞海》中的解释分别为"创，始造之也""初次出现的"。"创新"即做出前所未有的新鲜事情，改旧更新之意。"创新"的英文为"innovation"，其包含三层意思，分别是发明（invent）、创造（create）和革新（innovate），中英文含义相近。人们对创新概念的理解最早主要是从技术与经济相结合的角度出发，探讨技术创新在经济发展过程中的作用，主要代表人物是现代创新理论的提出者美国经济学家约瑟夫·熊彼特（Joseph Schumpeter），他在其著作《经济发展理论》中指出，创新是指把一种新的生产要素和生产条件的"新结合"引入生产体系，包括五种情况：开发新产品、引入新技术、开辟新市场、发掘新的原材料来源、实现新的组织形式和管理模式。但随着创新理论和实践的不断发展，现在人们在创新中更加关注对人的需求的发现与满足。对人的需求的洞察，成为人们在创新创业过程中关注的核心。未来的创新创业，将会更加聚焦于对人的需求的理解与挖掘，是对人的需求的洞察、科技与商业化的完美结合。

创新是指人类为了满足自身需求，不断拓展对客观世界及其自身的认知与行为，从而产生有价值的新思想、新方法和新事物的活动。换句话说，创新是指人们为了一定的目的，遵循事物发展的规律，对事物的整体或其中的某些部分进行变革，从而使其得以更新与发展的活动。

这意味着创新包含了两层含义：一层含义是创造了新的或前所未有的事物，创新相当于创造；另一层含义是本来存在一个事物，将它更新或者创造出一个新事物来代替它，在这种情况下，创新包含了创造。但创造不可能凭空而生，新的创造一般是建立在原有的事物或转化原有事物的基础上，包含了对原有事物的创新，因而创造中又包含了创新。

人类的创新可以分解为两个部分：一是思考，想出新主意；二是行动，根据新主意做出新事物。一般是先有创新的想法和点子，然后有创新的行动，将想法变为现实。

对于个人来说，创新是人与生俱来的一种能力，也是人类特有的认知能力和实践能力。同时，创新也是可以通过后天训练激发和提升的一种能力。对于创业者来说，创新是把用户或者客户未被满足的需求或潜在的需求转化为机会，并创造出新的让用户或客户满意的价值。对于组织来说，创新是组织的一项基本功能，是管理者需要具备的一项重要职责，它能让组织一直保持活力。对于国家和社会来说，创新是引领发展的第一动力，是建设现代化经济体系的战略支撑，是推动民族进步和社会发展的不竭动力。

案例&故事

新"和尚挑水"

相传古时候有三座庙，离河边都比较远。庙里的和尚怎么解决吃水问题呢？

第一座庙，挑水路比较长，和尚们一天挑一缸就累了，怎么办？于是三个和尚商量：咱们来个接力赛吧，每人挑一段路。第一个和尚从河边挑到半路停下来休息，第二个和尚继续挑一段路，再转给第三个和尚，第三个和尚将水挑到缸边并灌进去，带空桶回来再接着挑。这样一来，大家都不累，水很快就挑满了。这是协作的办法，也称"机制创新"。

第二座庙，老和尚把三个徒弟都叫来，说我们立下了新的庙规，要引入竞争机制：三个和尚都去挑水，谁挑得最多，晚上吃饭加一道菜；谁挑得最少，吃白饭，没有菜。三个和尚拼命去挑，一会儿水就挑满了。这个办法称"管理创新"。

第三座庙，三个和尚商量：天天挑水太累，咱们想想办法。山上有竹子，咱们把竹子砍下来，把中心凿空连在一起，然后买一个辘轳。第一个和尚把一桶水摇上去，第二个和尚专管倒水，第三个和尚先在地上休息。三个人轮流换班，一会儿水就灌满了水缸。这个办法称为"技术创新"。

有一句老话叫"一个和尚挑水吃，两个和尚抬水吃，三个和尚没水吃"。如今，这个观点过时了。由三个和尚没水喝到三个和尚通过不同的办法达到共同的目的，关键在于不局限于固有的思维模式，且发扬了团结协作、良性竞争、开拓创新的精神。故事新解，给了我们新的启发。

（资料来源：刘延，高万里.大学生创新创业基础[M].武汉：华中科技大学出版社，2020.有改动）

创新是人类特有的认知能力和实践能力，是人类主观能动性的高级表现。一个民族要想走在时代前列，就一刻也不能没有创新思维，一刻也不能停止各种创新。

二、创业的内涵

>>>

《辞海》中"创业"的定义为"创立基业"。"创业"即指开拓、创造新的业绩，与"守成"相对应。关于"业"字,《现代汉语词典》上的词条有:学业、业务、工作、专业、就业、转业、事业、财产、家业等。由此看来,"业"字的内涵极为丰富。

根据美国"创业教育之父"杰夫里·蒂蒙斯(Jeffrey A. Timmons)等人所著的创业教育领域的经典教科书《创业学》(New Venture Creation)中"创业"的定义,创业是一种思考、推理和行为方式,它为机会所驱动,需要创业者在方法上全盘考虑并拥有和谐的领导能力。创业必须贡献出时间、付出努力,承担相应的财务的、精神的和社会的风险,并获得金钱的回报、个人的满足和独立自主。可见,创业是一种劳动方式,是一种需要创业者组织和运用技术、服务、器物作业的思考、判断、推理的行为。创业就是发现和捕获机会并由此创造出价值的过程。这里所说的创业,通常是指以新的企业为载体,以正当地获得更多利益为目标的活动——创建企业的活动。有时也指开创个人政治、学术等事业的创业。

从性质上看,可以是学业、专业、业务,也可以是家业、产业,甚至是工作、事业;从类别上看,有各行各业、各种职务和岗位,有所谓的"三百六十行";从范围上看,有个人的小业、家业,有社会的产业,企业、国家和社会的各项事业;从过程上看,"业"有草创阶段、发展阶段、成就阶段和保持阶段等。因此,"创业"的内涵极为丰富,有性质、类别、范围、过程阶段等方面的区别和差异。

创业的世界不是十分清晰、整齐、有序和线性的,不具有明确的一贯性和可预测性。创业有风险,有资金风险、竞争风险、团队分化风险、人力资源流失风险。对于年轻的大学生创业者而言,如果连续几个月入不敷出或者因为其他情况导致项目的现金流中断,都会面临极大的挑战。如果创业者选择的行业是一个竞争非常激烈的领域,那么在创业初期有可能受到同行的强烈排挤。创业企业在诞生或成长过程中的力量来源于创业团队。一个篱笆三个桩,一个好汉三个帮,一个优秀的创业团队能够使企业迅速地走上正轨,但也会因经营理念不同而分道扬镳。现实中这样的例子不胜枚举。如果创业者没有足够的素质和耐力,就难以成功走完这条马拉松式的创业艰辛之路,往往企业最后会成为散兵游勇的夏令营。在"一次性、没有做过"的创业特征面前,创业者需要把握创业过程中出现的每一个机遇。

三、创新与创业的关系

虽然创新与创业是两个不同的概念,但是两者在本质上契合,在内涵上相互包容,在实践过程中互动发展。

(一)创新是创业的基础

从总体上说,科学技术、思想观念的创新,促进了人们生产和生活方式的变革,产生新的生产、生活方式,进而为整个社会不断地提供新的消费需求。这是创业活动源源不断进行的根本动因。另外,创业在本质上是人们的一种创造性实践活动,助推着创新性活动落地。无论是何种性质、类型的创业活动,都有一个共同的特征,即创业是主体的一种能动的、开创性的实践活动,是一种高度的自主行为。在创业实践过程中,主体的主观能动性将得到充分发挥,也正是这种主观能动性充分体现了创业的创新性特征。

（二）创新是创业的本质与源泉

只有在创业的过程中拥有创新思维和创新意识，才可能产生新的富有创意的想法和方案，才可能找到新的模式、新的思路，最终创业成功。

（三）创新的价值在于创业

从一定程度上讲，创新的价值就在于将潜在的知识、技术和市场机会转变为现实生产力，实现社会财富的增长，造福人类社会，而实现这种转变的根本途径就是创业。

（四）创业推动并深化创新

创业可以推动新发明、新产品或新服务的不断涌现，创造出新的市场需求，从而进一步推动和深化各方面的创新，因而也就提高了企业甚至是整个国家的创新能力，推动了经济的增长。

四、创新创业——时代发展的永恒主题

>>>

创新创业精神是每个时代自身遵循和崇尚的精神，它引领和支撑着个人的进步、社会的发展。创新是中华民族最深沉的民族禀赋，华夏大地五千多年的文明发展史昭示中华民族虽然经历了凄风苦雨的洗礼，经受了内忧外患的磨难，但依然屹立于世界民族之林。今天的中国已经进入了中华民族有史以来最富有生机和活力的时代。市场经济的繁荣、现代文明的兴起、新技术的发展、文化的全球流传，最为根本的是人们思想的空前解放，这些因素汇聚在一起，为我们这个时代注入了创造与创新的活力。敢于创新，敢于创业，成为企业与个人的一种内在禀赋。创新创业必将释放巨大潜能，合成新的力量之源，推动时代的发展。

创新创业人才始终是引领社会经济发展的最具活力的因素之一。可以预期，随着新一轮创新创业大潮的到来，深化改革将激发数以亿计的各类人才的创新创业潜能，从而为我国经济提质增效、可持续发展打造不熄引擎。在这样一个"大众创业、万众创新"的新时代，鼓励全民创新创业一定要与改善社会氛围相结合，一定要为创新创业者构建一个良好的生态支持系统。这样的社会氛围必然能以开放的理念接纳创新创业者的探索与失败，这样的生态系统必然能实现政策科学调节、技术多元创新、金融系统和产业优化发展，以保持全民创新创业的旺盛活力为特征。

2014年9月10日的夏季达沃斯论坛开幕式上，国务院总理李克强第一次提出"大众创业、万众创新"，强调要借改革创新的"东风"，在约960万平方公里土地上掀起"大众创业""草根创业"的浪潮，形成"万众创新""人人创新"的新态势。

2015年1月14日，国务院常务会议决定设立国家新兴产业创业投资引导基金，总规模为400亿元，旨在通过发挥政府资金引导作用，多措并举，做大该基金的规模、提高资金的使用效率，更好地支持小微企业发展，让"大众创业、万众创新"不再举步维艰，带来中国经济新引擎加速启动，助力产业升级和经济结构转型早日实现。

2015年1月21日，在瑞士冬季达沃斯论坛开幕式上，李克强总理发表特别致辞，首次将"大众创业、万众创新"称为中国经济的"新引擎"。他表示，体制的创新，可以激发亿万人的

创造力，也可以改变亿万人的命运。

2015 年 2 月 25 日，国务院常务会议确定进一步减税降费，支持小微企业发展和创业创新。

2015 年 3 月 5 日，《政府工作报告》提出，要把"大众创业、万众创新"打造成推动中国经济继续前行的"双引擎"之一，以推动发展调速不减势、量增质更优，实现中国经济提质增效升级。

2015 年 6 月 10 日，国务院常务会议确定推出简化创业场所登记手续，落实农民工等人员返乡创业定向减税和普遍性降费措施，在返乡创业较为集中地区探索发行中小微企业集合债券，依托现有开发区、农业产业园发展返乡创业园和孵化基地等举措，支持农民工等人员返乡创业，通过大众创业、万众创新使广袤乡镇百业兴旺，促就业、增收入，打开工业化和农业现代化、城镇化和新农村建设协同发展新局面。

2015 年 7 月 15 日，国务院常务会议决定再取消一批职业资格许可和认定事项，继续加大简政放权、放管结合、优化服务等改革力度，清除对市场主体的不合理束缚和羁绊，有效发挥市场配置资源的决定性作用和更好发挥政府作用，推动形成大众创业、万众创新的蓬勃局面。

2015 年 8 月 25 日，李克强总理会见哈萨克斯坦第一副总理萨金塔耶夫时指出，持续推进结构性改革、通过"双创"激发市场活力，是中国有能力、有条件完成全年经济发展主要目标任务的底气所在。

2015 年 9 月 9 日，李克强总理在会见出席第九届夏季达沃斯论坛的中外企业家代表时表示，经济增长的新动能，就是我们在致力推动大众创业、万众创新；10 日在开幕式正式致辞中，李克强总理再次以参观大连创客空间见闻开题，称"正是大众的创业和创新精神，使我们增强了克服时艰的信心"。

2015 年 9 月 16 日，国务院常务会议部署建设大众创业万众创新支撑平台，认为要利用"互联网+"，积极发展众创、众包、众扶、众筹等新模式，促进生产与需求对接、传统产业与新兴产业融合，有效汇聚资源推进分享经济成长，助推"中国制造 2025"，形成创新驱动发展新格局。

2019 年 3 月 10 日，习近平总书记在参加十三届全国人大二次会议福建代表团审议时强调，要营造有利于创新创业创造的良好发展环境。要向改革开放要动力，最大限度释放全社会创新创业创造动能，不断增强我国在世界大变局中的影响力、竞争力。

2022 年 6 月 30 日，习近平总书记考察香港科学园时指出，青年人是全社会最富有活力、最具有创造性的群体，也是推动创科发展的生力军。要为青年铺路搭桥，提供更大发展空间，支持青年在创新创业的奋斗人生中出彩圆梦。

大众创业、万众创新，是新常态下经济增长的新动力和社会繁荣之源泉，如何迎接"大众创业、万众创新"的新时代，是这个时代的命题，是每个人应该思考的主题。在当今这个知识经济迅猛发展的时代，大学生作为社会创新的活跃分子，承载着推动时代进步的重要使命。"大学生创新创业与时代精神"这一主题，不仅关系到国家的未来，更关系到每一位大学生的个人成长和价值实现。大学生创新创业体现了一种敢于挑战、勇于探索的精神，而这种精神正是时代精神的核心。在全球化和信息化的大背景下，大学生创新创业不仅是对个人能力的锻炼，更是对社会责任的担当。通过创新创业，大学生可以将自己学到的理论知识与实践相结合，解决实际问题，推动社会进步。

世界各国的创新创业教育与实践使得高等院校成为创新创业者的摇篮，使得一批又一批青年学生成为朝气蓬勃的创新创业主力军。知识经济社会使得受过高等教育的人群具有创新创业的资源优势，"互联网+"时代为广大青年学生提供了广阔的平台，高技术时代造就着一代又一代创新创业杰出人才。在新时期新常态下，广泛开展大学生创新创业教育，推动"大众创业、万众创新"的理念深入发展，是适应国家经济社会发展、办好社会主义大学的需要，也是创造更多就业岗位、带动更多大学生就业的需要。

五、时代精神下的创新创业

每个时代都有自己的时代精神，且时代精神博大精深，内容极其丰富和深刻。以改革创新为核心的时代精神作为社会主义核心价值体系的精髓之一，为我国现代化建设、民族复兴提供精神动力与智力支持。作为社会主义核心价值体系的重要内容之一，时代精神是当下中国人民精神风貌的最集中体现，是激励中华儿女奋发进取、自强不息、勇于拼搏、敢于探索的强大精神力量。中华民族时代精神由丰富的内容组成。在这一整体中，改革创新居于核心地位，是时代精神的核心内容。

创新是一个民族进步的灵魂，是一个国家兴旺发达的不竭动力，也是中华民族最深沉的民族禀赋。创新是一个漫长的过程，不仅需要创新的动机、意识，而且需要坚韧不拔、锲而不舍的坚毅品质。自古以来，创新就不是一帆风顺的，它一方面需要具备一定的人力、物力、财力，另一方面还需具备勇往直前、永不认输的精神。美国发明家爱迪生为发明电灯而经历过上千次失败，我国著名化学家侯德榜花多年时间研究制碱法。这样的例子还有很多，虽然他们的成果不同，但他们都具有一个共同的特点——面对挫折，永不服输。

大学生是最具生机与活力的群体，是朝气与希望的化身，更应具备坚韧的意志，在创新的道路上永不服输、勇往直前，直至成功。创新可能是一件周期很长的事情，在进行创新的时候，不仅需要坚韧的品质，还需要不断激发创新的激情。在创新的过程中，要不断寻找继续创新的动力与激情，在整个创新过程中保持精神饱满、精力充沛，为创新活动的顺利开展输送源源不断的动力。参与身边改革，培养创新思维进行改革并非部分人的事情，而是关乎千千万万人利益的事情。创新是指用独具特色的方式、方法解决问题的过程，它要求打破常规思维，用超越常规甚至是与常规相反的方式、方法去思考、解决问题，并提出新的解决方法，以产生独特的、有社会意义的认识成果。

创新已成为各国经济发展和科技竞争的关键因素，在综合国力竞争中的战略地位日益突出。当前，我国经济飞速发展，科技日新月异，国际地位显著提高，"五位一体"总体布局和"四个全面"战略布局都已步入发展的快车道，新时代的中国踏上全面建成社会主义现代化强国、实现中华民族伟大复兴的新征程。但同时，国际局势复杂多变、世界经济恢复缓慢、局部冲突动荡不安、外部环境不断恶化，我国发展面临着前所未有的挑战。迎接机遇、战胜挑战，中华民族要在纷繁复杂的国际舞台上屹立不倒，就必须坚持将创新作为引领发展的第一动力，坚定不移走中国特色自主创新道路，培养创新型人才，建设创新型国家。

时代精神作为一种与所处时代相适应的精神，在不同的历史时期有不同的表现形态，并产生不同的育人功能。时代精神并非一成不变，它在不同的社会具有不同的具体表现形态，随社会的演变而发展。虽然时代精神在不同时代的育人功能有差异性，但时代精神是每一个时代特有的普遍精神实质，是一种超脱个人的共同的集体意识，它代表一个时代的主流思想，体现一个时代的总体风貌，诉说一个时代的主旋律。以改革创新为核心的时代精神不仅对国家意义重大，对每个社会成员也具有重要作用。

在当今这个飞速发展的时代，创新创业已经不仅仅是一种商业模式或技术手段，更是一种体现时代精神的社会现象，因为它展示了人类对进步和发展的渴望。在当今全球化的世界中，创新创业已成为推动经济、社会和文化进步的关键因素。在这种精神的引领下，无数年轻人、学者和企业家纷纷投身于创新创业的洪流中，用自己的智慧和汗水书写着时代的篇章。

创新创业已成为时代精神体现在以下几个方面：

1. 创新创业的时代精神体现在对未知领域的勇敢探索上

在这个信息爆炸的时代，新思想、新技术层出不穷，只有敢于冒险、勇于尝试的人才能抓住时代的机遇，适应变革。随着科技的飞速发展和全球化进程的加速，创新创业有助于人们适应不断变化的环境，并为解决问题提供新方法。创新者不畏困难，不惧失败，坚信每一次尝试都是一次学习的机会，每一次失败都是通往成功的必经之路。

2. 创新创业的时代精神体现在对社会责任的深刻认识上

在追求经济利益的同时，创新创业者积极承担起社会责任，用自己的智慧和力量解决社会问题。他们关注环境保护、关注教育公平、关注弱势群体，通过创新的方式推动社会的进步和发展。创新要自立，科技要自强。只要我们秉持科学精神，把握科学规律，大力推动自主创新，努力在自主创新上大有作为，就一定能在国际竞争中赢得优势、赢得主动、赢得未来，创造更多的中国奇迹。

3. 创新创业的时代精神体现在对团队合作的重视上

在这个竞争激烈的时代，单打独斗很难取得成功，团队合作尤其是跨领域合作的重要性愈发凸显。创新创业鼓励不同领域和背景的人们共同合作，以实现共同的目标。创新创业者深知团队合作的重要性，他们积极寻找合作伙伴，共同攻克技术难关、开拓市场。在团队合作中，他们学会了相互信任、相互支持，也学会了分享成功和承担失败。跨领域合作有助于激发新的想法和解决方案。创新创业强调合作、分享和公平竞争，以实现共同目标。这种共享的价值观也有助于构建和谐的社会环境。

4. 创新创业的时代精神体现在追求卓越和持续学习上

创新创业强调持续改进和提高，以满足客户需求和解决现实问题。这鼓励人们在各个领域追求卓越，推动社会进步。创新创业需要面对不确定性，并勇于承担风险。这鼓励人们勇于尝试新事物，寻求突破性的成果。创新创业需要不断学习和发展新技能。这有助于人们适应不断变化的环境，为社会创造更多价值。

总而言之，创新创业体现的是一种积极向上、勇于探索、敢于担当的时代精神。在这种精神的引领下，唯创新者进，唯创新者强，唯创新者胜，我们相信未来的世界将会更加美好。

第二节 创新创业与大学生职业生涯发展

>>>

或许有许多大学生认为自己作为天之骄子，拥有一份好的职业是理所当然的事情。这几乎就像是一种与生俱来的权利。父母、老师和朋友都期盼着我们事业有成。我们的人生是否成功以及我们身份的确定都是由我们的职业来衡量的。我们上大学选择学习的专业都是在为职业生涯做准备。我们被不断告知，"正确"的职业生涯将带来快乐、成功和充实的生活。

人们对职业生涯普遍持有上述观点。社会中那些对我们的态度和价值观的形成有重要影响的人也持有这样的看法。这些理念通过老师、家长、大众媒介灌输给我们。这种种期许，不仅使我们在选择合适的职业时压力重重，也使社会在提供给我们好的工作机会时负担不轻。

当前经济社会快速发展，各行各业对人才的标准日益提高。高校在培育人才时，不仅要确保学生具备扎实的理论知识和专业技能，还应鼓励学生密切关注行业发展趋势和就业市场的需求，深入分析并制定科学的大学生职业生涯规划。鉴于全国范围内正大力推行"大众创业，万众创新"的策略，高校应有针对性地设计创业项目，让学生参与实践，全面培养其创新创业能力。这不仅有助于学生毕业后能够自信地面对职业世界，也是确保他们成长为社会所需人才的关键。

一、职业生涯规划的概念

>>>

职业生涯规划既是生涯规划的重点内容，也是大学生进行生涯规划时最困惑的部分。大学生缺乏职业实践锻炼，对职业世界充满好奇、幻想和恐惧，对毕业之后的选择充满了困惑。职业生涯规划对于大学生来说非常重要，但是很多大学生并未足够重视它。美国知名职业生涯规划师、《选对池塘钓大鱼》一书的作者雷恩·吉尔森说过："一个人花在影响自己未来命运的工作选择上的精力，竟比花在购买一件穿了一年就会扔掉的衣服上的心思要少得多，这是一件多么奇怪的事情，尤其是当他未来的幸福和富足要全部依赖于这份工作时。"

案例&故事

职业生涯咨询的开始

从历史的角度看，"生涯"的概念还很年轻。其实，在20世纪初以前，职业选择对多数人来说还不是什么常事。换句话说，"有一份职业"的理念自出现到现在也不过一百多年。在那之前，许多人只是自发地继承他们父母所从事的工作。假如你是一个男孩，你的父亲是名农民或经营店铺或从事木工等，那么你将继承父业。假如你是一个女孩，那么你会在农场或城镇的家中做和你母亲一样的事情。职业生涯基本上是生来就注定的。

为什么情况发生了变化? 变化是由一种外部力量引起的, 那就是工业革命。工业革命引发了社会变革。大工业的发展催生了石油业、铁路运输业、纺织业、肉类加工业、造船业、汽车业、公用事业、建筑业、木材业、银行业和钢铁业, 等等, 使整个经济发生了巨大的变化。这些大工业创造出的各种工作机会吸引了来自各地的大量劳动力。他们渴望积累财富以过上更好的生活。这些岗位是全新的, 是上一代人从未经历过的, 当时, 社会上有大量的就业机会可供选择。

一个新来者可以进入一个新行业, 开始一个新生意, 发展新的技能, 并在这一过程中获得财富与成功。当然, 这里面也存在风险。他也许会失败, 但更重要的是他有机会摆脱旧的思维方式和生活方式, 这对他而言具有无限的吸引力。所有这些新发现的自由与生涯选择和进行良好生涯规划的责任紧密相联。

1908 年, 一个叫弗兰克·帕森斯(Frank Parsons)的人为了帮助年轻人和成年人梳理日渐复杂的职业选择过程, 在波士顿一个街道的一栋住宅楼里创建了职业局。这项新计划指导求职者(尤其是新来的移民)审视自己的个性特点, 调查当地的就业状况, 然后选择可能的最佳机会。正如我们今天所知, 这就是生涯咨询的开始。

帕森斯的理论极为盛行, 他的著作《选择一份职业》(*Choosing a Vocation*)为那些有志于在城市中发展事业的人介绍了他的计划。

(资料来源: Reardon·Lenz·Sampson·Peterson 著, 职业生涯发展与规划[M]. 侯志瑾, 伍新春等译. 北京: 高等教育出版社, 2005. 有改动)

(一)职业生涯的概述

在一生中, 每个人都要扮演多重角色, 其中工作者的角色占去的时间和花费的心血最多。下文将介绍与职业生涯相关的几个基本概念。

职业生涯是以满足需求为目标的工作经历, 包括工作内容的确定和变化, 工作业绩的评价, 工作待遇、职称、职务的变动等。

职业生涯分为外职业生涯和内职业生涯。

外职业生涯是指从事一种职业时工作时间、工作地点、工作单位、工作内容、工作职务与职称、工资待遇、荣誉称号等因素的组合及其变化过程。外职业生涯具有不可控性: 外职业生涯的构成要素往往是别人给予的, 也容易被别人收回和否定。比如, 当一名业务代表加入一家公司时, 其薪酬水平通常由公司设定, 而非业务代表个人所能左右。如果业务代表未能为企业带来预期的业绩, 公司有权利根据业绩情况调整其薪酬, 甚至可能采取解雇的措施。

内职业生涯的构建是一个人在职业领域内不断积累和成长的过程, 它涵盖了知识、理念、经验、技能、心理素养以及个人内在感受等多维度因素。这些因素的积累和提升, 主要依赖于个人的努力和追求。例如, 当小王被提升为销售经理时, 他所获得的职位只是他职业生涯中的一个外在标志, 而要真正胜任这一职位, 所需的专业知识、观念、经验、能力和心理素质等, 并不是在任命的那一刻就能完全具备的。这些内在素质需要通过在实际工作中不断探索和反思来逐步培养和完善。即使有一天小王不再担任这个职务, 他所积累的知识和经验仍然是他个人的宝贵财富，不会因职位的变动而丧失。与外职业生涯相比，内职业生涯的要素一旦获得，别人便不能收回或剥夺。内职业生涯的丰富和提升，是个人人力资本的重要组成部分，它能够转化为外在的职业成就。只有当内职业生涯和外职业生涯都得到均衡发展时，个人的职业生涯才能顺利进行。一方面，内职业生涯的发展是外职业生涯发展的前提；另一方面，外职业生涯发展顺利可以促进内职业生涯的发展。

在人生约二分之一的时间里，个体职业生涯从二十多岁的工作阶段一直延续到五六十岁的退休阶段。这段时间恰恰是个体精力最充沛、创造力最旺盛的阶段。为了更好地利用这一黄金时期，我们应当科学地规划和利用职业生涯。职业生涯不仅可以满足人们的生活来源需求，还可以满足归属感和爱的需求、自我尊重的需求、他人尊重的需求以及自我实现的需求。因此，职业生涯不仅是我们的谋生手段，更是我们满足高层次需求的重要途径。只有在完整的职业生涯中，我们才能充分发挥潜力，实现人生的最大价值，并获得高度的满足感。

案例 & 故事

雪域高原上的青春梦想

每个人都有自己的远方，遥远的、美好的、寂静的、荒凉的、充满戏剧性的……如果命运有剧本，你会怎么选择？

大学毕业的时候，吉首大学生物资源与环境科学学院环境科学专业的张晓敏有着两种人生剧本的选择：第一种，作为一个南方姑娘，留在离家不远的安稳和舒适区，按部就班地工作与生活；第二种，奔赴远方，哪怕再艰辛也要实现自己"有所为"的梦想。

她选择了第二种，并且脚步迈得很坚决，将这个远方的坐标定在了雪山之巅、万水之源的西藏。从青葱校园到雪域高原，从青涩到成熟再到成长，4000 米海拔上的青春梦想开了花：在藏区生活 9 年，张晓敏不仅赢得了藏族同胞们的信任与爱戴，也先后获得了西藏自治区大学生志愿服务西部计划西藏专项"优秀志愿者"、第十二届"中国青年志愿者优秀个人"、"民族团结进步模范个人"等多项荣誉。

由教育部、中国教育发展基金会主办的 2022 年"全国高校毕业生基层就业卓越奖"颁奖仪式上，张晓敏作为湖南省唯一获奖代表参加颁奖仪式。

【不设限的人生】

2014 年 7 月 25 日，对于张晓敏而言，这个日子有着分水岭式的意义——

九年前的这一天，她选择了西行。尽管很多选择都是未知的，没人可以预料将来会发生什么，但是选择踏出的第一步，往往是因为听从了内心最真实的声音。

"雪山之巅、万水之源的西藏，以其神奇、神秘、神圣的姿态吸引着成千上万的有志者，令他们驻足长叹，流连忘返。我庆幸自己来到了这片神奇的土地，尽管眼下充满挑战，但我无怨亦无悔。我将在这里努力奋斗，挥洒汗水，书写自己作为志愿者的'史册'……"

这一年的那个夏天，位于南方的吉首大学校园里，毕业季的离别与喧闹同在。没有如大多数同学一样，学环境科学专业的张晓敏并没有找一份对口的工作，而是选择了西行——

"到西部去，到基层去，到祖国最需要的地方去。"临近毕业，校园里挂起的一条"大学生志愿服务西部计划"横幅显得格外鲜艳。张晓敏心动了——青年人的理想就该如此。回到浏阳老家，餐桌上，一直是乖乖女的张晓敏提出了毕业后想去做志愿者的想法，父亲表示了默许。可得知她的目的地是西藏之后，全家人纷纷放下了手中的碗筷，集体投了反对票。其中，反对得最强烈的是年迈的爷爷，而老人家强烈反对的原因，张晓敏懂。学生时代她曾因生病切除了一个肾脏，因此全家人对瘦弱的她一直疼爱有加。

"这是人生里第一次这样坚持与任性。"一家人争执不下，张晓敏当即拨打了吉首大学负责西部计划招录的老师的电话。电话里，对方告知了她几个可供选择的地方：湖南湘西、广西、贵州……而这一头，张晓敏意志坚定地选择了自然环境最为特殊的西藏。

"一年，哪怕就让我去体验一年也好。"拗不过张晓敏的坚持，全家人最终同意了。走的那天，全家人一起送她。除了一遍又一遍地说着"好好照顾自己"外，朴实的妈妈屈雪香双眼通红。而不善言辞的爸爸只是叮嘱她："过得不好就回来！"

"她从小就有主见，再心疼也不能强留。"一家人泪眼婆娑，目送着张晓敏的身影渐行渐远。

沟壑纵横的黄土高坡，雪山连绵的格尔木，巍峨挺立的昆仑山，海拔高耸的唐古拉山口，荒无人烟的可可西里，辽阔无边的那曲草原……历经两天两夜的火车之旅，张晓敏最终踏上了西藏这片神奇的土地。随后，再穿过古老美丽的拉萨河，越过波澜壮阔的雅鲁藏布江，走过崇山峻岭间的盘山公路，来到了她作为志愿者服务的曲松县。

曲松，藏语意为"三河"，因色布曲河、江扎普曲河、贡布普曲河贯穿全县境内而得名。这个小县城位于雅鲁藏布江中游的谷地之上，四面高山环绕，河谷狭窄纵横，地势南高北低，平均海拔4200米。

"不设限的人生，会有着无数种可能。"圆梦西藏，张晓敏心中明白：不出来走走，就永远不能体会到自己的生活是多么幸福；不出来走走，就永远不能感受到那种来自心灵的震撼与洗礼；不出来走走，就永远不知道世界的某个角落还有着一群亟待帮助的人……

【在"高原"和"深谷"之间】

"是什么吸引你来到了西藏?"

这个问题，张晓敏被人问过很多次，也问过自己。答案究竟是什么?

常年生活在山清水秀的地方，最初张晓敏的确是被西藏那看不尽的蓝天白云所吸引，也为它那转不完的神山圣湖所醉心。

和旅行不同，很多人只知道西藏海拔高、空气稀薄、含氧量少。在这个完全迥异于家乡的地方，却有着另一重现实：张晓敏所在的曲松县不仅地广人稀、交通闭塞，多数地方只通邮，并且邮费高昂。而偏远山区的老百姓依旧过着"人背畜驮"的生活，一年到头也难得去一趟城里。而在当时，更让人心疼的则是一些偏远山区的孩子，除了一身校服外他们很少买新衣服，也穿不上真正保暖的鞋子和袜子。

从曲松县县城出发，翻过色那拉山，沿着崎岖的盘山公路一路而下，便是邱多江乡。离曲松县县城40余公里的邱多江乡平均海拔4500米，属半农半牧地区。自然条件之艰苦，让生活在这里的人们只能顽强地适应着环境。

2014年11月，初冬的西藏已经是寒风凛冽，一片萧瑟。由于工作需要，张晓敏被派往邱多江乡邱多江村驻村。一路颠簸到驻村点，这个南方女孩明白了这也是生活的一种——

极寒的天气里，走在室外，能听到上牙碰下牙"咯吱咯吱"的声音。初夏时的"最美天路"一下就变成了高原上的极寒之地。简陋的村部是一栋一层楼的房子，油毡屋顶上不时有老鼠在上面跑过。一到晚上，没有门闩的门便只能用一沓沓报纸"垒"得高高的堵在门口。

刚开始驻村的几天，张晓敏很不习惯，除了难以下咽的饭菜外，取暖是最大的问题。邱多江村除了海拔高，风儿还没日没夜地呼啸着，洗个头都能分分钟结冰。因为条件艰苦，村里供电不稳定，这就让取暖变得异常艰难，偶尔用个取暖的"小太阳"都是奢侈。漏风的房子里，盖两三床被子依旧是冷。没过多久，张晓敏的双腿被冻得乌青，静脉曲张让她小腿上的血管一如一条条爬出皮肤的蚯蚓，让人触目惊心。直到来年春天，这些"蚯蚓"都没有完全消失。

"没敢和家里说，更没敢和他们视频。"恶劣的环境下，张晓敏一直处于担惊受怕、难以入睡的状态。直到一位好心的湖南老乡捎来了一个睡袋，这才解决了晚上睡觉的问题。身处异地，不敢和家里说，是她怕家里人担心。

而在邱多江村教学点，张晓敏发现教室里桌子是旧的，孩子们没有足够的写字本，那些本子都是由一张张空白纸拼凑在一起然后用针线缝起来的，想必是用哥哥姐姐没有写完的本子纸组合起来的。而在课外，他们没有完好的玩具，更没有像样的水杯——那些水杯，是由一个个装过调味料的玻璃瓶变身而来，陪伴着他们走过春夏秋冬。

天真淳朴的孩子们不懂汉语，可当张晓敏走近他们的时候，一张张印着高原红的脸上略带羞涩，却绽放出了世界上最灿烂的笑脸。就在他们用稚嫩的童声齐唱儿歌后，张晓敏试着问他们最想要什么东西，答案居然是袜子。这让一旁的老师还以为自己听错了，以为是"旺仔(牛奶)"。再问，他们依然异口同声地回答是袜子。

"有人出生就处于'高原'，而有的人却要在'深谷'中长大。能帮一点是一点。"孩子们想要一双新袜子的这个心愿让张晓敏的内心被震撼到了。尽管她也是在农村长大，但还不至于到想要一双袜子当礼物的窘境。这一刻，张晓敏意识到自己可以做点什么、也该做点什么了。成为一名西部志愿者，这不再是一句简简单单的口号，而是一种社会责任。

利用自己的朋友圈，张晓敏第一次在同学朋友间发起了求助，专门为"情系高原，志愿者在行动"走村入户送温暖活动募集衣物。募集信息一传十、十传百，半个月后开始陆续有包裹寄过来。随即，她又在网上的"捐衣服吧"里进行注册登记。审核通过后，电话、信息连续不断，一个又一个的爱心包裹飞越万水千山后涌进曲松县。

从此，接收包裹、统计来源、反馈信息、整理包裹、运送分发占据了张晓敏工作之余的大部分时间。仅仅半年过去，张晓敏便收到了来自全国各地的爱心包裹500多个，包裹发放区域覆盖了曲松县的各个乡镇。为此，县里特意找了两个空置的车库给她临时储存包裹。这也是后来"爱心小屋"的雏形。

"这里的每个人都像格桑花一样活着，不因土壤贫瘠而夭折希望，不因环境恶劣而放弃梦想，不仅要喜爱高原的阳光，还要耐得住雪域的风寒。"在分发包裹的过程中，陆续有贫困儿童出现在张晓敏的视线之中。孩子们的乐观与坚韧再一次打动了张晓敏，也让她生出了一定要他们拉一把的念头。

在当地老师、朋友们的帮助下，张晓敏一方面开始收集贫困儿童的相关资料，另一方面开始在他们和爱心人士之间牵线搭桥。如果说从接收整理爱心包裹到发放是一个比较烦琐的过程，那么让爱心人士从了解情况到乐意资助再到转账汇款更不是一件容易的事儿。凭着尽自己的一份心与力的念头，张晓敏联络了爱心人士以每月发放助学金的形式添薪助力。

"青春是用来奋斗的！我是一名青年党员，恳请组织让我去基层服务……"2018年11月，原本考上了曲松县委办的张晓敏向组织递交了一纸申请书，请求深入基层锻炼。之后她成为曲松镇下洛村的第一书记和驻村工作队副队长。驻村任期结束后，2021年4月，张晓敏被调往了条件更为艰苦的曲松县堆随乡工作。

愿为萤火，予人微光。入藏9年，一如雪域高原的格桑花一样，张晓敏一直坚韧地扎根在这片土地上，并散发了属于自己的芬芳。

为振兴乡村，她积极引进养蜂技术，尝试带领藏族同胞"甜蜜致富"；微善传大爱，工作之余她募集了价值100余万元的爱心包裹，并将废弃的房屋改造成"爱心小屋"发放衣物，以至于藏族同胞们亲切地将它称作"全村人的衣柜"；捐资助学，她以身作则，积极联系母校定期开展义卖赞助西部贫困学子，还发动17名爱心人士以每月发放助学金的形式添薪助力，累计发放爱心助学金7万余元；驻村期间，关爱弱势群体的她化身义务"销售员"和"代购员"，为不懂汉语的村民代销10余万元的药材，并长期帮助70多位老弱群众代购生活用品；为了让藏区更好地培育良好家风、淳朴民风，她以创新思维建起了党员群众志愿服务积分兑换超市，以小积分汇聚"大动能"。

【她为国家，我们为她】

沙市镇文光村是浏阳北乡一个有着近七千人的村子。游走于其中，山坳里空气清新，黑色的山脊若隐若现，远山如黛，一如鱼儿的脊背。朴实的农家院子里，爽朗的说笑声和鸡鸣犬吠声近在咫尺，农家的气息温馨而自然——张晓敏的家便坐落于此。

因为张晓敏的回家休假，一家人变得更加忙碌了，菜园子处的两苑大茴香快处于收获季尾巴，依旧被挑着好的剪下来、冲洗、晾干。妈妈屈雪香要将这些茴香和那些晒好的干菜一起，装进女儿的行囊。而在院子里的一间木工房里，爸爸张雷则顶着三伏天的暑气做一个小凳子。对于年过半百的他而言，给女儿自己手工打制的小东西或许是表达父爱的最好方式。

天下母亲疼子女的方式大抵是相似的。性格温柔而细腻的妈妈依旧记得女儿张晓敏一点点长大的样子。

从小，因为父母需要常年外出打工，张晓敏便跟着爷爷奶奶一起生活。懂事而听话的她在几岁的时候就会帮奶奶做一些诸如择菜、烧火等力所能及的事；再大一些，自立的她不仅可以和哥哥一样独立去学校，而且变得十分有主见；9岁的时候，因为生病，她被切除了一个肾脏，小小年纪的她忍着疼痛配合医生治疗；读高中寄宿了，看到贫困的同学吃不起饭，她会偷偷往他们课桌里塞吃的。而遇到家里送好吃的来了，她总是大方地将所有的东西全部分享出去。

对张晓敏，家里人的评价是"几乎不用人操心"。而就是这样一位"不用人操心"的姑娘，却在大学毕业的时候第一次"忤逆"了家人的想法，执意前往西藏成为一名志愿者。

"其实哪里不想她在身边，她有自己的想法，最终也只能支持。"然而让父母都没有想到的是，女儿张晓敏当初说的"体验一年"承诺最终没有兑现，而是变成了"一年一年又一年"。在那个听说"很苦"的地方，他们接到的视频里，她永远是乐呵呵的样子。

"像极了她小时候，只报喜不报忧。"说起女儿，已近花甲之年的屈雪香眼圈红红的。

曲松县、邱多江村、下洛村、堆随乡，在这9年里，一个个陌生的地名变成了张晓敏的工作所在地。在这期间，她结婚了，对象是一位同样志愿扎根西藏的山西小伙刘振华。丈夫刘振华的工作地点位于边界上的山南市隆子县三安曲林乡，夫妻俩平日里也是聚少离多。

"去西藏九年，她一共只回来过了两个年，一次是她怀孕生娃那年，一次是去年爷爷过世……"都说女儿是爸爸的小棉袄，对女儿张晓敏，张雷一直是十分疼爱的。话不多的爸爸将爱意默默地化在了行动中。尽管家中负担颇重，外孙几个月大时，女儿张晓敏要回西藏工作，他和老伴便一起接过了抚养外孙的担子。一眨眼，外孙阳阳也五岁多了。

"想妈妈。"五岁的阳阳和外公外婆生活在一起，平时想要见妈妈，便只能通过视频电话。每一次张晓敏回家休假，他的模式都是从刚开始的陌生到寸步不离。妈妈的一举一动，小家伙都看得目不转睛。因为这短短几个星期的陪伴能冲淡他对妈妈长达一年的想念。

慢慢懂事后，妈妈再走的时候小家伙也不再哭得声嘶力竭了。他听外公外婆说，他的妈妈和别人的妈妈不一样，他的妈妈需要在很远的地方帮助那些需要帮助的人。"格丽乔奥特曼就喜欢帮助别人。"

而事实上，即便是回家休假，张晓敏也没有真正闲着。

机缘巧合，她得知曾获评为国家农产品地理标志产品的葛家鸡肠子辣椒不仅是浏阳首个国字号蔬菜品牌，而且具有抗病能力强、商品性好、产量高等特点。去年春天，分管乡村振兴工作的张晓敏特意带了一些鸡肠子辣椒种子在高原试种。可因为气候，第一次试种失败。这次回家，张晓敏特意前往葛家"辣椒大王"杨意红的辣椒大棚里，向"辣椒大王"请教如何种植辣椒。

在援藏干部、浏阳市科技特殊员伍国强的牵线搭桥下，她前往荷花街道南环村浏阳市牧蜂人种养专业合作社考察了蜜蜂与藏湘鸡的养殖。这两个养殖品种不仅是浏阳老百姓的致富之宝，也与西藏有着千丝万缕的联系。在西藏贡嘎县，伍国强曾将内地的蜜蜂带入高原助力西藏同胞"甜蜜致富"；而藏湘鸡则是西藏鸡与湖南本土鸡的第一代杂交品种，具有抗病能力强、野性足、口感好、出栏快等优点。如果再次引进西藏养殖，也许会打开一定的销路与市场。

"我在西藏同样收获了很多。独自在异乡过年的时候，丹增老师一家给我送牦牛肉、菜籽油、核桃还有新年的人参饭；还有洛桑一家送来了藏鸡和鸡蛋；本地的同事们会早早邀约我去家里一起过年，达珍大姐在回老家之前，放心地将家门钥匙交给了我……"

从一念起的西部志愿者到真正驻扎在雪域高原，无论是对张晓敏还是她的家人来说，都并非一个容易的选择。扎根西藏，意味着要放弃很多也要牺牲很多。往最深处探究，起心动念处，一定是因为有人的情义在。

"她为国家，我们为她。"一家人围着桌子吃饭的热闹暂时淡化了离别的感觉。饭后，母亲屈雪香端来北乡人爱喝的茴香茶。品茶的间隙，她轻轻的一句话，格外动人。

（资料来源：湖南日报. 新湖南客户端. 作者：欧阳稳江，瞿晓妍. 有改动）

二、当今大学生职业生涯发展的趋势——创新创业　>>>

关于未来 20 年职业的发展，心理学家兰海 2016 年曾经做过一次预测。她给出 3 组分析数据：第一组是 20 和 47%，即 20 年之后现在的工作有 47%会消失，将近一半的人会失去原有的工作；第二组是 20 和 65%，即 20 年以后可能有 65%的工作岗位是现在的我们所不知道的；第三组是 45%和 55%，是指每个人进入职场的时候，实际上展现出来的综合能力中，只有 45%是源自学校学习的、可以用标准化方法测试出来的能力，而剩下的 55%是我们身上所拥有的其他基础能力，包括独立思考的能力、沟通表达的能力、自我认知的能力。

而以下 5 种类型的人，可以在未来 20 年依然保持竞争力：

①对新事物葆有好奇心的人。

②有创新、创造能力的人。

③懂得管理情绪的人。

④拥有延迟满足能力的人。

⑤具有很强的学习创新与创新思维能力的人。

未来会怎么变化，我们难以给出准确的答案，但是可以确定的是，这个世界唯一不变的就是变化本身。对在校的大学生而言，在未来的职业发展道路上，最重要的能力莫过于创新能力，还有面对不确定的未来的灵活应对能力。因此，关心大学生的成长，更应该关注他们是否具有创新力、创造力。现阶段的职业发展趋势体现在以下两个方面。

1. 职业将向高科技化、智能化、专业化方向发展

在 21 世纪，与高端科技紧密相关的职业领域经历了显著的扩展。目前，全球范围内

普遍认可并被纳入 21 世纪优先发展计划的技术领域有信息技术、航天技术、生物技术、新能源技术、新材料技术和海洋技术等领域。北美地区新创造的就业机会 40% 以上来自软件、计算机、电信、医疗保健和医学等行业。而我国也在近年来兴建了一大批高新技术和互联网产业开发区，涌现了一大批互联网公司，建立了一大批外资和中外合资企业。因而，在加快高新技术和互联网发展政策的实施过程中，与此有关的职业也得到快速发展。随着科学技术的发展，职业的专业化和复合化程度越来越高。美国劳工统计局经济学家克里斯蒂娜·谢利 2016 年估计，在未来 10 年中，在技术领域工作的大学毕业生人数将增加 75%。我国的一些职业或职位对就业者的要求也不例外，特别是通才式、复合型的知识型人才将备受欢迎。

2. 职业的流动性将显著增强

随着我国经济持续增长，许多行业的从业人员的流动性显著增强，这已成为当代就业市场的一大特点。随着经济水平的不断提升，人们对物质生活和精神文化的需求日益增长，使得众多企业和新兴职业相继涌现。而社会职业的不断增加，促使职业选择的机会增加，打破了职业的相对稳定性。同时，由于现代社会职业兴衰演化迅速，职业的更新速度不断加快，个体的职业变化越来越频繁。特别是工作不稳定或没有固定职业的人，如临时工人、兼职者以及不满足于现状的低薪族或职员等，其工作岗位更容易变动。他们也许仅从这一企业转到另一同行企业，从事工作性质相同或相近的职业或从事工作性质不同的职业；也可能仅在同一公司里从这一职位转到另一职位，改变其工作性质；也可能是跨企业、跨行业、跨职业岗位。总之，不管是哪一种，其职业已经改变了。

案例&故事

吉首大学：学霸四姐妹　考研齐上岸

2022 年全国硕士研究生录取工作已结束。吉首大学资环学院 3 栋 205-3 寝室的 4 位女生均被录取，其中，段毅被南京农业大学录取，周方方被湖南师范大学录取，舒兆清被上海师范大学录取，向冬琴被吉首大学录取，她们的寝室成为名副其实的学霸寝室。

比如"就业压力""学历压力""提升能力"等，每个人都有自己考研的缘由。205-3 寝室的 4 位女生虽然有不同的理想，但做出了一个相同的决定——考研。在"研"途相遇，共赏"研"途风景，彼此的存在与鼓励让她们更加坚信自己的选择，同时也更坚定了考研的决心。

幸得同路人，携手向远方

迎着晨曦满怀热血去图书馆，披星戴月收获满满回到寝室，这是她们的日常。白天，寝室里不见她们的身影，图书馆里却处处都有她们背书、做题、复习笔记留下的痕迹。对于她们来说，考研是一场无声的战争，寝室里面的嬉闹声逐渐变成了图书馆里的写字声，闲暇时光的逛街欢笑化成了图书馆里的不期而遇，室友之间交流的话题也从游戏追剧变成了题目研讨。

"人都是有惰性的，刚开始时每天6点多起床是很难适应的，室友每天叫我起床，督促我、激励我。我能考上研究生，幸亏有她们一路相伴。"聊到考研时室友间的叮嘱，向冬琴心中满是感激。日复一日，和室友一起徜徉在晨光中，行走在星光下，大家一起努力拼搏的样子，就是205-3寝室独有的浪漫。

真情互助陪伴，攻坚克难前行

在复习备考的漫长时间里，女孩们齐心协力，拧成一股绳，劲往一处使，无论遇到什么样的挫折，大家都一起分担。室友间的鼓励、分享是她们坚持下去的勇气，一点一滴的感动汇成了她们考研的动力。她们会吐槽每天遇到的难题，分享有价值的资料，每当有人焦虑或者迷茫时，其他人都会予以鼓励，每当有人突破"瓶颈"时，就会第一时间跟其他人分享。

"英语一直是我的短板，每次做真题的时候，阅读理解的得分总是很低。曾经有一段时间我都在怀疑自己、否定自己，感觉自己一定迈不过英语这个坎。就在我想放弃的时候，她们一起陪我刷题，一起给我纠错，给我传授解题经验。功夫不负有心人，我的英语最终考了67分，最终成功上岸。"周方方热泪盈眶地讲道。

室友的鼓励、分享是她们的精神支柱，正如松散的沙子有了水泥和石子的混合后，就变成了比花岗岩还要坚硬的混凝土。在别人看来，这一切像是水到渠成，但只有她们自己清楚，其间饱含太多难以言说的艰辛，更宝贵的是，她们收获了成长和友谊。

巧径通"研"途，共赏一路花

舒兆清被上海师范大学录取，在谈及成长经历时，她表示："大学期间，大家要认真听课，积极思考，主动学习，为考研奠定基础；备考期间，要明确自己的目标，合理规划时间，可以向学长学姐请教复习方法、复习重点以及面试技巧等。面对这场没有硝烟的持久战，自律尤为重要，调整心态，全力以赴。"

"我们考研成功，也得益于学院党委书记王永强等组织的"原本·武陵创新创业实践营"。在这里，我们可以更清晰了解专业前景、做好职业生涯规划，更可以帮助我们做好考研指导。"被南京农业大学录取的段毅说。

(资料来源：红网，作者：刘耀峰，刘家茹. 有改动)

三、创新创业与大学生职业生涯发展

>>>

在当今快速变化的社会经济环境中，创新创业已成为推动社会发展和经济增长的关键动力。对于大学生而言，创新创业不仅是个人职业发展的重要途径，也是实现自我价值和为社会作贡献的有效手段。大学生在校园内接受教育的同时，应积极培养创新创业意识和能力，这对未来的职业生涯发展具有深远的影响。

1. 创新创业项目能够激发大学生的潜能和创造力

通过参与各类创新创业项目和实践活动，能够将理论知识与实践相结合，解决实际问题，从而提升自身的解决问题能力和创新思维。这种能力对大学生未来的职业发展至关重要，因为它能够帮助大学生迅速适应多变的工作环境并提出创新解决方案。

2.创新创业教育有助于大学生树立正确的职业观念

在接受创新创业教育的过程中，会接触到不同的行业和职业，了解各种职业的特点和要求，这有助于大学生更清晰地认识自己的兴趣和优势，做出更符合自身发展情况的职业生涯规划。

3.创新创业实践为大学生提供了宝贵的社会经验和人际网络

在创新创业实践过程中，需要与不同的人合作，需要培养沟通、协调和领导能力，这些经验对大学生未来的职业发展同样重要。同时，通过参与创新创业活动，大学生能够建立起广泛的社会联系，而这些联系在未来可能会转化为职业机会或合作关系。

因此，高校应积极营造支持创新创业的环境，为大学生提供必要的资源和指导。通过课程设置、创业孵化器、导师指导等方式，帮助大学生在校园内就开始实践创新创业，为未来的职业生涯打下坚实的基础。

综上所述，创新创业与大学生的职业生涯发展紧密相连。通过创新创业教育和实践，大学生不仅能够提升自身的综合素质，还能够为未来的职业生涯发展奠定坚实的基础，使自己成为社会所需的高素质人才。

案例&故事

上大学期间就开始"折腾"的潜在创业者

范某是上海海洋大学计算机技术专业的硕士毕业生。在读大学期间，他就是一个不愿意"循规蹈矩"的人。在课余时间，他卖过电话卡；在新生入学时，他卖过日用品，他还做过某杂志的校园代理，开过餐馆……虽然每次的业务时间都坚持不长，但是通过这些业务，他不仅赚了钱，还对创业上了"瘾"。他一直有一个强烈的愿望，就是自己开公司，自己当老板。在他眼里，创业就是最神圣的就业，除了可以养活自己以外，还能以提供工作岗位的方式为社会作贡献。这让他觉得创业更能体现自身的价值。

读研期间，范某一边学习，一边四处寻觅合适的创业方向。2007年的一天，他在图书馆的报刊阅览室偶然翻到一张报纸，上面写道：农业部正在全国范围内推进实施"无公害食品行动计划"。他顿时眼前一亮，农业在上海的比重不大，相对来说竞争不是很激烈，而服务业又是上海重点发展的领域。多年磨炼出来的商业直觉告诉他，如果走"农业服务"路线，很可能有戏。

通过沟通，导师和学校领导都很支持他的想法：成立一个帮助农民实现无公害生产的农业技术服务公司，既可以确保消费者吃到放心满意的粮食，又可以帮助农民实现增收。接下来的一年里，他走访了50多家无公害农业生产企业，参加了多次农业博览会和食品安全学术会议，发放了5000多份市场调查表，结果证明计划可行。

在上海大学生科技创业基金会的扶持下，他的公司——上海齐民信息科技有限公司，在2008年初正式注册成立。公司主要提供农产品品牌策划和推广、食品安全追溯、农业区域性电子商务等服务。

（资料来源：郭西平.大学生职业生涯规划与创新创业指导[M].西安：西北大学出版社，2020.有改动）

上面的案例说明，在当今世界，创业教育及创新精神倡导对一国经济的快速发展起到了不可估量的作用，创新创业已经成为一国经济持续繁荣发展的基础原动力。案例中的范某有着强烈的创业意识，通过不断的创业实践和不懈的付出，最终寻找到了合适的创业项目并为之持续努力。但凡创业成功的人，都是先有创业的动机，而后慢慢培养创业的技能，最终获得成功。只要不忘初心，会学习，肯付出，就一定可以实现人生的飞跃。

第三节　创新创业与地方高校的使命

一、创新创业已经成为新时期我国地方高校转型发展的新范式

高校的转型发展是一个连续的、多维的、漫长的过程。从早期的教学型高校到后来的研究型高校，再到今天的创新创业型高校，变化的不只是高校的职能或功能，还有高校的范式，即高校的核心价值和行动准则。从历史到现实，无论是教学型高校还是研究型高校，都蕴含创新创业的因子，但受到时代精神和局限条件的约束，教学型高校以本科教学为重，研究型高校偏好基础研究，创新创业的重要性被忽视或难以凸显。今天，在创新驱动发展的大背景下，以高深知识向应用转化为道路，高校的创新创业行动逐渐实现了从量变到质变的转化。一种兼容本科教学和基础研究，并直接服务于经济社会发展的新型高校——创新创业型高校正在兴起，"创新创业"作为高校转型发展的新范式，正在从理想变成现实。

我们为什么需要高校，一种解释是基于社会分工的需要，另一种解释是高校自身创造了我们的需要。社会分工论将高校视为满足社会需要的一种机构或应社会需求而产生的机构。这种理论过于夸大了社会需求的重要性，而忽视了高校组织自身的特殊性和历史的偶然性。社会需求有时具有一定的刚性，但实践中满足这种需求的方式具有不确定性或非唯一性。客观来看，在中世纪的社会分工中，为了满足当时的社会需求以及智识生活的需要，高校作为一种社会机构，其产生更多的具有偶发性，而不是必然性。相比之下，创造需求说则关注到了高校的特殊性。作为现代高校的源头，中世纪大学的产生及其组织形式和运作机制的形成虽具有一定的偶然性，但这种组织自产生以后凭借其独特的组织性质和制度优势，在人类历史长河中成功实现了"基业长青"，完美地创造了人类社会对它的需求甚至是依赖，并成功满足了这种需求。当然，对于我们为什么需要高校，无论哪种理论解释都不可能是完美的，抑或能完全令人信服。理论的解释力总是具有情境性，总是和具体的时间和空间有关，并受诸多局限条件的约束。因此，我们与其从根子上去追问我们为什么需要高校，不如直接询问我们时代需要什么样的高校。本源性的问题虽然有助于正本清源，但也容易脱离当下的具体情境。作为一个社会机构，高校的发生史和现在史可能完全是两回事。高校是时代性的而不是永恒不变的。在"我们需要高校"这件事已是不可更改的外部约束条件的前提下，弄清楚我们时代最需要什么样的高校，现有高校应通过何种重大改革向哪个方向演进，就显得特别重要。如英国著名数学家、哲学家和教育理论家阿尔弗雷德·诺思·怀特海所言：一所大学的理想，不是知识，而是力量。大学的职责就是把一个孩子的知识转变为一个成人的力量。

与正在逝去的传统工业社会相比,我们时代的精神是创新创业,我们时代最宝贵的资源是能够促进创新创业的知识。江泽民同志在 1996 年 4 月 4 日接见《高技术研究发展计划纲要》实施十周年工作会议代表时发表讲话,提出了创新创业的时代精神。党的十七大报告进一步强调了创新创业的时代精神。其中关于创业的论述是"实施扩大就业的发展战略,促进以创业带动就业。就业是民生之本,要坚持实施积极的就业政策,加强政府引导,完善市场就业机制,扩大就业规模,改善就业结构;完善支持自主创业、自谋职业政策,加强就业观念教育,使更多劳动者成为创业者;健全面向全体劳动者的职业教育培训制度,加强农村富余劳动力转移就业培训"。党的二十大报告指出,"坚持创新在我国现代化建设全局中的核心地位","深入实施科教兴国战略、人才强国战略、创新驱动发展战略,开辟发展新领域新赛道,不断塑造发展新动能新优势","着力造就拔尖创新人才,聚天下英才而用之","培育创新文化,弘扬科学家精神,涵养优良学风,营造创新氛围","完善促进创业带动就业的保障制度,支持和规范发展新就业形态"。

在一个以企业家精神为引领,以创新创业知识为基础的社会里,高校的重要性是空前的。新的时代对高校改革发展提出了新的愿景,高校只有主动适应创新创业的时代精神的需要,通过转型发展来实现范式更新,才能成功应对这种前所未有的挑战。

案例 & 故事

高校创新永远在路上

2013 年 4 月 10 日,清华大学和中国科学院物理研究所联合宣布,我国科学家在世界上首次发现量子反常霍尔效应,这是物理界的重大发现,被诺贝尔奖获得者、物理学家杨振宁誉为"诺贝尔奖级"的科研成果。

量子反常霍尔效应的研究由清华大学物理系教授、中国科学院院士薛其坤领衔,清华大学物理系和中国科学院物理研究所的研究人员共同攻关。2012 年年底,团队成员将具有磁性的杂质掺杂到拓扑绝缘体薄膜中,通过实验,首次观测到量子反常霍尔效应,研究论文已于 2013 年 3 月在美国《科学》杂志在线发表。

130 多年前,美国物理学家霍尔先后发现了霍尔效应和反常霍尔效应,随后,物理学家又相继发现了整数量子霍尔效应和分数量子霍尔效应。在一个通电导体中,如果施加一个垂直于电流方向的磁场,由于洛伦兹力的作用,电子的运动轨迹将产生偏转,从而在垂直于电流和磁场方向的导体两端产生电压,这个电磁输运现象就是著名的霍尔效应。霍尔效应反映了带电粒子在磁场中的运动情况,外加磁场越大,电子偏转越强。根据霍尔效应做成的霍尔器件已在汽车上广泛应用,包括传感器、汽车速度表、里程表、开关等。比如汽车里的霍尔开关,通过电的补偿作用,能够抑制空调电机、雨刮器电机等相互之间产生的电磁干扰,使得各自都能正常运转。

量子反常霍尔效应是一种不需要外加磁场的量子霍尔效应,虽然物理学家认为其理论上应该存在,但一直没有通过实验观测到。

清华大学教授张首晟经研究提出,在拓扑绝缘体中引入磁性可实现量子反常霍尔效应。

　　2009 年起，薛其坤和张首晟等组成联合实验团队，开始向量子反常霍尔效应的实验实现发起冲击。十几位科研人员和二十多位研究生先后尝试了一千多个样品，终于在 2012 年 10 月成功观察到这一现象。

　　据了解，量子反常霍尔效应具有极高的应用前景，可能会带来信息技术的一场革命。因为不需要外加磁场，利用这一效应，可发展新一代低能耗晶体管和电子学器件，解决电脑发热和能量耗散问题。

　　薛其坤解释，电子在芯片上的运动是无序状态，导致芯片发热、速度慢，量子反常霍尔效应将制定一套运行规则，使电子运动更加有序、高效，从而极大地降低能耗。"就像一辆跑车在集贸市场走路，它会碰到很多人，产生碰撞，速度不高，但如果搭建起高速公路，就能高速行驶。"

　　有关霍尔效应的研究一直受到诺贝尔奖的青睐，1985 年、1998 年、2010 年的诺贝尔物理学奖先后被颁给了发现整数量子霍尔效应、分数量子霍尔效应和半整数量子霍尔效应的科学家。曾获得诺贝尔物理学奖的杨振宁盛赞此次发现："这是从中国的实验室第一次做出来诺贝尔奖级的物理学论文。"他说，最近四年全世界很多实验室在向这方面进军，但只有我国的研究团队成功了，这受益于中国科研人员的勤奋品质及团队精神。

　　（资料来源：北京日报，2013 年 04 月 11 日．有改动）

二、地方高校开展创新创业的重要意义 >>>

　　历史上，以知识的逻辑为依归，随着知识范式的变迁，中世纪西方高校先是神学人员的附庸，后是人文主义者的乐园，继而成为科学家的实验室。表面上看，不同时期高校作为"附庸""乐园"和"实验室"的社会角色是不同的，但实质上，这些社会角色背后的逻辑又是一致或相通的，即高校始终以象牙塔的姿态相对远离社会，以掩盖或抑制知识观和价值观的冲突。高校主要追求实现自身的价值，刻意与现实需求保持一定的距离。具体而言，中世纪大学视神学为高级知识，近代大学视哲学为高级知识，现代大学则视科学为高级知识。而那些高级知识之所以被认为是高级的，最主要的原因则是它们远离世俗或实用，强调知识的纯粹性和深奥性。长期以来，高校对于纯粹知识的追求或价值偏好，符合知识作为公共物品的本性以及教育性的原则，也符合高校作为一种知识生产和传播制度的比较优势，并满足了社会对于大学的心理期待，即作为"世俗的教会"。20 世纪 80 年代以来，世界范围内高深知识生产、扩散与应用的政策环境与制度文化发生了根本的变化，基于科学逻辑的高校知识生产治理机制开始面临市场逻辑的严峻挑战。围绕一个"统一的办学目标"，通过文化传承或价值观塑造或仅依靠培养人才和披露作为公共物品的知识已经不能满足经济社会发展的现实需要。究其原因，与过去基于劳动分工的相互区别的知识生产制度（一个组织，一个目的）不同，今天在以知识为基础的经济和社会里，知识的创新更加强调"集成"与"协同"（同一个组织可能必须扮演多个角色，以便在多种环境下进行竞争）。

　　地方高校开展创新创业教育具有以下几点重要意义：

(一)创新创业教育是地方高校由单一目标的机构向多目标机构转型发展的现实需要

对于高等院校来说,同时追求多个目标往往非常有利,因为不同的目标可以相互补充,产生整体大于部分之和的效果。改革实践中,为满足知识经济和知识社会对于"集成创新"和"协同创新"的需要,高校需要在市场逻辑、国家逻辑和科学逻辑的对立统一中,在专业知识的生产、扩散与应用方面做出新的决策与选择。可以说,高校在过去旨在保持统一性,现在却旨在实现多样性。具体而言,为满足经济社会发展的需要,在与政府、企业等其他社会机构实现协同创新和集成创新的过程中,高校既要勇于突破组织的边界,在协同创新中扮演新的角色,又不能放弃自身的独特性,疏于对学术价值观的坚守。"在这些网络里,企业、高校和研究机构之间的多元、微弱的联系使各方可以接触到更多的信息,并可以对这些多元信息进行重新结合,从而能够超越既存的知识,创造出新知识。"以高深知识的生产、扩散与应用来说,高校既不能放弃高深知识生产与扩散的传统职能,又要在高深知识的应用方面大有作为;高校既要以科学为基础、以政府为伙伴,也要以市场为导向,在传统开放科学路径的基础上,积极拓展创业科学的新路径,通过创新创业直接为经济社会的发展服务。

(二)创新创业教育是地方高校人才培养模式改革的内在要求

大量的高校毕业生每年走向社会,但是这些大学生却并不能直接称为人才,他们有学历却还没有将知识彻底转化为推动社会的力量的能力,综合素质有待进一步提升。以大学生为中坚力量的中小型高科技企业在经济发展过程中起到了无法替代的作用,没有大学生引领社会创业潮流,我国的创业可能只会局限于服务行业,企业的创新也只能被动地做一些改变。大学生以智力见长,在社会管理、公关策划等方面略显不足,面向大学生开展创新创业教育,可以促使大学生全面提高综合素质,这也必然对其全面发展产生重大的影响。因此,在高校实施创新创业教育是改变培养模式、适应社会发展的内在要求。

(三)创新创业教育是地方高校行使教育职能的使命所在

研究证明,创新创业是经济增长的主要引擎之一,创新创业活动与区域和地方发展有着密切的关系。高校除了具有开展科研、教学的职能外,还肩负着人才培养和服务社会的重要职责。高校既可以通过教育学生的方式间接地促进创新创业,又可以通过商业化科研及将自己作为新的合资企业的苗床来直接促进创新创业。未来,创新者的输出将构成一股很大的潜力,并赋予高校这样一种责任以满足社会在一般情况下需要有更多的在一定领域具有高素质的企业员工的需求。同时,在高校进行的科研构成了具有商业潜力的理念和发明的源泉,而这将在大多数机构里得到充分利用。越来越多的研究证明,接受过创新创业教育的学生具有更强的创业意愿。正如研究者发现的,创业教育课程可以很大程度地影响参与者的创业意愿。因此,创新创业教育计划除了具有创建新的企业的直接影响,参与者还会在他们的整个工作生涯中不断重复创业过程,即通过建立新的公司,在现有的企业拓展新的业务,更好地经营业务,或协助其他企业家,这也正是工科高校开展创新创业教育的价值所在。

(四)创新创业教育有利于改变地方高校学生择业观念

实践证明,创新创业是缓解青年就业压力的有效途径之一。现代管理学之父美国人彼得·德鲁克的研究认为，美国在 20 世纪后二十年的进程中创造了三千多万个新的就业岗位，美国比较成功的就业机制就是创业型就业。近年来，我国大学生就业模式从统一分配逐步转变为自主择业、自主创业，而且，随着高等教育的普及，大学生不再像过去那样具有稀缺性，在此背景下，部分缺乏专业技能的毕业生的就业压力不断攀升，而就业方式的转变，促进了就业观念的更新。

案例＆故事

大学生返乡创业　闯出一番新天地

天边渐渐泛出鲜艳的橘红色，将遥远的天际逐渐铺满，宁乡流沙河镇归湘农场在晨曦中慢慢清晰起来。

黄色的山头树木稀疏，空气中弥漫着养鸡场特有的气味，一只只湘黄、五黑鸡争先恐后从鸡舍里飞出，发出"咯咯"的叫声。鸡舍旁，还有十几只大白鹅昂着头，四处"站岗放哨"。

三个年轻人坐着三轮车来到农场，车后扬起一条长长的尘土带。忙碌的一天又将开始，他们将进行喂食、捡蛋、打包等一系列工作。

走在前面的年轻人叫谢扬帆，湘潭大学经济学学士、中山大学心理学硕士。2019 年初，他回到了心心念念的家乡宁乡，开启创业之路。

在返乡之时，他还带上了曾在大湾区有机农场一起共事的两个好伙伴，西北农林科技大学动物医学专业毕业的李力、江西农业工程职业学院园艺专业毕业的黄金。

他们共同创办了长沙归湘农业发展有限公司，打造"果草虫鸡共生"的生态循环农业模式，开荒、建设、发展。现如今，农场用地规模约 10 公顷，建成果园约 6.7 公顷，存栏土鸡 1 万羽，他们的土鸡和土鸡蛋热销长沙、广东等地，年销售额约 100 万元，带动周边30 多位村民在家门口就业，帮助这些村民年人均增收 5000 元。

三人小分队组团"归湘"

"虽然辛苦，但我不后悔当初的选择。"1986 年，谢扬帆出生于宁乡一个普通农村家庭。因工作原因，他随父母进了城，虽离开了农村，却没有离开农业，童年的大部分时间都在父亲单位的集体农场里度过，这在他心底悄然埋下一颗干农业的种子。

在取得心理学硕士学位后，他进入某知名上市国企从事人力资源管理工作；2014 年，思考良久，他重拾儿时的乡土情结，决定辞职、换行、取经，加入长沙市一家农业龙头企业，边学边干，在工作岗位上不断汲取先进的有机农业理念和实践经验。

2020 年初，经过一年的筹备和考察，三人创业小分队的第一个项目最终落地宁乡市流沙河镇荷林社区。

"刚来的时候这里就是一片荒山，路也很不好走。"建鸡舍、饲喂、打扫、防病、种果树，初期，三人每天不仅要完成农场的拓建和饲养工作，肩上还扛着沉重的资金压力。

三人筹措的启动资金不到 40 万元。资金不够，用于运输产品的路也不通，怎么办？

在流沙河镇当地一位乡贤的帮助下，他们争取到了 40 万元的投资；当地政府和社区在了解情况后，也争取政策修建了一条能连通农场的水泥路。

据了解，为鼓励大学生返乡创业，长沙市率先出台了一系列乡村振兴人才政策。在返乡入乡人才农业创业项目中，归湘农场获得了近20万元的补助。

农场风风火火地建设起来，此时，"不速之客"又出现了。

"我当时进鸡舍一看就傻眼了，一晚上就没了二十几只鸡。"谢扬帆说，由于鸡舍密封性不够，让黄鼠狼钻了空子。

他们赶紧将鸡舍加固，在黄鼠狼容易钻进来的地方进行封堵，并购买了十几只大鹅散布在各个山头，用来保护鸡群。

如今，走在农场里，屋舍俨然，黑色和黄色的鸡群散布在山上，啄食五谷杂粮、发酵料、水蚯蚓等，白色的大鹅四处"巡逻"，楚江川流而过，夏日的虫鸣鸟叫和晚霞一起洒在乡村小路上。

青年农人主打一个"土"

"我们主打的就是一个'土'，从选种到喂养环境，都保持'土'特色和绿色健康。"李力告诉记者，归湘农场选用本地原种土鸡，从脱壳苗(2日龄的小鸡)开始饲养，在育雏期即接种马立克、新支(H120)、禽流感等疫苗；在鸡的生长过程中，使用中草药预防和治疗鸡病，不使用抗生素和西兽药，土鸡的全生长过程安全可控。

"夏天怕鸡中暑，我们给它喝维C和藿香正气水。"

"听到鸡咳嗽，我们用双黄连、麻杏石甘散帮它治疗呼吸道疾病。"

"看到鸡拉稀，我们用白头翁散、益生菌帮它调理消化道。"

……

据了解，归湘农场开发利用"果草虫鸡共生"的生态循环农业模式，通过自主掌握的"微生物发酵床""微生物发酵料""水蚯蚓饲养"和"中草药防治兽病"等关键技术，实现畜禽粪污、秸秆等废弃物的资源化利用，以及病虫害的绿色防控和动物疾病的中草药防治，将抗生素的使用率降低了99%，打造绿色低碳农业。

"我们还引进了南美卡拉卡拉红橙、北美纽荷尔脐橙和中国农科院选育的长叶香橙等品种，林下套种苜蓿、菊苣等中草药。"黄金介绍，目前农场正在扩建中，项目二期计划新增投资150万元，新增用地10公顷，新增30多个就业岗位，带动200户村民从事生态种养。

同时，通过电商直播和渠道销售，他们的销售规模不断扩大。"去年，我们每月都会进行一场带货直播，平均每场销售额有三四万元。"

"返乡创业三年，小有成绩的我们再也听不到村民口中那句玩笑话了——'三个大学生回乡里养鸡，书白读了'。"谢扬帆笑着说。

近日，农业农村部、国家发展和改革委员会等九部门部署开展"我的家乡我建设"活动，引导在村农民和在外老乡共建、共治、共享美好家园，促进人才、资金、技术下乡，汇聚建设宜居宜业和美乡村力量。这个消息让谢扬帆他们很受鼓舞，谢扬帆表示，他们希望利用自己的知识和技术，既守护好家乡的绿水青山，又产出优质农产品，为家乡换回金山银山。

（资料来源：《长沙晚报》，2023年8月29日，作者祝林灿. 有改动）

三、深化创新创业教育是地方高校的责任与使命 >>>

深化创新创业教育是当前我国高等教育改革的一个突破口。地方院校在我国体量庞大，学生数量多，且大部分位于对比中心城市经济发展相对滞后、区位劣势明显的地区，加上大学生"双创"能力培养是个集大成的系统工程，所以创新创业教育理所当然地成为地方高校深化综合改革的重要内容。地方高校需要进行创新创业教育的"三大"转变，包括理念转变，体现高等教育发展的阶段性特征；路径转变，体现多元化特征；制度转变，体现规划性与保障性。建设创新创业教育的文化环境、课程体系以及评估与监督管理机制，以确保创新创业教育得到深入的发展。

习近平总书记指出，"我国发展不平衡不充分问题仍然突出，创新能力不能适应高质量发展要求"。《中华人民共和国国民经济和社会发展第十四个五规划和 2035 年远景目标纲要》提出我国要进入创新型国家前列，需坚定不移地贯彻"创新、协调、绿色、开放、共享"的新发展理念。为了切实贯彻以上理念，习近平总书记强调要深化教育改革，创新教育方法，努力形成有利于创新人才成长的育人环境。教育部文件提出要挖掘和充实各类课程、各个环节的创新创业教育资源，强化创新创业协同育人。创新型人才培养已被提升到国家的重要战略层面，能力培养成为高校人才培养努力的方向。

具体到地方高校，在当下的教育大背景中，就是要回归教育的初心和本质，基于立德树人的根本任务，通过创新创业教育助力大学生建立起独立坚强、乐观勇敢的品质和健全的人格，树立远大理想，培养良好的心理素质；帮助大学生强化创新创业时代精神，不断增强"双创"意识和能力；努力培养素质高、能力强、有情怀的高水平人才，使创新创业的时代精神和崇高的道德风尚在全社会蔚然成风。

地方高校要坚持以文化为魂，深入挖掘优秀传统文化精髓，大力弘扬创新创业的时代精神，大力培育生态文明观，倡导低碳生活方式，奋力实现生态文化传承大发展，建设生态文明示范区。坚持民生为本，提升社会保障水平、公共服务质量、社会和谐程度，奋力实现生态社会建设大提升，不断增强人民群众幸福感。

地方高校要抓住宣传思想工作和校园文化建设两者之间的次序性、多因素性、多方面性、表现形式多样性、模式非固定性、途径和方法广泛性等基本要领，认真理解和诠释校园文化品牌内涵所彰显的办学理念和人文精神，使品牌既保有体现自身特色的本土性，又能彰显反映青年学子创新创业的时代精神。

课后思考与讨论

1. 创新创业是否符合时代精神的内涵？
2. 创新创业与大学生职业生涯发展之间有怎样的关系？
3. 怎样理解创新创业教育是地方高校的责任和使命？

第二章　创新创业者与团队

> 综合国力竞争说到底是创新的竞争。要深入实施创新驱动发展战略，推动科技创新、产业创新、企业创新、市场创新、产品创新、业态创新、管理创新等，加快形成以创新为主要引领和支撑的经济体系和发展模式。
>
> ——习近平总书记谈创新

第一节　创新创业者

一、创业者的概念

"创业者"的概念经历了一个演变的过程，由爱尔兰经济学家理查德·坎蒂隆（Richard Cantillon）于1755年首次提出并引入经济学范畴；法国经济学家让·巴蒂斯特·萨伊（Jean-Baptiste Say）于1880年首次给"创业者"作出定义，认为创业者是经济活动过程中的代理人；美国经济学家约瑟夫·熊彼特（Joseph Schumpter）提出创业者应为创新者；欧美经济学中将创业者定义为组织、管理一个生意或企业并愿意承担风险的人。香港创业学院院长张世平对创业者的最新定义为：创业者是一种主导劳动方式的领导人；创业者是具有使命、荣誉、责任能力的人；创业者是组织、运用服务、技术、器物作业的人；创业者是具有思考、推理、判断的人；创业者是能使人追随并在追随的过程中获得利益的人；创业者是具有完全权利能力和行为能力的人。

目前，业内普遍认为创业者是组织、管理一个生意或企业并承担风险的人。创业者对应的英文"entrepreneur"有两个基本含义：一是指企业家，即在现有企业中负责经营和决策的领导人；二是指创始人，通常理解为即将创办新企业或刚刚创办新企业的领导人。

创业者与企业家、核心技术专家、职业经理人的关系如下：

创业者与企业家具有较大交集，创业者本身就需要具备企业家的潜质，创业者随着企业的发展壮大会成长为企业家；而企业家在本质上也是创业者。创业者与核心技术专家的关系较微妙，技术专家往往是创业团队中的关键人物，但在企业经营中通常只负责专业领域的工作，只有当其投身于企业的管理时才可称为创业者。创业者与职业经理人的区别比较明显，职业经理人为企业主管理企业，但只是企业的雇员而非企业的创立者或所有者。

由此可以看出，创业者是一群人，这群人具有强烈的责任感和冒险精神，商业触觉非常敏感，肩负着经营、管理企业的重担，且注定要承担更大的社会责任。

案例&故事

创业者、发明家与职业经理人的区别

发明家是指研究发明前所未有的新事物的人。一名发明家往往在某个方面造诣颇深，并且具备很高的创造性。发明家有与创业者相似的地方，就是两者都要有勇于挑战的精神，对自己充满信心，敢于突破思维上的束缚，热爱冒险。但两者也有区别，首先，就创业动机来说，发明家更热衷于发明创造东西，他们仅仅是爱发明创造本身，而对创业者来说，是要建立自己的事业、企业并进行良好的运作与维系，很多时候是创业者对利益的需求引发创业行为；其次，发明家更注重技术能力，而创业者不仅注重技术，也同样关注企业的管理、产品的推广和人际关系的处理；最后，两者的衡量标准略有不同，我们通常运用发明数量和专利数量来衡量一名发明家的成就，而运用业绩、利益来衡量一名创业者的水平。

职业经理人是指在企业经营过程中受任经营、管理企业的人，通常具备丰富的经验和强烈的责任心与领导力，其责任为将企业资源进行适当合理的分配以实现增值，其收入来自管理成果。而创业者拥有企业的所有权，掌握着企业的最终命运和人员分配调动最终权。所以说，创业者和职业经理人是雇佣与被雇佣的关系。创业者的收入取决于企业的所有盈利与亏损，而职业经理人只拿走自己应得的那部分。另外，创业者与职业经理人最显著的区别在于创业者实现的是从 0 到 1 的突破，而职业经理人负责实现 1 到 10 的过程。

（资料来源：刘延，高万里.大学生创新创业基础[M].武汉：华中科技大学出版社，2020. 有改动）

二、创业者的类型

(一)按照创业模式划分

1. 复制型创业者

在创办企业时几乎没有任何创新性，通常按照某家成熟企业现有的运营管理模式简单复制出另外一家企业。一般只能扮演"补缺者"的角色，创新能力很弱，缺乏创业精神，对社会的贡献很低，不可能成为推动社会经济发展的主要力量，如目前市场上的一些山寨产品康师傅方便面、营养直线饮料等的创造者。

2. 模仿型创业者

通常以借鉴为主，对于市场同样无法带来很大的创新价值，但此类创业者开办和运营企业的过程是在不断思考和摸索中进行的；但如果能够吸取成功企业的经验，设计适合自身发

展的经营模式,同样可以获得长足发展。

3. 安定型创业者

选择进入自己较熟悉的领域从事熟悉的业务,对此类创业者而言,创业不一定要开创多大的事业,仅仅是自身创业精神的实现。他们可以创建较稳定的企业,对市场和社会起到一定的作用。

4. 冒险型创业者

在创业过程中敢想敢做,不断挑战自我,成长非常明显,其独特的想法会给市场带来很大的创新价值。他们一般有想法、有能力、有技术,但没有钱,需要有资金的风险投资家支持。创业难度和失败率都很高,但成功所得到的报酬也很惊人,所以,冒险型创业者是一群游走在地狱与天堂之间的勇士。

(二)按创业目标划分

1. 生存型创业者

此类创业者创办企业的原因不是发现了商机,也不是为了实现自我价值,而是为了保证自己能够以此为业生存下去。此类创业者多为下岗工人、转业军人、待业大学生、失地农民等;选择的创业领域多集中在小规模的商业贸易、技术含量低的加工业或进入成本较低的电商市场;企业发展潜力不大,但在保证市场的活跃性方面具有积极作用。

2. 变现型创业者

指手上掌握着一些无形资源,通过把握一定的时机而将无形资源转变为有形货币的创业者。

3. 主动型创业者

指本身就具有强烈创业意愿的创业者。马斯洛认为,开创一番事业,实现人生价值,是人类最高层次的需要。任何社会都有一些具有崇高理想和远大抱负的人,这些人以事业追求、改造社会、造福人类为己任,把对社会作贡献作为实现自我人生价值的目标。这些人当自己的生存有了基本保障之后,就会谋求自我价值实现的需要。此类创业者既不为了生存也不为了变现自身资源,而是为了追求自身理想或实现自我价值。他们一般有充分的思想和物质准备,是创业者中最理性的一种;他们创业动机积极、创业经验丰富,因此,创建企业的成功率也相对较高,能够承担较大的社会责任。

(三)按创业内容划分

创业者涉及各行各业,创业的动机也千差万别。按照创业内容进行划分,可以将创业者划分为生产型、管理型、市场型、科技型和金融型五种类型。

1. 生产型创业者

生产型创业者是指通过创办企业推出产品的创业者,他们的产品通常科技含量较高,比如,创立小米是因为其创办者看到智能手机能够打开中国乃至世界手机市场的大门,所以他毅然投入这项事业的开发,充分利用各种资源,建立了一套非常有竞争力的经营模式,很快打开了市场。

2. 管理型创业者

管理型创业者是指那些综合能力较强的创业者，他们对专业知识并不十分精通，但能够通过各种有效的管理手段带动企业前进。例如，钢铁大王卡内基最初对钢铁生产知识知之甚少，但他看准了钢铁制造的发展前景，迅速网罗人才进行创业，打造了自己的钢铁帝国。

3. 市场型创业者

这类创业者的一个重要特点就是注重市场，善于把握机会。中国改革开放以来涌现了一大批的市场型创业者。例如，海尔集团创始人张瑞敏，他正是抓住了市场转型期的大好机遇，将海尔发展壮大。

4. 科技型创业者

科技型创业者多与高校和科研机构相关联，以高科技为依托创办企业。20 世纪 80 年代后，为了鼓励将科技成果转化为生产力，国家推出了一系列鼓励高等院校创办企业的措施。当今许多知名的高科技企业的前身就是原来的"校办企业"和科研院所的"所办企业"，例如北大方正、清华同方等。

5. 金融型创业者

这类创业者实际上就是风险投资家，他们向企业提供的不仅仅是资金，更重要的是专业特长和管理经验。他们不仅参与企业经营方针的制定，还参与企业的营销战略的制定、资本运营乃至人力资源管理。

三、创业者应具备的创业意识

对于创业者来说，不论创业做什么，都可能会遇到困难和挫折，可能出现意想不到的问题，因此，一定要有充分的准备。一般来说，创业者应具备的创业意识包括以下几个方面：

（1）商机意识

创业是一个持续不断的过程，从创建新企业—促进企业发展—成功获得收效—再一次创建，这是一个循环往复的过程，因此，创业绝对不是开业，也不会是一次性的行为，更不是暂时的成功。真正的创业者会在创业前、创业中和创业后始终面临着识别商机、发现市场的考验。因此，创业者必须有足够的市场敏锐度，才能看到别人看不到的机遇和危险，才能宏观地审视经济环境，洞察未来市场形势的走向，以便做出正确的决策来保证企业的持续发展。

（2）转化意识

仅有商机意识是不够的，还要在机会来临时抓住它，也就是把握机遇、转化机遇，把自己的想法和感悟转化成实实在在的收入和利益，最终实现自己的创业梦想。转化意识就是把商机、机会等转化为生产力；把才能和在学校学到的技术、知识转化为智力资本、人际关系资本和营销资本，了解市场的需要，整合市场和自身的资源，开启自己的创业之路。

（3）战略意识

作为 21 世纪的大学生创业群体，大学生创新创业者要正视自己的劣势，如资金短缺、社会经验不丰富等，运用战略战术来经营自己的创业事业。创业初期给自己制定一个合理的创业计划，解决如何进入市场、如何卖出产品等基本问题；创业中期需要制定整合市场、产品、人力方面的创业策略，转换创业初期战略。需要指出的是，创业战略不止一种，也没有绝对的好坏之分，关键要适合自己的创业实际。在这条路上，应时刻保持着战略的高度，不以朝夕得失论成败。

（4）风险意识

在创业浪潮中，大学生是一支朝气蓬勃的主力军，作为校园新生代，像初生的牛犊，不畏艰难险阻；像初升的太阳，渴望事业成功。大学生创业是一个机会，但也存在风险。创业者必须明白，市场是无情的，不可能每一次都取得既定的成功。创业者在创业期间要时常未雨绸缪，强化自己的危机意识，认真分析自己在创业过程中可能会遇到哪些风险，以及这些风险出现时如何应对化解。创业者是否具备风险意识和规避风险的能力，将直接影响到创业的成败。

（5）敬业意识

李嘉诚说："事业成功虽然有运气在其中，主要还是靠勤劳，勤劳苦干可以提高自己的能力，就有很多机会降临在你面前。"大学生创业，一定要务实，要勤奋，不能光停留在理论研究上。可以从小投资开始逐步积累经验，不能只想着一口吃成个胖子。没有资金，没有人脉都不要紧，关键要有好的思路和想法，有勇气迈出第一步，才会成功。

国学大师王国维在其著作《人间词话》中写道："古今之成大事业、大学问者，必须经过三种之境界：'昨夜西风凋碧树，独上高楼，望尽天涯路，'此第一境也。'衣带渐宽终不悔，为伊消得人憔悴，'此第二境也。'众里寻他千百度，蓦然回首，那人却在灯火阑珊处。'此第三境也。"[①]成功不单纯依靠能力和智慧，更要靠每一个人自身孜孜不倦地认真工作。勤奋、敬业、诚信是成功创业的重要品质。在创业路上，只有不辞辛劳、勇于攀登的人，才能够到达光辉的顶点，才能成就一番事业。

第二节　创新创业团队

>>>

一般来说，创业者将创意转变成真正意义上的产品，使其进入市场并获得盈利，要从人、财、物等角度考虑公司的建设。人才对于创业者来说不仅仅是创业资源，而且是创业成功的助推器。创业者在创业之初就需要建设一支有凝聚力、有工作效率的团队来为自己的新企业服务。

一、团队的内涵

>>>

"团队"一词是从印欧语系中的"deuk"演变而来的，意思是"牵引到一起"，英文是"team"。最初的团队被视为与正常的活动相分离，且未与其他组织体系进行整合。随着竞争的发展，团队已经演变为一个更广泛的概念，但就其定义而言，往往强调的是不同的方面。团队的内涵主要有以下几方面内容：

①团队是由两人或两人以上构成的目标群体。

②团队中成员具有共同的奋斗目标和相似或相互认可的价值取向。

---

① 王国维.人间词话[M].南宁：广西人民出版社，2017.

③团队是发展的、动态的、有责任的群体。

④团队成员间拥有可利用的互补性资源，彼此动态适应。

综上所述，团队就是指由两个或两个以上才能互补、团结和谐并为负有共同责任的统一目标和标准而奉献的人组成的群体。团队不仅强调个人的工作成果，更强调团队的整体业绩。团队所依赖的不仅是集体讨论和决策以及信息共享和标准强化，还强调通过成员的共同贡献，能够得到实实在在的集体成果，这个集体成果超过成员个人业绩的总和，即团队大于个体之和。

二、创业团队的内涵

创业团队是由较少的企业创始人组成的为实现某一个目标，共同创建、共同投资、分享决策权的一个紧密合作的团队。也就是说，共同投资、共同创建、分享决策权是组织创业团队的三项要件。一般情况下，只要符合上述三项要件中的其中两项即可被认定为创业团队。创业团队不是创业者简单地会聚在一起，创业团队的总体素质与每名创业者的个体素质有关，还在很大程度上取决于创业团队的团队文化、团队人员结构和具体的运行情况等。

三、创业团队的构成要素

有很多学者从不同的角度对团队作出了定义。我们坚信：一个团队的组建需要少数拥有相似技术的个体，他们的理想和追求一致，乐于承担职责，愿意一起努力，以获得优秀的成绩。团队就是一个共同体，这个共同体能够合理利用不同成员的知识和技能，并使其协同工作，解决遇到的各种问题。而创业团队由创业者构成，这些创业者具备互补的技能，为了实现共同的创业目标和高品质的结果而努力。

创业团队组成要素包括目标（purpose）、人（people）、定位（place）、权限（power）和计划（plan），称为5P。

1. 目标

团队目标是企业的愿景和战略形势的体现。创业团队必须树立一个共同的目标来为团队导航，告知团队成员要何去何从。如果缺少了这个目标，就会使创业团队失去存在的意义。

2. 人

人是构成团队最核心的力量，两个（包含两个）以上的人就可以构成团队。目标是通过人员来具体实现的，所以人员的选择是组建团队非常重要的一部分。一般来说，创业者都愿意选择那些技能最优、经验丰富的人作为创业团队成员。当这些人进入团队时，如何留住他们就成为摆在创业者面前的一个难题，如果处理不得当，就会造成人才的流失，这是创业过程中的普遍现象之一。在创业团队中，不同的成员通过分工来共同实现创业团队的目标，所以团队的规模不宜过大，因为人员冗余有可能会令整个团队的高效运转变成一纸空谈。此外，规模过大还可能会导致团队内产生小团体，这势必会削弱团队的凝聚力。但是，团队的成员也不宜过少，不然团队应有的功能与优势就无法实现。

3. 定位

定位有两个方面的含义：

（1）创业团队的定位，具体包括该创业团队在企业中所处的位置、谁来选择和决定团队的成员、创业团队应对谁负责、创业团队所采用的激励方式。

（2）个体的定位，具体包括每个成员在团队中的角色，是参与计划的制定还是参与计划的实施或评估；是大家出资并委派其中一人来管理还是大家出资共同管理，或是出资聘请第三方（职业经理人）进行管理。这在创业实体的组织形式上体现为是合伙企业还是公司制企业。

4. 权限

创业团队中，团队领导人所拥有的权力的大小与其团队所处的发展阶段和所从事的行业相关。通常情况下，在一个成熟的创业团队中，领导者的权力相对较小，即创业团队越成熟，领导者的权力越小。一般在创业团队组建的初期，领导权力更加集中，而高科技类型的企业大多采用民主的管理方式。

5. 计划

计划有两层含义：一方面，它是为保证目标的实现而制定的具体实施方案；另一方面，计划在实施中又会分解出细节性的计划，需要创业团队共同努力完成。

以上是团队的构成要素，但是在创业之初，创业者往往会面临很多困难，团队的建设并不像想象中的那样简单，这需要创业者有充分的心理准备。有时创业过程会与团队组建一起完成，且由于创业活动的特殊性，创业团队不必具备每一个要素。随着企业发展逐步成熟，团队建设也应该逐步完善，创业者应当时刻记得一句俗话，"三个臭皮匠，顶个诸葛亮"，这正说明了创业团队在创业过程中的重要性。

创业团队通常是在创业初期通过不断寻找组建起来的，团队成员共同参与新企业从创建到发展的整个过程并作出贡献。作为创业团队成员，共同参与创业过程，他们的思路会影响创业者的战略决策，在经济上占有一定的股权，因此也承担一定的风险。虽然每名创业者的创业过程各不相同且具有不可复制性，但是学者们在研究了中外众多的创业活动后仍然得出了以下结论：一个人单打独斗的创业要比团队创业的成功率低得多。

对于创业者来说，寻找创业合作伙伴、组建创业团队是非常重要的。创业者在选择创业合作伙伴时，必须从多个方面考虑自己的真正需要，充分考虑到创业的环境和自己的切身利益，一个理想的创业合作伙伴不仅是一个能为企业提供资金、技术、安全感和其他方面帮助的人，更重要的是，他应该是一个能让创业者信任、尊敬并能同甘共苦的人，是一个能与创业者的才能、性格等方面形成互补的人。

案例 & 故事

唐僧团队

唐僧团队是指《西游记》中的唐僧团队，这个团队最大的特点就是互补性强，领导有权威、有目标、有坚定的毅力，因此，虽然历经九九八十一难，但最终修成了正果。一个坚强的团队，基本上要有四种人：德者、能者、智者、劳者。德者领导团队，能者攻克难关，智者出谋划策，劳者执行有力。

1.德者居上

唐僧是一个目标坚定、品德高尚的人，他受唐王之命去西天求取真经，以普度众生，广播善缘。

要说降妖伏魔，他没有这个本事，但为什么他能够成为担西天取经大任的团队领导？关键在于唐僧有三大领导素质：

（1）目标明确。对一个团队领导而言，能够为团队设定前进目标，描绘未来美好生活是必要素质。领导如果不会制定目标，肯定是个糟糕的领导。唐僧从一开始就为这个团队设定了西天取经的目标，而且历经磨难也从不动摇。一个企业也应选择这样的人做领导，团队的领导本身就是企业文化的传承者和传播者，只有领导自己坚定不移地信奉公司的文化，以身作则，才能更好地实现团队的目标。

（2）以权制人。如果唐僧没有紧箍咒，可能被孙悟空一棒打死，或者也不能让孙悟空听服安排。这也是一个领导的必备技能，一定要树立自己的权威，没有权威，也就无法成为领导。但是唐僧从来不滥用自己的权力，只有在大是大非的时候才动用自己的惩罚权。这对企业领导也是有借鉴意义的，组织赋予的惩罚权千万不要滥用，奖励胜于惩罚，这是领导艺术的基本原理。

（3）以情感人。最初的时候，孙悟空并不尊重唐僧，老觉得这个师父肉眼凡胎、不识好歹，但是在历经艰险后，唐僧的执着、善良和对自己的关心也感化了孙悟空，让他死心塌地保护唐僧。对团队领导而言，情感管理也是非常重要的，尤其在中国文化的大背景下。中国人往往是做生意先交朋友，先认可人，再认可事，对事情的判断主观性比较强。所以在塑造团队精神的时候，领导一定要学会进行情感投资，要多与下属交流、沟通，关心团队成员的衣食住行，塑造一种家庭的氛围。

总的来说，作为企业领导，要用人唯能，攻心为上，目光如炬，明察秋毫，洞若观火，高瞻远瞩，有眼光就不会犯方向性的错误。

2.能者居前

孙悟空可称得上是老板最喜欢的职业经理人，之所以说老板最喜欢，不是因为孙悟空没缺点，很优秀，而是因为他能力很强，但有缺点，这才是老板最应该用的人才。为什么？假设一个人能力很强，人缘很好，理想又很远大，这样的人往往不甘人下，或者直逼领导位子，很容易另起炉灶。

孙悟空有个性、有想法、执行力很强，也很敬业、重感情，懂得知恩必报，是个非常优秀的人才。

但如何才能留住这样的人才，如何提升他的忠诚度，这要靠领导艺术，靠企业文化。在《西游记》中，孙悟空被唐僧赶走过两次，第一次是刚刚认识不久，孙悟空打死了几个强盗，遭到唐僧斥责，结果孙悟空一生气，自己走了，但后来在东海龙王那里，看了一幅画，说的是张良三次为黄石老人桥下拾鞋，谦恭有礼，后被黄石老人授以天书，成就了张良传世伟业的故事。老龙王说："你若不保唐僧，不尽勤劳，不受教诲，到底是个妖，休想得成正果。"孙悟空一盘算，觉得有道理，自己被唐僧搭救，而且还可以变妖为仙，怎么能这么轻率地就走了呢？所以后来他又回到了唐僧身边。第二次被赶走是"三打白骨精"

后，唐僧决意不能留他，悟空无奈，只好离去，但"止不住腮边泪坠，停云住步，良久方去"，他已经心系唐僧，一听说师父有难，马上不计前嫌，重新回到团队中去，而且还在东海里沐浴一下，生怕师父嫌弃他。

规矩是权威，唐僧如果没有了权威，估计孙悟空早不把他放在眼里了。同样，企业的制度也要有权威，制度的执行一定要严格，不管刚开始推行的时候有多少阻力，但只要坚决执行，逐渐就会形成一种氛围与文化，让大家自觉地遵守。但制度的力量是有限的，制度只能让员工不犯错，要让员工有凝聚力，与企业同心同德，还要靠情感，所谓以"德"施政，唐僧就是靠他的情感管理，用他的执着和人品感化了孙悟空。

没有修成正果的目标和愿景，孙悟空也许中途就回去了；没有师徒的情分，估计孙悟空也不会这么卖命；当然，如果没有偶尔的紧箍咒，也许孙悟空早铸成大错。

但孙悟空这样的员工只能是一个好员工，不能成为一个好领导。什么意思呢？孙悟空最大的乐趣是降妖伏魔，常说"抓几个妖怪玩玩"，这是一种工作狂的表现，他不近女色、不恋钱财、不辞劳苦，在降妖伏魔中找到了无限的乐趣。但是他天性顽皮、直言不讳，经常不把玉皇大帝、各大神仙放在眼里，注定无法成为一个卓越的领导。但作为一个团队的成员，有了唐僧，就不需要孙悟空有领导能力，否则唐僧的地位肯定会动摇。这也就是为什么选择团队成员要非常慎重，要能够优势互补、能力互补和个性互补。

孙悟空的另外一个缺点就是爱卖弄，有了业绩就在别人面前显摆，而且得理不饶人，这显然也影响了他继续发展的可能。作为领导，一定要非常清楚下属的优缺点，量材而用，人尽其才。

3. 智者出谋划策

猪八戒虽然总是开小差，吃得多、做得少，时时不忘美食，但是在大是大非上，立场还是比较坚定，从不与妖怪退让妥协，打起妖怪来也不心慈手软；生活上能够随遇而安，工资待遇要求少，有吃就行，甭管什么东西，而且容易满足，最后被佛祖封了个净坛使者，是个受用贡品的闲职，但他非常高兴，说"还是佛祖向着我"。更为重要的是，他成为西天取经枯燥旅途的开心果，孙悟空不开心了，就拿他耍耍，有些脏累差的活都交给他，他虽有怨言，但也能完成。如果没有猪八戒，这个旅途还真无聊。另外，猪八戒的另外一个优点就是对唐僧非常尊敬，孙悟空有不对的地方，他都直言不讳，从某种程度上也增强了唐僧作为领导的协调和管理作用。

但是猪八戒的不足是经常搬弄是非，背后打小报告。另外，在忠诚度方面也差，尤其是刚加入取经团队的时候，动不动就要散伙走人，回高老庄娶媳妇，一点佛心都没有，而且影响了团队的团结和睦。

之所以说猪八戒是个智者，完全是站在当今社会的角度而言的。现代社会，员工的压力很大，如何做一个快乐的人，就要用到猪八戒的人生哲学了。当然，八戒的人生哲学，只是我们在遇到挫折失败时的一种自我解嘲，不能成为主流价值观。

（1）不要强求。

佛曰，人有七苦：生、老、病、死、怨憎、别离、求不得。每一种苦都让我们伤心欲绝,但我们能否就此一蹶不振呢?当然不能,这就要学习猪八戒的处世哲学了。八戒由仙贬妖,而且还成了猪妖,可谓人生不顺,但他过得很快乐。经理人有时在职位、薪酬等个人发展上不得志是难免的,要学会释怀,不要过于强求,这是人生一大智慧。

(2)不要压抑。

工作中压力大,上有领导,下有员工;外有工作,内有家庭。要工作、生活,有的还要边读书,边供房、买车,压力本来就比较大,所以要学会自己找乐。八戒压抑不压抑?不但没了老婆,自从跟了师父,就没吃饱过。但八戒很厉害,见人参果就吃,见妖怪就打,见地方就睡,活得洒脱。不要过于压抑,是人生的一大智慧。

4. 劳者居其力

如果唐僧这个团队只有他、悟空和八戒三个人,那还是有问题,唐僧只知发号施令,无法推行;悟空只知降妖伏魔,不做小事;八戒只知打下手、粗心大意;那担子谁挑、马谁喂、后勤谁管?所谓"兵马未动,粮草先行",可见一个团队后勤保障的重要性。因此,一个团队各种人才都要有。沙和尚是个很好的管家,任劳任怨,心细如发。他经常站在悟空的一面说服唐僧,但当悟空有了不敬的言语,他又马上跳出来斥责悟空,护卫师父,可谓忠心耿耿,企业对这样的人一定要给予恰当的位置,如行政、人事、财务、质量管理、客户服务等方面的岗位。沙和尚忠贞不贰,是唐僧最信任的人,是老板的心腹,唐僧可谓人尽其才。许多企业和团队之所以失败,一方面是因为老板看错了人,要么有才无德,要么有德无才,所谓成事不足、败事有余;一方面是因为人员配置不尽合理,没有足够才能担此大任,所谓成也萧何、败也萧何。商场就是战场,好的后勤保障是战胜对手的必备条件。

沙和尚和白龙马是接近领导的工作人员。做大老板,手下各路"神仙"应该都有,"智者"提供智力服务,"能者"提供工作业绩,"劳者"提供后勤保障。沙和尚和白龙马的"后勤保障"工作非常出色,如果说"智者"猪八戒和"能者"孙悟空还有缺陷的话,"劳者"沙和尚完全可以打100分,"劳者"在领导身边的机会很多,最难做到的就是"观棋不语",沙和尚做到了,是非常难能可贵的。

一个强大的团队基本上有四种人:善良的人、能干的人、聪明的人和勤奋的人。德行者带领团队,能干者克服困难,智者出谋划策,艰苦卓绝者有效实施。打造创业团队时要综合考量以上几类人。

(资料来源:闫俊霞,吴秋平,陈锐. 大学生创新创业基础教程[M]. 重庆:重庆大学出版社,2021. 有改动)

四、创业团队的组建过程

\>\>\>

创业团队的组建是一个相当复杂的过程,不同类型的创业项目所需的团队不一样,创建步骤也不完全相同。主要为以下六个方面:

1. 明确创业目标

创业团队需要明确创业总目标,通过完成创业阶段的技术、市场、规划、组织、管理等各项工作,让企业实现从无到有、从起步到成熟。总目标确定之后,为了推动团队最终实现创业目标,可再将总目标加以分解,设定若干可行的、阶段性的子目标。

2. 制订创业计划

在确定了阶段性总目标及子目标后,就要研究如何实现这些目标,这就需要制定周密的创业计划。创业计划是在对创业项目进行具体分解的基础上,以团队为整体来考虑的计划,创业计划确定了在不同的创业阶段需要完成的阶段性任务,通过逐步实现这些阶段性目标来最终实现创业目标。

3. 招募合适的人员

招募人员也是创业团队组建最关键的一步。关于创业团队成员的招募,主要应考虑两个方面:一是考虑其能否与其他成员在能力或技术上形成互补。这种互补既有助于强化团队成员间的合作,又能保证整个团队的战斗力,更好地发挥团队的作用。一般而言,创业团队至少需要管理、技术和营销三个方面的人才。只有这三个方面的人才形成良好的沟通协作关系后,创业团队才能稳定高效。二是考虑适度规模。适度的团队规模是保证团队高效运转的重要条件。团队成员太少,无法发挥团队的功能和优势,而过多又可能会产生交流的障碍,团队很可能会分裂成许多较小的团体,进而大大削弱团队的凝聚力。一般认为,创业团队的规模控制在 3~12 人最佳。

4. 职权划分

为了保证团队成员切实执行创业计划、顺利开展各项工作,必须预先在团队内部进行职权的划分。创业团队的职权划分就是根据执行创业计划的需要,具体确定每个团队成员所要担负的职责以及相应所享有的权限。团队成员间职权的划分必须明确,既要避免职权的重叠和交叉,也要避免无人承担责任造成工作上的疏漏。此外,由于还处于创业过程中,面临的创业环境又是动态复杂的,会不断出现新的问题,团队成员可能不断更换,因此,创业团队成员的职权也应根据需要不断地进行调整。

5. 构建创业团队制度体系

创业团队制度体系体现了创业团队成员的控制和激励能力,主要包括创业团队的各种约束制度和激励制度。一方面,创业团队通过各种约束机制(主要包括纪律条例、组织条例、财务条例、保密条例等)指导其成员避免做出不利于团队发展的行为,实现对其行为进行有效的约束,保证团队的稳定秩序;另一方面,创业团队实现高效运作要有激励机制(主要包括利益分配方案、奖惩制度、考核标准、激励措施等),使团队成员能看到随着创业目标的实现,其自身利益将会得到怎样的改变,从而达到充分调动成员的积极性、最大限度发挥团队成员作用的目的。要实现有效的激励,首先就必须把成员的收益模式界定清楚,尤其是关于股权、奖惩等与团队成员利益密切相关的事宜。需要注意的是,创业团队的制度体系应以规范化的书面形式确定下来,以免带来混乱。

6. 团队的调整融合

完美组合的创业团队并非创业一开始就能建立起来,很多时候是在企业创立一定时间以后随着企业的发展逐步形成的。随着团队的运作，团队组建时在人员匹配、制度设计、职权划分等方面的不合理之处会逐渐暴露出来，这时就需要对团队进行调整融合。由于问题的暴露需要一个过程，因此，团队调整融合应是一个动态持续的过程。在完成了前面的工作步骤之后，专门针对企业运行中出现的问题，不断地对前面的步骤进行调整直至满足实践需要为止。在进行团队调整融合的过程中，最为重要的是保证团队成员间经常进行有效的沟通与协调，培养团队精神，提升团队士气。

五、创业团队组建的主要影响因素

创业团队的组建受多种因素的影响，这些因素相互作用，共同影响着组建过程并进一步影响着团队建成后的运行效率。

1. 创业者

创业者的能力和思想意识从根本上决定了是否要组建创业团队以及团队组建的时间表，以及由哪些人组成团队。创业者只有在意识到组建团队可以弥补自身能力与创业目标之间存在的差距后，才有可能考虑是否需要组建创业团队，以及对什么时候需要引进什么样的人员才能和自己形成互补做出准确判断。

2. 商机

面对不同类型的商机，需要组建不同的创业团队类型。创业者应根据创业者与商机间的匹配程度，决定是否要组建团队以及何时、如何组建团队。

3. 团队目标与价值观

共同的价值观、统一的目标是组建创业团队的前提。团队成员若不认可团队目标就不可能全心全意为此目标的实现而与团队其他成员相互合作、共同奋斗。而不同的价值观将直接导致团队成员在创业过程中脱离团队，进而影响创业团队作用的发挥。没有一致的目标和共同的价值观，创业团队即使组建起来了也无法有效发挥协同作用，缺乏战斗力。

4. 外部环境

创业团队的生存和发展直接受到制度性环境、基础设施服务、经济环境、社会环境、市场环境、资源环境等多种外部要素的影响。这些外部环境要素从宏观上间接地影响着创业团队组建类型的需求。

六、创业团队的管理方法

1. 分权管理

所谓分权，就是把某些权利和责任转交他人，而不是所有决策都由自己来做。将确定的工作交给下级，让下级拥有适当工作范围内的权利并承担一定的责任，能有效提高下级的工作意愿和效率。下级因此提高了工作积极性，上级从具体工作中得以解放，更多地投入领导工作中。

2. 漫步管理

漫步管理的含义是，最高级别的领导并非只专注于工作，反而希望员工能够频繁地接触他，因为这会使他感觉自己就像在企业里"漫步"，可以随时获得一手信息，清楚下属的烦恼及企业中存在什么问题。

3. 结果管理

结果管理指的是上级要把得到的结果作为管理工作的重点，但在结果控制的时候不评价每个下属，而是评价部门或相关岗位。这里也要注意提高下属的工作意愿和参与责任感。

4. 目标管理

上级要给下属一个目标，比如市场占有率提高 10%。各个部门共同确定实现目标的方法并全力执行，上级负责对市场占有率的变化情况进行检查。

5. 例外管理

只有在特殊情况下，领导才会亲自做决策，这就是所谓的例外管理。比如，一个消费者在买东西的时候想要 15% 的折扣，而销售人员只有给予 10% 折扣的权限，这时候就必须由上级来做决定，这就叫例外管理。这里存在的困难是对正常业务和例外情况的界定，要常检验决策范围。

6. 参与管理

参与管理是指让下级对某些问题拥有一定的决策权，特别是这些决策与他本人有关的时候，如让某位员工调职到另外的部门或地方任职。员工有发言权，会感受到尊重和领导对他的信任。

7. 系统管理

系统管理是指对确定的企业流程进行管理。这种管理方式适合工业企业。

七、创业团队的管理技巧和策略
————————————————————————————— >>>

团队创业的成功率不一定高于个人创业的成功率的原因一般有两点：决策分歧和利益冲突。要想解决这两个问题，就需要团队找到适合自身的结构模式。

1. 创业团队的特殊之处

创业团队的管理与一般的工作团队管理不一样。在工作团队中，如研发团队、销售团队和项目团队中，其人员稳定性一般比较高，所以通常对这类团队的管理主要集中在过程管理上，强调通过建设沟通机制、决策机制、互动机制和激励机制等有效发挥集体智慧，实现优势互补，提高绩效。然而对于创业团队，关注点在结构管理，而非过程管理。

首先，创业团队管理是缺乏组织规范条件下的团队管理。在创业初期，创业团队还没有一个规范性的管理制度，一般只能通过"人治"来管理，导致一些分歧处理起来比较困难。同时，格外重要的信任又很难在成员之间迅速建立，所以，这就需要创业团队在创业初期建立一个合理的初始结构。

其次，创业团队的管理是缺乏短期激励手段的管理。成熟企业的工作团队依靠其资源优势，借助工作考核等方式，在短期实现成员投入和回报的动态平衡。而创业团队在创业初期会把大量的时间、精力、资金等投入到创业活动中去，却无法迅速得到回报。除了自身资源的限制，主要是创业团队的回报是以创业成功为前提的。所以，当成功不能一蹴而就时，一个合适的合伙人就显得格外重要了。

最后，创业团队管理是以协同学习为核心的团队管理。成熟企业的工作团队的学习以组织知识和记忆为依托，成员之间共享相似的知识基础。而创业活动充满了不确定性，通过不断试错和验证来创造与存储知识。创业团队的协同学习是建立在创业前所形成的共同知识与观念的基础上，这仍旧取决于团队的初始结构。团队创始人对成员的选择决定了团队管理的基础结构，这是实现高效的创业团队管理的重要前提。

2. 创业团队的三维结构

创业团队的结构管理可以从三个方面入手：知识结构、情感结构和动机结构。知识结构反映了创业团队可能成功创业所具备的能力素质，情感结构决定了创业团队能否凝聚在一起，动机结构则是创业团队实现理念和价值观认同的关键因素。

（1）知识结构管理

知识结构管理最关键的是要建立以创业任务为核心的知识技能互补性，关注团队是否具备足够的能力以完成创业活动的相关任务。

有意思的是，《西游记》里唐僧所率领的团队就是一支典型的创业团队。四个角色既性格不同，又具备无法替代的优势。唐僧慈悲为怀，有很强的使命感，有优秀的组织设计能力，注重行为规范和工作标准，并作为团队核心担任团队主管。孙悟空具备高强的武力，作为取经路上的先驱者，理解、完成任务的能力非常优秀，是团队的业务主干。猪八戒没有太强的能力，好吃懒做，但性格好，能够活跃工作气氛，使得取经之路不会太沉闷。沙僧勤恳踏实，平时不显山不露水，关键时刻能够站出来稳定大局。

（2）情感结构管理

对于情感结构管理，我们需要重视的是年龄、教育程度等无法完全掌控的因素之间的适度差距。如果创业团队里的成员在年龄与学历上差距太大，就有可能发生各种冲突与争辩，导致团队浪费大量时间去解决沟通和内部矛盾的问题，使得内耗大于建设，影响创业活动的有序进行。

（3）动机结构管理

动机结构管理要关注创业团队的成员的理念和价值观是否具备一致性。如果一个团队拥有相同的信念和价值观，那么他们更有可能维持一个共同的目标，保持一致的努力方向，共同克服挑战并走向成功。

3. 结构与过程互动

建立促进合作和学习的决策机制是发挥创业团队结构优势并实现成功创业的重要途径。团队核心成员是否能够发现其他人的优势并互相学习，决定了创业是否能够顺利进行。团队的建设原则如下：

①建设合作式冲突的氛围和文化。创业团队内部不可能不产生冲突，关键是团队要能够长期保持一致的目标，在合作的前提下解决冲突。合作式冲突的氛围能够有效调动团队成员的潜力，有利于形成有效的决策方案和机制。

②在创业团队中，避免因观点差异而产生竞争性冲突至关重要。这种冲突往往源于成员们对自己想法的坚持，难以接纳他人的意见。然而，创业的精髓在于汇聚多元视角，同时迅速做出明智决策。团队需要建立一种机制，既能确保每个成员的观点得到充分表达，又能在

观点整合后迅速集中决策。这样的机制营造了开放的讨论氛围，保障了决策的效率和质量，帮助团队在保持多样性的同时又能迅速行动。

八、创业团队的股权分配

几个好朋友一起创业，本是一件好事，但如果在创业过程中没有解决好矛盾和冲突，导致最后一拍两散，一个很常见的原因是公司不合理的股权分配。股权一般分为两大类：资金股权和经营股权。

资金股权的确定要区分投资者的类型。通常情况下，个人投资要看投资人的个人特性，而机构投资会有一套价值评估的系统。投资者投资创业团队，最先关注的是这个团队的人，然后才是项目本身，所以我们要从人的角度来分析投资资金占的股份比例问题。如果投资者有很强的控制欲，创业团队很难和投资者去谈股权，更好的选择是通过把项目做大让团队获得更大的收益；如果投资者性格豪爽，创业团队就有可能获得控股权。

经营股权，在定好比例后，按照每个人在团队中承担的职责和具有的能力来定夺。如果存在争议，可以通过一些绩效评价系统让股权随着个人绩效变化进行调整。具体分配比例一般是按照岗位职责而不是人来分配，特殊情况下还可以根据创意的角度来分配股份。

因此，如果不想在创业过程中出现问题，就要做好股权的分配。尽量不要按照人来分配，而是按照客观的资金、职责、岗位、创意等来进行分配。

(一)创业团队股权分配概述

1. 创业团队股权分配的对象

合理的股权架构，要由创始人、合伙人、投资人、核心员工四类人来掌握大部分股份。因为这四类人无论是对公司未来的发展方向、资金、管理还是具体的执行来说，都扮演着重要的角色，所以创始人一定要关注这些人的利益。

①创始人：掌控公司的发展方向，所以要保证创始人的控股权。

②合伙人：要想把合伙人凝聚在一起，就要保证合伙人的经营权和话语权。

③投资人：要吸引投资者的加入，就要保证投资人的优先权。

④核心员工：保证核心员工的分利权，能有效激发员工的创造力。

2. 创业团队股权分配的核心和关键

之所以要做好股权的分配，就是希望团队的成员真正感受到合理与公平，把精力投入工作当中。

这里面有两个关键点：一个是要保证创业者对公司的控制权，另一个是能够实现股权的最大化(吸引合伙人、融资和人才)。

①保证创业者拥有对公司的控制权。创始人最好能够拥有绝对的控股权，尽量高于67%，至少不低于50%。这样，公司的创始人就拥有绝对的话语权，能够更好地掌控公司的发展方向。

②实现股权价值的最大化。股权代表着未来的财产，送出去一部分股权，能够吸引优秀的合伙人和人才。同固定工资相比，股权的远期投资价值更高，一旦公司发展壮大起来，手

中的股权就可能翻倍，因此创业者可以通过这种方式来吸引人才。

3.创业团队股权分配的管理

具体的管理包括管理好创始合伙人的得权期、退出机制、回购权，对这些内容提前做好约定，避免日后带来纠纷。

①得权期。得权期一般定为四年，意味着员工要在公司干满四年才能拿到自己的股权，公司可以以此吸引、留住并激励优秀的员工。

②退出机制。合伙机制不能只进不出。创业公司的股权价值是所有合伙人持续、长期的服务赚取的，当合伙人离开公司，其所持的股权就要通过一定的方式退还。

③回购权。如果股东在中途退出、转让或出售部分股份，公司可以根据公司估值的百分比，按照原始股购价的几倍溢价回购他的股份。

(二) 创业团队股权分配的原则和方法

1.最大责任者一股独大

在美国，即使几个创始人平均分享股权，公司也可以做起来。在中国要想做好公司，一般都是一股独大。因为在中国，最常见的是大家都信服一个大股东，由这个人作为公司的决策者，再搭配1~2个占股权的10%~20%，能够和股东形成优势互补的合伙股东，能发出和大股东不一样的声音，并对公司有一定的影响力。采用这种有人决策、有人担责，又能够保持不同意见的模式更容易创业成功。

股权分配最核心、最容易被忽略的就是要让人感受到合理、公平，只有如此他才能够专心做事。创始人还要向成员开诚布公地表达自己的想法，获得创始成员的认可，建立相互的信任。

当投资者对早期项目进行投资时，通常会选择的股权架构是创始人的股份比例为50%~60%，而联合创始人的比例则为20%~30%，期权池的比例则为10%~20%。不少创业者觉得因为自己是创意的提出者，应该占最大的股份。但创业是一个长期而艰苦的过程，不能仅靠一个创意就能成功，而是通过不断试错和调整，一步一步走向成功，而且最后的成品和早期的创意相比也相去甚远。如果创意的提出者除了提出过创意，无法在创业过程中作更多的贡献，就有可能导致其他创始人因为分配不公而退出团队另起炉灶。

2.杜绝拖延

创业团队的股权绝对不能平均分配。一般而言，创始人不喜欢谈论股权分配的问题，总喜欢回避这个问题，或者模棱两可地表达"我们是平等的"或"先做事，其他好商量"，甚至拖延这个问题。如果创始人多于三人，这种讨论就更困难了。

创始人应该在第一天就把股权分配的问题讲清楚，因为股权分配拖得越久就越难以启齿，而随着创业活动的进行，很多人会觉得项目的成功离不开自己的贡献，那么股权分配的问题就越来越难以讨论，所以股权分配问题要尽早解决并达成共识。最佳的讨论时机是几个人在决定做事之后、正式开始做事之前。

3.股权绑定、分期兑现

仅仅达成了股份的比例分配还不够，如果团队中一个人拿了很多股份，但在创业过程中却没有作出足够的贡献怎么办？或者有人中途离开了团队，他的股份该怎么处理？

通常情况下，美国的公司都有关于创始股东股票的绑定制度。公司股权会根据创始人在公司工作的时间来逐步兑现，任何创始人都要在公司一年以上才可以持有股份，而好的股份绑定计划都会超过四年。四年期股份绑定，就是在第一年兑现一部分，第二年兑现一部分，直至四年全部兑现。中国的大多数公司都没有执行股权绑定，这会对公司带来不好的影响。

股权绑定还能够对合伙人之间股份分配的不平衡起到调节作用。例如，最初制定的股权分配方案存在不合理的情况，或者后期一些股权持有者的贡献与其股份的占比明显不成比例，董事会就可以通过协商，对股份进行重新分配，这么做更容易被接受，因为已经兑现的股份没有变。即使有人因此离开公司，也有一个明确、公平、已经兑现的股份。

这种制度不被一些没有经历过股权纠纷的创业者所接受，因为他们害怕自己在项目中不能带来价值而因此失去股份。真正经历过股权纠纷的创业者则会更容易接受这种制度。

4.遵守契约精神

股权分配的核心就是契约精神。对于创业团队成员来说，股权的确定就是利益分配机制的确定。撇开后期调整机制，在创业过程中，成员的努力和贡献与比例没有关系，对成员最基本的要求就是努力工作。我们要明白，创业成功，1%的股份也不少；创业失败，100%的股份也没用。

首先，合伙人之间是一种长期的、深度的、强连接的捆绑关系，很多人将其比作事业上的"联姻"，需要彼此价值观契合，相处默契，人生观、创业动机和个人特征相互融合，且知识、经验和技能相互补充。值得注意的是，和熟悉的人、互补的人一起创业，成功的概率只是更大而已，但绝不是保证企业长命百岁的灵丹妙药。其次，团队必须有能带领大家攻坚克难的核心，即团队必须有老大，能决定去哪里，能给员工造梦，是打猎者、保护者，他们是进攻型的，目标非常明确，对行业趋势和前景有独到见解和精辟分析。再次，创业团队还需要建立科学合理的股权架构，可以说，企业发展的底层动力是通过股权配置来获得的。最后，如何将愿景落地成就现实的优秀团队，准则只有一个——用合适的人，做正确的事。

案例 & 故事

马化腾的创业团队

这是一个难得的兄弟创业故事，其理性堪称标本。希望大家在阅读中有所收获。

1998年，马化腾与他的同学张志东"合资"注册了深圳腾讯计算机系统有限公司。之后，公司又吸纳了三位股东：曾李青、许晨晔、陈一丹。这5个创始人的QQ号，据说是从10001到10005。为避免彼此争夺权力，马化腾在创立腾讯之初就和四个伙伴约定清楚：各展所长、各管一摊。马化腾是CEO（首席执行官），张志东是CTO（首席技术官），曾李青是COO（首席运营官），许晨晔是CIO（首席信息官），陈一丹是CAO（首席行政官）。

之所以将腾讯五兄弟的创业故事称为"难得"，是因为直到2005年的时候，这五人的创始团队还基本保持这样的合作阵形，不离不弃。直到腾讯做到如今的"帝国"局面，其中4个人还在公司一线，只有COO曾李青挂着终身顾问的虚职退休。

　　都说一山不容二虎，尤其是在企业迅速壮大的过程中，要保持创始人团队的稳定合作尤其不容易。在这个背后，工程师出身的马化腾从一开始对于合作框架的理性设计功不可没。

　　从股份构成上来看，5个人一共凑了50万元，其中马化腾出了23.75万元，占了47.5%的股份；张志东出了10万元，占20%的股份；曾李青出了6.25万元，占12.5%的股份；其他两人各出5万元，各占10%的股份。

　　公司成立所需主要资金都由马化腾所出，他刻意把所占的股份降到一半以下，47.5%。"要他们的总和比我多一点点，不要形成一种垄断、独裁的局面。"而同时，他自己又一定要出主要的资金，占大股。"如果没有一个主心骨，股份大家平分，到时候也肯定会出问题，同样完蛋。"

　　保持稳定的另一个关键因素，就在于搭档之间的"合理组合"。据《沸腾十五年》作者林军回忆说，"马化腾非常聪明，但非常固执，注重用户体验，愿意从普通的用户的角度去看产品。张志东是脑袋非常活跃，对技术很沉迷的一个人。马化腾技术上也非常好，但是他的长处是能够把很多事情简单化，而张志东更多是把一个事情做得完美化。"

　　许晨晔和马化腾、张志东同为深圳大学计算机系的同学，他是一个非常随和而有自己的观点，但不轻易表达的人，是有名的"好好先生"。而陈一丹是马化腾在深圳中学时的同学，后来也就读深圳大学。他十分严谨，同时又是一个非常张扬的人，他能在不同的状态下激起大家的激情。

　　如果说其他几位合作者都只是"搭档级人物"的话，只有曾李青是腾讯5位创始人中最好玩、最开放、最具激情和感召力的一个，与温和的马化腾、爱好技术的张志东相比，是另一个类型。其大开大合的性格，也使其比马化腾更具备攻击性，更像拿主意的人。不过或许正是这一点，也导致他最早脱离了团队，单独创业。后来，马化腾在接受多家媒体的联合采访时承认，他最开始也考虑过和张志东、曾李青三个人均分股份的方法，但最后还是采取了5人创业团队，根据分工占据不同的股份结构的策略。即便是后来有人想加钱、占更大的股份，马化腾也说不行，"根据我对你能力的判断，你不适合拿更多的股份"。因为在马化腾看来，未来的潜力要和应有的股份匹配，不匹配就要出问题。如果拿大股的不干事，干事的股份又少，矛盾就会发生。

　　当然，经过几次稀释，最后他们上市所持有的股份比例只有当初的1/3，但即便是这样，他们每个人的身价都还是达到了数十亿元人民币，是一个皆大欢喜的结局。

　　可以说，在中国的民营企业中，能够像马化腾这样，既包容又拉拢，选择性格不同、各有特长的人组成一个创业团队，并在成功开拓局面后还能使创业团队依旧保持着长期默契合作，是很少见的。而马化腾的成功之处，就在于其从一开始就很好地设计了创业团队的责、权、利。能力越大，责任越大，权力越大，收益也就越大。

　　（资料来源：豆丁网．http://docin.com/p-1934585306.html．有改动）

第三节 创新创业素质及其养成

>>>

一、什么是创业素质

>>>

对于创业素质的定义及其基本要素,有三种具有代表性的观点:

一是认为创业素质是指人在后天教育和环境影响下形成和发展的,在社会实践活动中表现出来的比较稳定的个性特征。

二是认为创业素质是在人的心理素质和社会文化素质的基础上,在环境和教育的影响下形成和发展起来,在社会实践活动中全面地、较稳定地表现出来并发挥作用的身心组织要素、结构及其质量水平。

三是认为创业素质是以人的先天禀赋为基础,在环境和教育的影响下形成和发展起来的,在创业实践活动中表现出来并相对稳定地发挥作用的身心组织要素的总称。

综合以上三种观点,创业素质是在一定的条件和基础上形成的,并不是先天性地存在于人群中,环境和教育的作用是创业素质形成的必要条件,它一旦形成就具有相对稳定性,并在实践中表现出来。

二、创业者应具备的基本素质

>>>

概括地说,大学生创业素质是由多个要素组成的系统结构,在这个系统结构中,各要素相互依赖,共同在创业实践中发挥作用,但在多个要素中,有起支配作用的要素,也有被支配的要素。基于大学生这个特殊的创业群体,创业品质、创业精神、创业知识、创业能力是大学生创业素质中的核心素质。

1. 心理素质

①善于交往、合作的心理素质。在创业道路上,创业者必须摒弃"同行是冤家"的狭隘观念,学会合作与交往。通过语言、文字等多种形式与周围的人进行有效的交流与沟通,可以提高办事效率,增加成功的机会。在创业过程中,需要与客户和顾客打交道,与公众媒体打交道,与外界销售商打交道,与企业内部员工打交道,这些交往、沟通有助于排除障碍,化解矛盾,降低工作难度,增加信任度,有助于创业成功。

②敢于冒险、敢于拼搏、勇于承担行为后果的心理素质。在市场经济大潮中,机会与风险共存;只要从事创业活动,就必然会有某种风险伴随,且事业的范围和规模越大,取得成就越大,伴随的风险也越大,需要承受风险的心理负担也就越大。立志创业,必须敢闯敢干,有胆有识,才能变理想为现实。只要瞄准目标,判断有据,方法得当,就应敢于实践,敢冒风险。成功的创业者总是事先对成功的可能性和失败的风险性进行分析比较,选择那些成功的可能性大而失败的可能性小的目标。创业者还要具备评估风险程度的能力,具有驾驭风险的有效方法和策略。

③敢于克服盲目冲动和私利欲望的心理素质。在创业过程中,创业者要善于防止冲动,克制是一种积极的有益的心理素质,它可使人积极有效地控制和调节自己的情绪,使自己的活动始终在正确的轨道上进行,不会因一时的冲动而做出不理智的行为。创业者在创业过程中要自觉接受法律的约束,合法创业、合法经营、依法行事;自觉接受社会公德和职业道德的约束,文明经商、诚实经营、互助互利。当个人利益与法律、社会公德相冲突时,要能克制个人欲望,约束自己的行为。

④坚持不懈、不屈不挠的心理素质。创业者需要百折不挠,有坚持不懈的毅力和意志,能够根据市场的需要和变化,确定正确、令人奋进的目标,并带领自己的创业团队战胜逆境、实现目标。创业者必须有一颗持之以恒的进取心,创业者的恒心、毅力和坚韧不拔的意志是十分可贵的品质。遇事沉着冷静,思虑周全,一旦做出决定,便咬住目标,坚持不懈。创业是一个长期奋斗的过程,立竿见影、迅速见效的事是极少的。在方向和目标确定后,创业者就要朝着既定的目标一步步走下去,纵有千难万险,迂回曲折,也不要轻易改变初衷,半途而废。创业是艰难的,在创业的过程中难免会遇到这样或那样的苦恼、挫折、压力甚至失败,这就要求创业者必须具备承受挫折、迎接挑战的心理素质,而这些素质的培养就是靠增强自己的创业信心。只有具有百折不挠的精神,才能到达胜利的彼岸。

⑤善于进行自我调节的心理素质。面对市场的变化多端、激烈竞争,创业者能否因客观变化而"动",灵活地适应变化,成为能否创业成功的关键所在。因而,创业者必须以极强的信息意识和对市场走向的敏锐洞察力,瞅准行情,抓住机遇,不失时机地、灵活地进行调整。在外部环境和创业条件变化时,能以变应变。善于进行自我调节,还应会处理各种压力,能用积极态度看待来自工作和生活的压力,冷静分析、控制压力,找出原因,缓解压力,甚至消除压力。能够保持良好的心理状态,勇敢地面对压力,力争将不利变有利,将被动变主动,将压力变动力。具有较强的适应性,还应做到"胜不骄,败不馁"。要以变应变,必须具备创新精神。创新要有"求异"思维,求异就是要追求理念"个性化",这是创业者最重要的素质特征。没有创新求异精神,企业就不会有个性;没有个性的企业往往停滞不前,容易在激烈的竞争中被淘汰,所以,创业者要有卓越远见、超前意识,从而适应变化莫测的市场。

案例 & 故事

锻炼身体需要有坚定的意志和毅力

古希腊思想家苏格拉底在教学中做过这样一件事,在开学的第一天,苏格拉底对他的学生说:"今天我们只做一件事,每个人尽量把手臂往前甩,然后再往后甩。"说着,他做了一遍示范。"从今天开始,每天做300下,大家能做到吗?"学生都笑了,这么简单的事,谁做不到呢?可是一年以后,苏格拉底再问的时候,他的全部学生中却只有一个人坚持了下来,后来这个人继他之后成为新一代的思想家,这个人叫柏拉图。要锻炼好身体,关键在于有坚强的意志和坚持不懈的毅力。

身体是完成一切任务的基础，拥有良好的身体素质，才能使人心胸宽广，拥有一往无前的魄力。如果想创业，就必须有一个健康的身体。在日常生活中要注意锻炼身体，方式很多，以对身体锻炼有效的项目为主，其他项目为辅，要有坚定的意志和毅力。人能攀多高，不要问双手，要问意志；人能走多远，不要问双脚，要问毅力。有志攀山顶，无志站山脚。

（资料来源：编者根据资料编写而成）

2. 创业知识

创业知识是大学生创业的源泉，也是大学生创业核心素质之一。创业知识主要表现为专业知识、经营管理知识、营销知识、财务税法的相关知识、生活常识和阅历。

①专业知识。专业知识对创业者确定创业目标具有直接的、至关重要的作用。要进行某一领域内的创业活动，就必须较为深入地了解它的活动及发展规律。那些从事高科技方面创业的，就是以新技术、新发明等知识资本作为创业核心，吸收风险投资。新的发明、新的技术是以扎实的专业知识为基础的，没有专业知识，大学生创业就失去了其创业的优势，掌握的专业知识越多、越深，创业活动就越能有效地开展。当然，大学生创业，专业知识已基本具备，但还有一个多少和深浅的问题。创业并不是简单的谋生，而是对较高的理想境界的追求，要想到达理想的彼岸，就必须在专业方向上打下坚实的知识基础。

②经营管理知识。据调查，80%以上的亏损企业是管理不善所致的。所谓的管理，就是指通过计划、组织、控制、领导等环节来协调人力、物力和财力资源，以期更好地完成组织目标的过程。在创业中，任何关系都最终表现为人与人的关系，任何资源的分配也都是以人为中心的，因而管理的关键就是要协调人与人之间的关系。企业中每个成员的行动方向与努力目标不一定相同，甚至可能相抵触，即使目标一致，没有整体的协调，也无法达到企业的目标。所以，管理知识的重要性是不言自明的。

③营销知识。营销贯穿于企业经营活动的全过程，从产品或服务生产之前一直延续到产品或服务销售之后。因此，营销对企业的发展至关重要，是大学生创业必须掌握的知识。所谓营销知识，就是在复杂多变的市场环境中，为了满足消费者的需要和实现企业的目标，综合运用各种市场营销的手段，把产品或服务整体地销售给消费者的一系列市场经营活动。

④财务税法的相关知识。有专家指出，缺乏财务、法律等相关知识是大学生创业的"软肋"。大多数学生创业只限于专业知识，缺乏财务、税法等方面的知识和经验，这直接影响了创业的成功率。大学生创业者要掌握一些账目管理的基本知识，详细记录收入支出、进货销货以及成本核算等，此外，还要掌握必要的法律知识、工商注册登记知识、经济合同知识、税务知识、知识产权保护知识等，掌握这些知识可以帮助大学生创业者顺利走向创业之路。但大多数的大学生往往忽视了这些知识的学习。

⑤生活常识和阅历。创业者往往不得不做不同领域的很多事情，比如销售、记账、设计广告、生产产品、送货等。创业者在第一次创业时，往往没有足够的经验，这不仅不利于企业的经营，而且很可能会使创业者犯一些低级错误，有时这些低级错误是致命的。因此，创业者应至少具备一些有关社会政治、经济、文化、社会发展趋势、产品和服务市场、生活和消

费水平、物资供应和价格水平等方面的常识。大学生可充分利用课间、寒暑假的时间多接触社会，多参加社会实践活动。

案例＆故事

创业者必备的十种素质

每个成功的创业者都会在创业过程中不断地学习如何成为一名管理者，如果你不是优秀的管理人才，那么你很难跻身一流成功人士的行列。

以下是企业领导人或高管寻找新人时所关注的技能以及品质。如果你具备这些技能并很好地展示它们，让这些企业领导人或高管信任你，给你一个机会，那么你很可能就会成为优秀的管理人才。

①识大局。当我与那些懂得市场，了解如何运营公司，熟悉如何建立业务的创业者聊天时，我会认为这个人是很有潜力的。相反，如果这个人既不了解市场，也不懂得如何操作业务，所知道的只是局限于他所感兴趣的很狭隘的领域，那么他可能只适合在职场上班打工了。

②渴望成功。想象一下，如果在你的过往经历中完成了某些事情，这样当你回顾时可以说，我做了那件事情，我参与完成了那个项目，企业的管理者或者人事招聘时会注意到这点，他们也一直在寻找这样的新人。所以，努力去实现这样的成绩，渴望成功也是一个很好的开头。

③勇气。我们中很少有人会在年轻时拥有十足的自信，这并不奇怪，因为我们没有足够的经历，没有经历过成功，也没有失败过，所以并不能磨炼出十足的自信。但是如果你有勇气至少做你所喜欢做的事情，那么也会让许多人钦佩你、信任你并给你一个机会。

④专业技能。无论你做什么，如果人们不认可你是一个专业人士，那么你就放弃它吧。在现今这个时代，企业管理者只希望聘请那些专精人才。最好的工程师往往会带领团队，最聪明的金融头脑往往会成为最终的掌权者，就是这样。

⑤权衡利弊。你所面对的现实并不像学校教你的那样。没有任何一件事是黑白分明或固定不变的，所以你需要这些管理能力来针对具体情况权衡利弊，知道什么是关键的而什么是可以否决的。

⑥激励别人的能力。许多人就是拥有这种能力，可以激励人们团结一致完成某一目标。他们可以以他们的方式与这些人进行交流达到共鸣，激励他们，调动他们的情绪。他们可以让别人对他们百依百顺，当然也可能不全是这样，但是你已经掌握这种技巧。他们有这样的领导气质。我们通常会认为他们是天生的领导者，实际上，他们只是在不断的实践过程中摸索出来的。

⑦决策能力。如果你向10个人询问什么是决策能力，就会得到10种不同的答案。这样，你可能就会模糊决策能力与领导力这两个概念。决策能力不仅仅是指自己做决定，更指需要做出正确的决定。这归结为探讨、倾听、推理以及知道什么时候该相信你的直觉。毫无疑问，培养极好的决策能力是管理能力中最重要的一项。

⑧适应能力。我们生活在一个快节奏的世界里。管理者需要灵活应变，需要拥有应对变化、调整战略的能力。如果你不能很快适应并做出调整，就意味着被淘汰。你将难以面对来自市场那些不仅仅是坚持活下来更是出类拔萃的竞争对手带来的前进障碍，也将不能很好地处理你与同行或高管的关系。

⑨进取心。如果一个人在十几岁时就成为一名主管，20多岁时成为一名经理人，30多岁时成为一家中型上市公司的高管。这些都是怎么发生的？这一切归功于他的进取心。主动寻求那些最艰难并最具价值的任务来挑战自己，通过这些棘手的任务来激励自己、锻炼自己。所有资深的管理者都喜欢这样自我挑战。

⑩以上率下的管理。命令、控制这样强势的管理风格如今已不再适用。无论如何，设定目标，以最佳的方式实现目标，让每个人都为此目标而努力奋斗，这种管理即为自上而下的管理。你还年轻，我们希望看到你竭尽全力而有所建树。这样在以后的时间里，你将会有更多的时间去涉猎其他领域。

（资料来源：编者根据资料编写而成）

三、培养创业素质的方法和途径 >>>

1.加大创业教育力度

大学生创业教育是一项提高国民素质、扩大就业渠道和激发青年创业热情的系统工程，是国家经济发展的"直接驱动力"。在发达国家，大学生创业比例一般占毕业生总数的20%～30%，而我国大学生创业比例则不到1%。因此，要提高学生的创业能力和素质，学校必须尽快转变传统的教育理念，学习和借鉴国外成功的经验和理论，切实地将创业教育与专业教育紧密结合起来。首先，建立创业教育课程体系，建立健全创业教育组织机构，优化创业教育师资队伍的建设。其次，加强创业实践活动环节，多视角地开展大学生创业教育，营造高校创业环境。最后，针对创业意向进行个性化辅导与开业跟踪扶持。学校通过过程辅导和政府、社会扶持等一条龙服务解决大学生创业过程中的相关难题，提高自主创业的成功率。

一般而言，大学生创业不仅可以实现创业者的自我价值，而且对社会的发展也有很大的促进作用。但是，我国大学生创业起步较晚，真正意义上的创业活动是从1999年第二届清华大学创业设计大赛上，多个创业小组在清华科技园注册了公司开始。随之，全国各地的创业计划大赛接连不断，越来越多的大学生参与到创业计划大赛中。各地政府和高校相继推出了大学生创业的鼓励措施，如允许大学生休学保留学籍创办高新技术企业，以增强大学生的创业实践能力等，因此，越来越多的大学生走上了创业之路。据统计，截至2000年2月，在上海徐汇区，仅上海交大等5所大学，由师生创办的企业就达101家。然而，大学生创业的情况却并不理想。调查显示：大部分大学生创办的公司或卖或并，一半以上的公司由于资金问题根本无法投产。本科生创业成功率不到1%，研究生创业的成功率也仅有5%。其中，除了"经济基础"之外，"实践经验""政策支持"等是困扰大学生创业的难题。另外，这也与高校创业教育欠缺有关，创业教育还未纳入高校教育体系，大学生创业意识和创业能力十分缺乏。

因此，加大创业教育的力度，对大学生进行创业所需要的知识和技能等素质的系统培养，是至关重要的。

2.加大宣传引导力度

政府可以加大宣传力度，积极营造支持创业、鼓励创业、保护创业的社会舆论环境；积极宣传鼓励大学生自主创业的优惠扶持政策；积极策划开展"创业论坛""创业设计大赛"等创业主题活动。

3.增加学生的创业体验

从实践来看，通过亲身体验获得的知识最容易记忆和提取。同样，通过自身行动获得的创业体验越丰富，创业成功的可能性就越大。调查小组结合各高校的做法，建议可通过以下四种方式来加强学生的创业体验：一是依托创业园或实习基地，给学生提供条件，使其主持或参与经营管理活动；二是制定创业计划，号召学生参与；三是鼓励和帮助学生参加劳务服务；四是组织和支持各种社团活动，鼓励学生参加社团活动。能力的产生需要通过一定的实践行动而形成。学校举行的一次次创业计划大赛、学校倡导的社会实践等校园文化活动对学生实际能力的形成将起到不可忽视的作用。也就是说，营造理论联系实际的校园文化氛围将直接影响到大学生创业能力的形成。

4.学生方面：明确目标，提升自我

正所谓"身体是革命的本钱"。在校大学生平时应该加强身体锻炼，提高自身的身体素质。同样，非智力因素对创业者来说也很重要。伴随着创业进展，大学生创业者会遭遇挫折，面临外界质疑，其信心也会历经反复的打击和艰难重建，大学生要树立不怕困难与挫折，敢于向困难挑战的精神，加强意志锻炼，使自己在创业之路上走得更远，前途更光明。

丰富社会实践经验。创业前利用兼职等机会进行大量的社会实践积累经验，这对于在校大学生今后的创业大有裨益。如今的社会，竞争越来越激烈，市场不断趋于饱和，如果没有足够的社会经验和企业管理能力，是无法在当今市场中立足的。加之大学生创业初期缺乏资源和营销经验，对各种突发状况没有很好的应急措施，在创业过程中易冲动，承受不住打击，导致最后的失败。

树立良好的人际关系。在创业的路上，仅凭自己能力突出、知识全面、技术过硬远远不够，这当中忽略了创业中的一个有利因素——人际关系。成功创业，源自70%的人际关系和30%的知识。在创业资源中，人际关系占了很大一部分，所以想创业，就必须广交朋友，积累各方面的资源。创业的过程就像是一个"人物链"，如果你会与不同的客户打交道，那么在创业的过程中遇到困难，就可以利用这些资源来解决困难。

案例&故事

在校大学生创业网站卖出200万元

2007年8月8日，国内某大型综合网站挂出了一条不足500字的消息，称国内实名制社交网站——亿聚网正式以200万元人民币收购许少煌同学的创业项目007OS.com。许少煌是华南理工大学计算机软件学院2004级5班的一名在校学生，他和他的团队从2006年开始着手设计007OS，主力研发中国首个基于社会性网络的WebOS(网络操作系统)。

身高约 1.65 米,穿着随意的牛仔裤和衬衣,出生在潮州一个普通家庭的许少煌看上去非常憨厚。"我初一才接触电脑,刚开始也就是打打游戏、聊聊天。初二的时候,学校电脑课上教我们学习 BASIC 语言,我从此迷上了编程,自己课外找了很多电脑书去学习。"许少煌称,考大学时他填报的志愿基本都与计算机有关。

"007OS 网站开发的知识大部分是平时从国外网站看来的。因为 IT 这行,教科书上、杂志上介绍的都是二手的知识,不如直接上国外网站去看最新的。"许少煌表示,开创007OS 的想法在 2005 年就已经有了。"当时在浏览并研究了大量国内外网站后,发现国内一直都没有为社会普通网民服务的网络操作系统。"

2007 年,许少煌和搭档阿鑫在中山大学附近正式成立了 007OS 网站工作室。他希望007OS. com 不仅可以提供网络存储空间、在线办公软件、在线 MP3 播放器、blog 工具,支持 RSS、电子邮件、照片、视频、游戏等方面的功能,而且可以使用户非常容易地把图像、视频和文字作品传输到网络。许少煌称,他的目标是把 007OS 做成一个跨操作系统的 WebOS,能够在网络上操作电脑硬盘上的一切。

据悉,工作室成立后不久,许少煌在一次技术爱好者聚会上认识了亿聚网的詹万章先生。起初只是简单地谈论技术话题和交换看法,后来经过引荐,许少煌先后与亿聚网的一些工程师交上了朋友。此后,亿聚网举办的一些聚会和讨论会,许少煌和他的伙伴们都会获邀参加。与此同时,亿聚网通过了解,觉得许少煌的 007OS 网站非常棒,加上007OS 的理念与亿聚网有非常多契合的地方,双方便萌生了合作的想法。"专注、踏实、敢想、敢拼,即使这次不成功,以后他也一定会成功的!"亿聚网 CEO 王逸舟非常佩服许少煌的干劲和好问。"通常凌晨三四点时他还和我在线上讨论技术问题,第二天八点他又会打电话到公司请教。"

"决定卖网站其实考虑的并不是钱。"许少煌强调自己只是一个搞技术的人,从一开始搞项目就没有关心过赚钱或者是回报的问题。许少煌称:"我只是觉得和一个有名的网站合并后,可以让我专注于技术开发。"合作伙伴阿鑫也认为,大学生搞网站,一来没有那么多资金支持去推广宣传,二来没有那么完善的条件如服务器、带宽来应付网站用户的增长。因此,选择和一个有实力的网站合并是非常必要的。

正因为许少煌有这种踏实的品格,父母对在外读书的他一直持相信、支持的态度:"他搞这个项目,家里也没有过多去过问他,毕竟我们也不了解现在的技术。但是从小这个孩子就很懂事,所以我们一直就对他很放心。"

虽然许少煌目前可以说取得了成功,但是对于在校大学生创业他还是有自己的底线:"虽然我平常对技术方面涉猎广泛,但作为一名在校大学生,基础课程的学习十分重要。我赞成要在学好专业课的前提下再去做自己有兴趣、擅长的东西。创业如果只是一味跟风,那势必无法和资金、人才条件更为成熟的大公司竞争!大学生创业首先要从自身优势和兴趣出发,最重要的是必须有技术上的前瞻性或思路上的创新性。另外,要有坚定的信念,要坚持自己的方向,心猿意马的人是不可能成功的!"

(资料来源:中国日报网英语点津. http://language. chinadaily. com. cn/2007 - 08/201content_6034346. htm. 有改动)

课后思考与讨论

1. 进一步搜寻资料，试分析一个团队创业成功的因素有哪些。
2. 假如你要创业，你想做什么？你会选择哪些成员来组建团队？
3. 创新创业者需要具备哪些素质？

第三章 创新创业思维与方法

世界经济长远发展的动力源自创新。总结历史经验，我们会发现，体制机制变革释放出的活力和创造力，科技进步造就的新产业和新产品，是历次重大危机后世界经济走出困境、实现复苏的根本。

——习近平总书记谈创新

第一节 思维与创新思维

一、思维

美国斯坦福大学心理学领域的璀璨明星，卡罗尔·德韦克教授，在其《终身成长》一书中提到：人与人之间真正的差距，不在于天赋的优劣，也不在于努力的多少，而是隐藏在我们脑海中的思维模式。每个人的思维层次都仿佛是一盏明灯，照亮了自己的人生道路，也决定了自己能走多远。

(一) 思维的概念及要素

"思维"在《辞海》中有"考虑、思量"的意思。生理学将思维定义为一种高级生理现象，是脑内一种生化反应的过程，是具有意识的人脑对客观现实的本质属性、内部规律的自觉的、间接的和概括的反应。心理学把思维定义为人脑对客观事物概括的和间接的认识过程，通过这种认识，可以把握事物的一般属性和本质属性及其内部规律。哲学上把思维定义为理性认识的过程，即外在刺激或内在刺激所引起的对事物的一种间接的和概括的反映。思维科学认为，思维是人接受信息、存储信息、加工信息及输出信息的活动过程，也是概括地反映客观现实的过程。思维的对象主体是信息及信息过程，钱学森在《关于思维科学》一文中曾指出："研究信息和信息过程的学问……是思维科学的基础科学之一。"思维是认识的理性阶段，人们在感性认识的基础上形成概念，并用其构成判断(命题)、推理和论证。高校大学生在创业过程中，深刻地理解思维的内涵，并充分地拓展自己的思维方式，积极进行创新创造，对个人未来发展具有重要意义。思维来源于劳动，是在人类认识自然、改造自然的过程中，逐渐形成的对客观世界及现实的信息化反映。思维对事物的间接反映，往往通过其他媒介作用及借助于已有的知识和经验，通过已知的条件推测未知的事物。人因为具有思维而伟大，思维是人类有别于万物的主要特点，东汉王充在《论衡》中说："人，物也，万物之中有知慧者也。"亚里士多德也说：植物有营养和生殖，动物有运动和感觉，人类有智慧和思维。思维的体现是多种多样的，可以体现于人类认识自然改造自然的过程中，可以体现为社会的发展和进步，可以体现为思想与艺术的表达展现，可以体现为科技成果的创造，可以体现为我们的生活及日常管理。

思维包含思维对象和思维主体两个要素。思维对象就是人们的思维所指向的目标。从思维方法的角度来考察思维对象，其主要特点表现在"无穷多的数量""无穷多的属性""无穷多的变化"三个方面。思维主体，就是从事实践活动的人或正在进行思考的人的头脑。在大学生创业过程中，项目运营阶段和企业运营阶段的思维对象有显著的不同。项目运营阶段的思维对象更多的是项目相关要素，以完成项目为目的；企业运营阶段的思维对象更多应该关注各个商业要素，以营利为目的。作为思维主体的大学生，其思维形式还不够完善，知识和经验还需要进行大量的积累，积极进行思维训练将会对其综合素质的提升起到极大的促进作用。

(二) 思维的特性

①思维具有内隐性。思维不是一种直接的感觉活动，而是一种间接的抽象过程，是人脑对外界事物直接或间接刺激的反应，也可以说人们的知觉在其中起着重要的作用。我们无法直接观测到人脑的思维过程，只能观测到人们思维后的主观反应，如语言、行为、表情等。

②思维具有概括性。人脑的功能可以将一类事物甚至多种事物通过概括或归纳总结，提炼出其本质特征及规律，并加以应用。

③思维具有间接性。人的感知是有感觉阈限的，如超声波、次声波等听觉阈限，红外线、紫外线等视觉阈限。同样，嗅觉、触觉等都存在着感觉阈限。所以，思维的活动往往需要以其他事物为媒介，来认识客观事物或者借助已有的知识经验，来理解和把握那些没有或者不可能感知的事物，以预见和推理事物的发展过程。

④思维具有预见性。预见性并不是思维者与生俱来的天赋和灵性，而是客观事物在人脑中主观反映的产物。马克思主义认为，事物的发展不是杂乱无章的，而是有序的，是有规律可循的。事物发展的规律规定了事物发展的方向和事物发展的趋势，人们不但可以认识、推测对象的过去，还可以对对象的未来进行科学的预测。人们可以根据自身经验及感知，通过对客观规律的分析，预见未来可能存在的科技发展趋势、社会发展趋势。

⑤思维具有时代性。也可以说具有历史性及现实性。人们的思维活动容易受到所处时代的实践经验的制约，思维的历史性提醒人们既不能固守传统思维模式，又不能割裂历史；思维的现实性要求我们认清当代社会发展的趋势，充分考虑现实的要求，扬弃传统的思维方式中不好的方面，努力培养新的符合时代发展的思维方式和方法。

⑥思维具有创造性。在人类历史过程中，时刻都有人向陈规旧律挑战，时刻都有人在打破旧的传统和习惯。人的思维及人类社会的诸多发现、发明、创造都体现了思维的创造性。人类具有强大的分析问题、解决问题的能力，随着时代的发展，这一速度在加快。怀疑常规事物，否定原有框架，解放思想、锐意改革、勇于创新也成了现代社会的强烈呼唤。

⑦思维具有逻辑性。事物及社会的发展是有规律可循的，人们在改造自然的过程中，自

然而然地学习和理解事物及社会的发展规律,同时在充分地利用规律来影响事物及社会发展,可见思维具有逻辑性。逻辑性反映出思维是一种抽象的理性认识,表明思维过程有一定的形式、方法和规律。

⑧思维具有形象性。思维常借助形象化的材料来进行,形象既是思维的载体,也是思维的工具。

⑨思维具有统一性。人类具有普遍性的思维,在基本思维层次上,人类的反应具有统一性和一致性。

⑩思维具有差异性。人类思维能力的最基本的东西是一致的,但并不是说人与人之间在思维上就没有差别,实际上每个人深层次上的思维常常有很大的不同,存在着个体差异性。

(三) 思维的分类

思维有很多分类方法,其中从抽象性来划分,主要可分为直观行为思维、具体形象思维与抽象逻辑思维。

1. 直观行为思维

直观行为思维是直接与物质活动相联系的思维,又称感知运动思维。这种思维主要是协调感知和动作,在直接接触外界事物时产生直观行动的初步概括,感知和动作中断,思维也就终止。比如,儿童玩积木不是想好了再玩而是玩起来再想,边玩边想,边想边玩,儿童最初的这种思维就是直观行为思维。运动员对技能和技巧的掌握也需要直观行动思维做基础。

2. 具体形象思维

具体形象思维是以具体表象为材料的思维,是一般形象思维的初级阶段,它不具备真正揭示事物的本质特征,具有开始认识事物的属性及具体形象性。它往往凭借事物的具体形象、表象或语言来进行,其在文艺创作中经常被运用。

3. 抽象逻辑思维

这是高级的思维方式,以抽象概念为形式,依靠概念、判断和推理进行思维,最终反映事物的本质属性和规律性联系。它是人类思维的核心形态,也是人类最基本的、运用最广泛的思维方式。

从思维的目的性来看,可以分为上升性思维、求解性思维、决策性思维。

1. 上升性思维

上升性思维是指以实践所提供的个别经验为起点,把个别经验上升为普遍性的认识。个别思维大多来自日常生活体验,因而不具有普遍的指导意义,其真实性有待实践检验,最终才能上升为普遍性认识。

2. 求解性思维

这种思维始终是围绕问题展开的,依靠已有的知识去寻找与现状之间的中间环节,从而使问题获得解决。例如,小孩子解答数学题,先分析已知条件,看看问题,最后再找由条件到问题之间的桥梁。

3. 决策性思维

它是以预测未来效果为中心的思维活动,是人们面对某一事物的发展趋势而做出果断抉择的思维，是以规范未来的实验过程或预测其效果为中心的思维。它遵循具体性、发展转化、综合平衡三条原则。

从智力品质上划分，可以分为再现思维、创造思维。

1. 再现思维

这是一种一般性思维，主要依赖过去所获得的知识和经验，对过去的记忆进行思维再现，按现成的方法或程序去解决问题，这种思维方式往往是对自己或他人以往的思维活动进行重复与模仿，缺乏创新性。

2. 创造思维

这种思维形式是人们在已有的知识和经验的基础上，对问题找出新答案、发现新关系或创造新方法的过程，是思维的一种高级形式，虽然依赖过去的经验和知识，但是把它们综合组织而形成全新的东西，其最突出的标志是新颖、独特。在很多行业有突破性成绩和见解的人往往具备这种思维，如发明创造过程中的人往往具备创造性思维。

从思维技巧上划分，可以分为以下几种。

1. 归纳思维

它是由一系列具体的事实概括出一般原理的思维(与"演绎思维"相对)，需要从一个个具体的事例中推导出它们的一般规律和共同结论。比如，数学中就经常用到归纳思维。

2. 演绎思维

演绎思维是把一般规律应用于一个个具体事例的思维方式，在逻辑学上又称演绎推理。它是从一般的原理、原则推及个别具体事例的思维方法。

3. 批判思维

人们在解决问题的时候，往往强调批判思维，它一方面需要品评和批判既定的想法或假说，另一方面需要思考者积极进行思维，提高思考的质量，巧妙地运用思维内在的结构，并用智能标准对思考施加影响。批判思维体现为独立自主、自信、思考、不迷信权威、头脑开放、尊重他人等。

4. 收敛思维

收敛思维是与发散思维相对而言的，又称集中思维、求同思维，是指从已知的种种信息中产生一个结论，从现成的众多材料中寻找一个答案。从许多资料中找出合乎逻辑的联系，从而导出一定的结论，对几种解决方案加以比较研究，从而导出一种解决办法的，就属于这种思维。

5. 发散思维

发散思维也称求异思维、辐射思维、放射思维、扩散思维，是指大脑在思维时呈现一种扩散状态的思维模式，它表现为思维视野广阔，思维呈现出多维发散状。最常见的发散思维形式有"一题多解""一事多写""一物多用""一词多义"等。

6. 侧向思维

使用侧向思维思考时，要求避开问题的锋芒，从侧面去想，在最不起眼的地方、次要的地方多做文章，进行侧面挖掘，扩大价值。这种利用局外信息来发现解决问题的途径的思维往往会有意想不到的效果，也更简单、方便。

7. 求证思维

求证思维是用自己掌握的知识和经验去验证某一个结论的思维方式，现实生活中很多问题需要求证才能为人们所信服。求证思维的结构包括论题、论据和论证方式，如我们写议论文，就需要充分论证我们的观点，观点才能被读者接受。

8. 逆向思维

逆向思维是对司空见惯的、似乎已成定论的事物或观点反过来进行思考，看看结果是什么，也就是我们常说的"反其道而行之"。从问题的反向进行探索，有利于产生新思想，创立新形象。其实，对于某些特殊问题，当人们习惯沿着事物发展的正方向去思考时，往往难以寻求到解决办法，如果从结论往回推，倒过来思考，或许会使问题简单化。我们常常说的"以终为始"就是运用了这种思维方式。

案例 & 故事

拒绝"剩"宴，自助餐厅推出"光盘有奖"

某市一自助餐厅开业之初，各方面运营都还正常，食材丰富又新鲜，69 元每位的价格也很亲民，生意很兴隆。运营一段时间后，餐厅老板发现了一个问题，很多顾客盲目大量地取食材，浪费现象很严重，一定程度上影响了餐厅的收益。于是经过多次开会商议，餐厅制订了新规定：今后凡是来自助餐厅消费的顾客，浪费食物超过 100 克者罚款 10 元。新规定出来后，餐厅老板发现浪费现象不但没有明显减少，反而让原本红火的生意逐渐变得冷清起来。后来有人向餐厅老板建议，在餐厅重新布置后，将自助餐厅每位的售价从 69 元提高到 79 元，并推出拒绝"剩"宴，"光盘有奖"活动，活动明确规定：凡在自助餐厅消费，没有浪费食物者每位奖励 10 元！此举一出，既杜绝了浪费行为，又让餐厅的生意变得更加红火。从罚到奖的转变在思维上就是一种创新。

（资料来源：编者根据采访资料整理而成）

9. 横向思维

横向思维是在更广阔的领域进行思维拓展，打破逻辑局限。它的特点是不限制任何范畴，以偶然性概念来逃离逻辑思维，从而创造出更多新想法、新观点、新事物。这种思维大多是从与之相关的事物中寻找解决问题的突破口，围绕同一个问题，从不同的角度去分析或在与之相关的事物分析中寻找答案。我们常说的"左思右想，思前想后"就是运用了这种思维方式。

10. 递进思维

递进思维以当前现状为起点，以最终目标为方向，有条理、有步骤、有序地递进思考，由浅入深，逐步深化，最终达到目标或者想要的结果。例如，数学运算中的多步运算就是运用了这种思维。

11. 想象思维

想象思维是人们在联想中进行思维。大脑通过形象化概括，对已有记忆表象进行加工、改造或重组，经过新的组合创造出新形象，是形象思维的具体化，是人类进行创新活动的重要思维形式。

12. 分解思维

分解思维又称分离思维，是指将研究对象或问题进行科学分解，使其本质属性和发展规律从复杂现象中暴露出来，从每个部分及其相互关系中去寻找答案，从而使研究者能够理清研究思路，抓住主要矛盾，以获得新思路或新成果的思维方法。

13. 推理思维

推理思维是一种逻辑思维，是通过一个或几个已知前提推出新判断（结论）的过程，思维过程中需要对一个事物进行分析、判断，得出结论，再以此类推通过判断、推理去解答问题。

14. 对比思维

对比思维是通过对两种相同或是不同的事物进行比较，寻找事物的异同及其本质与特性的思维方法。比如，我们生活中的排序、目标达成情况、横向对比、纵向对比等都属于这种思维方式。

15. 交叉思维

交叉思维是在寻找答案的过程中，在一定的点暂停，同时再从另一个方向寻找答案，也在同一个地方暂停，交叉会合沟通思路，找出正确的答案。

16. 转化思维

转化思维是指在解决问题的过程中遇到障碍时，把问题由一种形式转换成另一种形式，使问题变得更简单、更清晰的思维方式。

17. 跳跃思维

跳跃思维又称跳跃式思维或跳跃性思维，即跳过事物中的某些中间环节，省略某些次要的过程，直接达到终点。该思维不依照逻辑步骤，直接从一种可能跳到另外一种可能，并再一步推而广之到其他相关的可能。

18. 直觉思维

直觉思维是对一个问题未经逐步分析，仅依据内因的感知迅速地对问题答案做出判断、猜想、设想的思维方式。直觉思维是一种心理现象，是可以有意识地加以训练和培养的。

19. 渗透思维

渗透思维是指分析问题时，看到错综复杂的、互相渗透的因素，通过对这些潜在因素的关系进行分析来解决问题的思维方式。

20. 统摄思维

统摄思维是用一个概念取代若干概念，并对事物进行高度抽象，把握事物的全貌，统摄推论各个环节。

21. 幻想思维

幻想思维是人的大脑思想天马行空，在毫无现实干扰的理想状态下进行任意方向的发散，进行任何形态的幻想与思考。当然，由于幻想有时会脱离实际，因此无法避免错误的产生，但只要幻想最终能回到现实中来并加以检验，错误就会被发现并纠正。

22. 灵感思维

灵感思维常常以"一闪念"的形式出现，是由人们潜意识思维与显意识思维多次叠加形成的，一般凭借直觉进行，具有快速性、顿悟性的表现。它是逻辑性与非逻辑性相统一的理性思维整体过程，是人们在创造过程中出现的一种最富有创造性的突破思维。

23. 平行思维

平行思维是指从不同角度认知同一个问题的思考模式，它能够使人们跳出原有的认知框架，打破思维定式，通过转换思维角度和方向来重新构建新概念和新认知。平行思维能够促使人们进行创造性思考和建设性思考，看到解决问题的更多可能性。平行思维往往是为了解决一个较为大型的问题，需要从不同的方向寻求互不干扰、互不冲突即平行的方法来解决问题的一种思路，也是发散思维的一种形式。

24. 组合思维

组合思维又称连接思维或合向思维，是一种把多项貌似不相关的事物通过想象加以连接，从而使之变成彼此不可分割的新的整体的一种思考方式。其在思维过程中，通过对若干要素的重新组合，产生新的事物或创意。

25. 辩证思维

辩证思维通常以变化发展视角认识事物，被认为是与逻辑思维相对立的一种思维方式。在思维过程中，事物可以在同一时间里"亦此亦彼""亦真亦假"而无碍思维活动的正常进行。

26. 综合思维

很多问题光靠一种思维方式是不能解决的，必须综合运用多种思维方式才能解答。综合思维就是把某一事物的某些要素分离出来，组接到另一事物或事物的某些要素上的创造性、创新性思维的过程，其核心是将多种思维方式结合起来运用。

(四) 思维的过程

思维是对一个信息进行反馈及加工的过程，典型的思维过程由准备、立题、搜索、捕获和解释构成。

1. 准备

这是一个信息积累的阶段，人们通过学习性或搜集性的形式积累信息。学习性的积累可以没有具体目标，只为积累更多的知识，以利于今后解决更多的问题。当然也可以有目的、有方向地进行积累，为后期的研究方向奠定基础。在"大众创业、万众创新"的时代，学生的信息积累更应该是多样的，学习的积累更多地应以提升自身综合素质，努力使自身具备创新创业精神、创新创业素养、创新创业能力为方向，不管将来就业还是创业，这都会为其奠定良好的基础。搜集性的信息积累一般有明确目标，有明显的针对性，为解决某个具体问题而进行信息积累。比如，学生团队在做某个项目时，进行相关信息、素材的积累与搜集，大学生创业初期进行市场信息收集等，这类信息积累具有明显的目标性和针对性。

2. 立题

立题是思想上的跃升，是思维的一个新阶段。从信息的角度看，立题就是思维主体对已经接受的基本信息的一个总的反映或跃迁、繁衍和深化的表现形式。在大学生创新创业的过程中，立题体现为对已经收集的项目信息或创业需要的信息进行总体思考，进行有目的性的甄选，选择有用的信息进行再次深化、总结、思考，为后面的项目或创业运营打下基础。

3. 搜索

为解决问题，需要继续在原有的思维阶段进行新的思维，这就是搜索。搜索是明确目标下的思维，是围绕目标进行的有针对性的、全方位的思维。搜索的思维过程包括问题分解和设计搜索方案两个阶段，可以运用个体思维，借助社会思维，还可借助机械仪器。在大学生创新创业过程中，它指的是围绕项目目的或经营目的对信息进行新的加工，在加工的基础上得到更进一步的信息，并能够针对问题提出针对性解决方案。

4. 捕获

捕获是解决问题的一种跃升。捕获有实事捕获和思想捕获两种形式。实事捕获常常来自资料查询和实验观察等。思想捕获更能使问题的解决跃上一个新的阶梯。在大学生创新创业过程中，解决方案的实施会给项目或经营带来实事捕获，但我们的学生更应该获取的是思想捕获，思想的捕获和升华将为他们走向社会后在就业或创业过程中遇到类似问题或更困难的问题时提供更高层次的思维基础。

5. 解释

解释又称接通。解决问题的过程随着搜索、捕获而逐渐升级、明朗化，经适当步骤之后，再实行一次对全过程的综合整理，就叫接通。接通思维在解决问题全过程中的每一阶段都需要。例如，在立题前的信息积累过程中，没有接通综合思维就不可能产生立题的飞跃。经过整体思维过程的经常性思考和训练积累，人们的思维将会产生质的飞跃。因此，大学生在校期间应抓住可能的机会，在项目的锻炼和创业的经营中，突破思维的局限与障碍，最终实现思维方式的质的提升。

二、创新思维

创新思维是人类所独有的，它既有一般思维的特征，又有自身独特的魅力特征。创新思维是进行创新的基础。人类正是凭借着创新思维不断地认识世界、改造世界，不断推动生产力变革。创新思维是人类思维中的精华部分，是人类智慧的结晶，是人类不断增强的创造力和创新活动的基础。目前，国际上公认的 21 世纪重点研发的高新技术分别是信息技术、生物技术、新材料技术、新能源技术、空间技术和海洋技术等，这些技术将会带来世界的又一次变革。一个国家、一个行业、一个企业、一个团队只有充分具备了创新思维，才能够在这个时期，在这些领域走得更远。关于创新思维，见仁见智。有人认为，创新思维是指以新颖、独创的方法解决问题的思维过程，通过这种思维能突破常规思维的界限，以非常规甚至反常规的方法、视角去思考问题，提出与众不同的解决方案，从而产生新颖的、独到的、具有社会意义的思维成果。有人认为，创新思维是人类思维的高级形式，它运用逻辑思维和非逻辑思维揭示事物的本质属性、内部规律和事物之间的非常规的活动轨迹，创造出独特的、新颖的和有社会价值的成果。也有人认为，创新思维是在客观需要的推动下，以获得新的信息和已储存的知识为基础，综合地运用各种思维形式和思维方式，克服思维定式，经过对各种信息、知识的匹配、组合，或者从中选出解决问题的最优方案，或者系统地加以综合，或者借助类比、直觉、灵感等思维方式创造出新理论、新方法、新概念、新形象、新观点，从而使认识或实践取得突破性进展的活动。

常见的思维定式主要体现为唯从众、唯权威、唯经验、唯书本、唯自我、唯传统、唯习惯、唯直线、唯自卑、唯偏执等十种思维方法。

案例 & 故事

消失的弹孔

第二次世界大战期间，美军派出的作战飞机返航的时候总是伤痕累累，布满弹孔，为了保护自己的飞机不被敌军击落，美军就打算给飞机加一层盔甲，但是这里面有个矛盾，如果盔甲覆盖不足，就可能导致飞机的防御不足，如果盔甲过多，那飞机又会太重，影响机动性，这可怎么办呢？

通过对飞机身上的弹孔进行统计分析，科学家发现，机翼和机身上的弹孔比较多，看起来应该对这两个地方加装盔甲重点保护，可是，一个名叫瓦尔德的数学家却提出了和所有人不一样的看法，他提出了一个颠覆性的观点：飞机上最应该加防护的，不是机翼和机身，恰恰是弹孔最少的引擎，因为军方统计的只是返航的飞机，而大量被击中了引擎的飞机根本就飞不回来，这些没飞回来的飞机就没有被纳入统计。瓦尔德解释道，从概率的角度看，飞机各部位遭受攻击的可能性是均等的。那么，为何引擎上的弹孔数量远远少于其他部位呢？他猜测那些"消失的弹孔"都存在于那些未能返航的飞机上。一些飞机在战场上奋力挣扎，机身被打得千疮百孔，但仍然能顽强地返航。然而，一旦引擎受损，它们就像断了翅膀的鸟，再也无法回到温暖的巢穴。

瓦尔德的看法仿佛是一记重锤，打破了人们惯性的思维，让所有人恍然大悟，也让美军受益匪浅。有人说瓦尔德才是美军飞行员背后的英雄，其实，让美军差一点犯错的是一种非常常见的人性，叫作幸存者偏差。

什么是幸存者偏差呢？这个词也被称作生存者偏差或者幸存者偏见。幸存者就是那个活下来能够获得发言机会的人，而幸存者偏差，说的是人们只关注了经过某种筛选过程后的结果，却忽略了筛选过程里的逻辑谬误。

（资料来源：编者根据资料编写而成）

从以上各种观点可以看出，创新思维主要有以下几个层面：①创新思维和常规思维不同，需要突破常规思维，具有新的特点；②创新思维可以体现为方法或者解决方案，总的来说，是各种思维方式的综合运用；③创新思维的最终结果是产生新的社会价值或成果，以社会客观需要为前提。

在我们的日常工作和生活中，创新思维在本质上更重要的是将创新意识的感性愿望提升到理性的探索上，实现创新活动由感性认识到理性思考的飞跃。关于创新思维特征的总结有很多，一种观点认为创新思维具有创新性、突破性、风险性、开拓性、综合性等特征，还有一种观点认为创新思维具有实践性、求新性、价值性、方法性、社会性、系统性等特征。不管是哪种观点，我们可以看出，"创新性（求新性）、系统性（综合性）"都是创新思维必不可少的特征。另外，创新思维应该产生价值，满足社会或个人某个方面的需求，所以价值性也是其必不可少的一个特征。

思维的创新性可以理解为具有独创性和新颖性。独创性也称原创性或初创性，是创作者经过独立创作产生的，具有非模仿性和差异性。独创性应用在思路的探索、思维方式方法和思维结论上，都有助于提出新的创见，得出新的发现，实现新的突破。独创性要求我们打破陈规旧俗，敢于想人之所未想或不敢想之事，做别人未做或者不敢做之事。新颖性，体现了我们思维的求异性，不同于他人。在我们的创新活动中，尤其是初始阶段，对新颖性要求非常高，因为人们更多地关注现象与本质、形式与内容的不一致，更多地关注差异。创新思维的系统性主要是从系统创新的角度来说的，我们在创新活动过程中，需要对创新活动整体系统的组成要素之间的关系、结构、流程及环境进行动态的、全面的梳理，并依据其内在规律对创新活动进行有序的组织实施，以促进创新活动系统整体功能优化，使整个创新活动系统发生质变。在许多情况下，创新思维是对已有成果的系统综合，是对多种思维方法的系统综合应用，是对多种思维形态的综合运用。

创新思维的价值性在于它能够带来社会价值，因为不管是知识的增加、科技的进步，还是问题的解决、事物的发明、管理的改善，都是具有价值的。

第二节　创新方法

创新方法也称创新技法，是指根据创新思维的发展规律而总结出来的一些原理、技巧和方法。创新有规律可循、有步骤可依、有技巧可用、有方法可行。应用创新方法不仅可以启发人的创新思维，直接产生创新成果，而且能够提高人们的创造力和创新成果的实现率。美国哈佛大学第 24 任校长内森·马什·普西（Nathan Marsh Pusey，1907—2001）曾说："一个人是否具有创造力，是一流人才和三流人才的分水岭。"

一、头脑风暴法（智力激励型技法）及其应用

头脑风暴法又称智力激励型技法或自由思考法，是由美国创造学家亚历克斯·奥斯本 Alex Osborn 于 1939 年首次提出，1953 年正式发表的一种激发性思维方法。头脑风暴最早是精神病理学上的用语，直译为精神病人的胡言乱语。奥斯本借用这个词来形容会议的特点，就是让与会者敞开思想，使各种设想在相互碰撞中激起脑海中的创造性"风暴"，无限制地自由联想和讨论，其目的在于产生新观念或激发创新设想。

1. 头脑风暴法的核心是"集智"和"激智"

"集智"就是把众人的智慧集中起来，其基础是相信人人都有创造力。"激智"就是把众人的潜在智慧激发出来。头脑风暴法的种种非同寻常的特殊规定和方法技巧，有助于形成一种有益于激励而不会压抑创造力的气氛，使与会者能够自由思考，任意遐想，并在相互启发

中引出更多、更新颖的创造性设想。

2. 头脑风暴法的应用

头脑风暴法一般是以召开会议的形式进行的，其实施步骤包括准备、热身、明确问题、畅谈、整理筛选。

（1）准备

包括以下四个方面的工作：

①选择会议主持人。

合适的会议主持人既应熟悉头脑风暴法的基本原理、原则、程序与方法，又应对会议所要解决的问题有比较明确的理解，还应能够灵活地处理会议中出现的各种情况，使会议自始至终遵照有关规则，在愉快热烈的气氛中进行。

②确定会议主题。

由主持者和问题提出者一起分析研究，明确会议所讨论的主题。主题应具体单一，对涉及面广或包含因素过多的复杂问题应进行分解，使会议主题明确。

③确定参加会议的人选。

参加会议的人数一般以5~10人为宜。与会人员的专业构成要合理，大多数人应对讨论的主题有较丰富的专业知识，同时也要有少数外行参加。与会者应关系和谐、相互尊重、平等议事、无上下高低之分，以利于消除各自的心理障碍。

④提前下达会议通知。

提前几天将议题的有关内容及背景通知给与会者，以利于与会者在思想上有所准备，提前酝酿解决问题的设想。

（2）热身

安排与会者"热身"，其目的是使与会者尽快进入"角色"。

热身活动所需要的时间，可由主持人灵活确定。热身活动有多种方式，如看一段有关发明创造的录像，讲一个发明创造的故事，提出几道大脑急转弯之类的问题让与会者回答，使会场尽快形成热烈轻松的气氛，使大家尽快进入创造的"临战状态"。

（3）明确问题

这个阶段主要由主持人介绍问题。介绍问题时应注意坚持简明扼要原则和启发性原则。例如，针对革新一种加压工具问题，如果选择"请大家考虑一种机械加压工具的设计构思"这种表述方式，就容易把大家的思路局限在"机械加压"的技术领域之内。如果改为"请大家考虑一种提供压力的先进方案"，则会给大家提供更广阔的思考天地，除了机械加压之外，大家还可能会想到气压、液压、电磁等技术的应用。

（4）畅谈

这是头脑风暴法会议的最重要环节，是决定智力激励成功与否的关键阶段，其要点是想方设法营造一种高度激励的气氛，使与会者能突破种种思维障碍和心理约束，让思维自由驰骋，借助与会者之间的知识互补、信息互补和情绪鼓励，提出大量有价值的设想。

畅谈阶段要遵守以下规定：①不许私下交谈，始终保持会议只有一个中心。否则，会使与会者精力分散，并产生无形的评判作用。②不许以权威或集体意见的方式妨碍他人提出个人设想。③设想表述力求简明、扼要，每次只谈一个设想，以保证此设想能获得充分扩散和激发的机会。④与会者所提设想一律记录下来。⑤与会者不分职位高低，一律平等对待。

畅谈阶段的时间由主持人灵活掌握，一般不超过 1 个小时。

（5）整理筛选

畅谈结束后，会议主持者应组织专人对设想进行分类整理，并进行去粗取精的提炼工作。如果已经获得解决问题的满意答案，会议就实现了预期的目的。倘若还有悬而未决的问题，可以召开下一轮头脑风暴会议。

二、设问检查型技法及其应用

设问检查型技法，简称设问法，是指围绕现有的事物或想要开发的新事物提出各种问题，通过提问，发现其存在的问题或者不能满足消费者需求的地方，从而找到需要革新的方面，开发出新的产品的一种创新技法。

设问检查型技法是人们经常使用的一种创新技法，关键在于能否提出高质量的问题。经验证明，巧妙的设问可以启发想象、开阔思路、引导创新。常见的设问检查型技法主要包括奥斯本检核表法、和田 12 动词法和 5W1H 法。

1. 奥斯本检核表法

奥斯本检核表法又称奥斯本法则，是引导主体在创造过程中对照九个方面的问题进行思考，以便启迪思路，开拓思维想象的空间，促进人们产生新设想、新方案的创新技法。

奥斯本检核表法根据需要解决的问题，或者需要创造发明的对象，从用途、实施方案、形态、结构、体积、材料、程序、位置、组合等九个方面提出有关问题：能否他用、能否借用、能否改变、能否扩大、能否缩小、能否替代、能否调整、能否颠倒、能否组合，然后一个个进行核对讨论，从中获得解决问题的方法和创造发明的设想。

2. 和田 12 动词法

和田 12 动词法，也叫和田十二技法，是由我国创造学研究者许立言、张福奎和上海市和田路小学的师生在奥斯本检核表法和其他技法的基础上，结合我国实际情况，提炼和总结出来的思维方法。和田 12 动词法的 12 个动词，即加一加、减一减、扩一扩、搬一搬、缩一缩、连一连、仿一仿、变一变、改一改、代一代、反一反、定一定。

3. 5W1H 法

"5W1H"即 what、why、who(whom)、where、when、how，是由美国陆军部首创的一种创新技法，强调对选定的项目、工序或操作都要通过连续提出为什么(why)、是什么(what)、何人(who)、何时(when)、何地(where)、如何(how)六个问题，明确需要探索和创新的范围，设法找到满足条件的答案，最终获得创新方案。

5W1H 法强调从上述不同角度思考问题，往往能够得到比较完善，甚至意想不到的成果，实现思考内容的深化和科学化。此法广泛应用于改进工作、改善管理、技术开发、价值分析等方面。

三、列举型技法及其应用

列举型技法有分析列举法、特性列举法和缺点列举法等。

1. 分析列举法

分析列举法就是针对某一具体事物的特定对象从逻辑上进行分析并将其本质内容全面地逐一罗列出来，用以启发创造设想，找到发明创造主题的创新技法。列举法本质上就是一种分析方法，就是把整体分解为部分，把复杂的事物分解为简单要素，分别加以研究。这种思维方法有助于克服感知觉不敏锐的障碍，把思维从僵化麻木的状态中解放出来，促使人们全面感知事物，防止遗漏。因而，列举法带有一种强制性，必须分析罗列所有的因素，然后逐个分析，以促使人们全面地考虑问题。为了寻找创新的设想，可借助列举的方式将问题展开。每个列举法都是一览表，是带有比较性的一览表，从中可以发现问题、明确目标、解决矛盾。一般来说，列举法因其分析问题要求全面、精细，甚至比较烦琐，所以较适合小的简单的问题。列举法基本上只是一个提供思路的方法，进一步的实施还需要借助其他技法与手段才行。

进行发明创新，首先要认定目标、选择题目。选题恰当与否，将直接关系到发明创造能否成功。经验证明：分析列举法通过对事物进行分析而列出其各方面的特性，有助于创造发明题目的选择和确定，是一种常用的创造技法。

2. 特性列举法

特性列举法就是通过对需要革新改进的对象作观察分析，尽量列举该事物的各种不同特征或属性，然后确定应加以改善的方向，以及如何实施的思维方法。特性列举法解决问题的主要手段是逐一列举创意对象的特征，进行联想，提出解决方案。具体实施时可分为以下四个步骤：①选择目标较明确的创意课题，将对象的特征或属性全部写出来；②列举创意对象的特征；③在各项目下使用可替代的各种属性加以置换，引出具有独创性的方案；④提出方案并对方案进行评价讨论。

应用特性列举法，既可以从物理特性、化学特性、结构特性、功能特性和形态特性等方面列举创新对象的特征，也可以从自身特性、经济性特性、使用者特性和用途特性等方面列举。以圆珠笔的设计为例，借助特性列举法进行创新思考，圆珠笔的特性列举结果如下：感观特性(银灰色、无声、无味)，外观特性(圆柱形、细长、重量轻)，用途特性(办公、学习、美术、书写、绘图、复写、送礼、装饰)，使用者特性(青少年、中老年、各类职业)。

3. 缺点列举法

缺点列举法是抓住事物的缺点进行分析，通过发现、发掘事物的缺陷，把它的具体缺点一一列举出来，再针对这些缺点，设想改革方案以确定发明目的的创新技法。缺点列举法并无十分严格的步骤，一般可按如下程序进行：①找出事物的缺点，也就是选定研究的课题；②将缺点加以归类整理并分析缺点产生的原因；③针对所列缺点逐条分析，分析要有针对性和系统性，要研究其改进方案或能否将缺点逆用、化弊为利。例如，对现有的雨衣做缺点列举，结果如下：胶布雨衣夏天闷热不透风；塑料雨衣冬季变硬变脆容易坏；穿雨衣骑自行车上下车不方便；风雨大时，脸部淋雨使人睁不开眼，影响安全；雨衣下摆贴身，雨水顺此而下弄湿裤腿与鞋；胶布色彩太单调，无装饰感等。针对这些缺点可提出许多改进方案，如采用新材料使塑料雨衣不脆不硬；在雨帽上加一副防雨眼镜或眼罩；增加色彩；分别设计针对男、女、老、少不同对象的不同式样的雨衣；可防弄湿裤腿及穿着方便的雨衣等。缺点列举法的特点是直接从社会需要的功能、审美、经济等角度出发，研究对象的缺陷，提出改进方案，显得简便易行。在具体运用缺点列举法做创造发明时，主要有会议法、用户调查法、对照比较法。此外，还有希望点列举法、成对列举法等。

四、逆向转换型技法及其应用

1. 逆向转换型技法

逆向转换型技法是指把某个复杂的问题变成一个比较简单的问题或者把某个难以解决的问题变成一个比较容易解决的问题，或把某个陌生的问题变成熟悉的问题，从而使问题解决起来更省时省力、效率更高、效果更好的创新技法。

2. 逆向反转法

逆向反转法即反向思考法，其中的"逆"或"反"可以是方向、位置、过程、功能、原因、结果、优缺点、破（旧）、立（新）等矛盾的两个方面的逆转。例如制冷与制热、电动机与发电机、压缩机与鼓风机、保温（保热）与装冰（保冷）、吹尘与吸尘、野生动物园的人和动物的位置，原因结果互相反转即由果到因等。当一个问题难以解决时，可试着将问题转移，变换成与之相关的另一个问题甚至是完全相反的问题，然后集中精力来思考解决。例如，洗碗是件麻烦事，很多人不愿意干。一些发明家努力发明各种洗碗机以代替人力洗碗。而一位商人却把问题逆转为让碗不用洗。他想到用藤条编织成碟子，吃饭时先用一片圆纸衬在碟子里，再放上食品，饭后将碟内的纸片揭去，收回藤碟便可。另一位发明家受此启发，直接用层压纸制造出"不用洗的碗"，每次用餐后，只要撕去一层纸，就会露出干净的下一层。这种碗很适合缺水的地方及勘探、旅游的场合。

3. 还原分析法

还原分析法是把创新的起点移到创新的原点，即先暂时放下所研究的问题，反过来追本溯源，分析问题的本质，然后从本质出发，另辟蹊径，寻找新的创新方法。还原分析法的应用有两种方式，即还原换元法与换元还原法。①还原换元法。还原换元法即先还原后换元。还原就是在进行发明创造时，不以现有事物为起点，继续沿着原有思路同向探索，而是先摆脱思维惯性和传统影响，反向还原。例如，有人从交叉路口取其中一条路行至某处遇到了困难（有障碍物或路难行），解决的思路通常是设法寻找克服困难的办法。还原分析法则先不急于往下走，而是折回头去查找出发的原点（还原），然后站在原点处重新分析该怎么办；或者另选一条能避开困难或缩短路程的路；或者改变原有的行动方式（如步行、骑车、搭汽车、乘飞机、坐船，甚至托人代办等）。这样无疑为解决问题提供了更多的可能条件。②换元还原法。换元还原是数学运算中常用的解题方法，如直角坐标与极坐标的互相变换以及换元积分法。此法着重于解决具体问题，并非提出问题的方法。飞机驾驶员训练时，初期先在模拟飞行环境中（先换元）训练，再过渡到实际（还原）环境中训练；科学研究中的模拟试验也都是先换元取得有关参数、经验或方法后，再还原。曹冲称象就是把无法称重的大象换元成可以分散称重的石块才将问题解决的。

案例&故事

曹冲称象的故事

东汉末年，东吴的孙权赠给曹操一头大象，曹操对此大喜。当大象抵达许昌时，他带领文武百官及小儿子曹冲一同前往观赏。面对这头高大的大象，众人无不惊叹，大象的身子像一堵墙，腿像四根柱子，一般人甚至无法触及大象的腹部。

曹操询问众人："这头大象体量庞大，究竟有多重呢？你们有何妙计可以称量？"面对这一难题，大臣们纷纷提出各种方案。有的大臣建议砍一棵大树做秤杆制造一架巨秤来称重，然而这显然不切合实际，因为那么大的秤没人提得起来；有的大臣则提出将大象切割成块来称量，但这也显然不符合曹操的要求。大家众说纷纭，提出了很多的方案，但没有一个方案让曹操完全满意。

就在众人束手无策之际，曹冲站了出来，提出了他的解决方案，曹操听后大为赞赏，并立即着手准备称象事宜。众大臣随后跟随曹操来到河边，只见一艘大船停泊其中。曹冲下令，命人将大象牵至船上，待船身稳定后，在船舷上刻下齐水面的标记。随后，又命人将大象牵回岸边，并逐步往船上装载大小不一的石头，直至船身沉至先前所刻标记处。至此，曹冲下令停止装载石头，并将石头搬回岸上，用秤逐一称重记录。大臣们此刻才恍然大悟，纷纷称赞曹冲的聪明才智。

原来曹冲巧妙地运用了"等量替换"的方法，以众多石头替代大象，在船舷上刻下标记，再逐一称量石头的重量，从而圆满解决了"称象"的难题。现在来看，曹冲是利用船的浮力原理来称量大象的重量，即浸在液体中的物体所受的浮力，大小等于它排开液体所受的重力。若船的水位线保持一致，那么大象与石头所受的浮力亦相等。通过称量船上的石头重量，就可以得知大象的重量。

曹冲称象的故事不仅展示了他的聪明才智，更蕴含着深刻的道理。它告诉我们，解决问题时需要创新的方法，打破常规，寻找全新的解决方案。

（资料来源：编者根据资料编写而成）

4.缺点逆用法

缺点逆用法就是指利用事物的缺点进行创新的方法，如在技术创新中，利用事物的缺点，"以毒攻毒"、化弊为利。世界上的事物无不具有两重性。例如，金属的腐蚀本来是件坏事，但有人却利用腐蚀的原理发明了蚀刻和电化学加工工艺；机械的不平衡转动会产生剧烈的振动，有人利用它发明了夯实地基的蛤蟆夯。缺点逆用法的实施步骤有：①探寻事物可以利用的缺点，此乃缺点逆用法的前提；②透过现象认清缺点的本质，抽象出这种被视为缺点的现象背后所隐藏的可以利用的基本原理或表现为缺点的现象本身的特性、行为、作用过程等；③根据所揭示的现象背后的基本原理或对现象本身特性等的认识，研究利用或驾驭缺点的方法。

第三节 创新思维训练

一、逆向思维训练方法

逆向思维，又称反向思维，即反过来想一下，变肯定为否定，或变否定为肯定。利用这种打破常规和固有思维模式的思维方式，往往可以产生新的观点。培养逆向思考问题的能力，有利于提高对传统观念的批判、继承能力，以及善于发表独立见解的能力。常见的逆向思维训练方法有逆向辨析和新意立论。

（一）逆向辨析

燕国寿陵人听说邯郸地方的人走路轻盈优美，就不顾路途遥远，不辞辛劳前往学习，这种对"自身完美"的执着追求，于己有益，于人无损，何"罪"之有？

燕国寿陵人发现邯郸人比自己走路好看，就去学习，这种随时随处都能发现自身不足的"虚心好学"的精神，不但不应该遭到讥笑嘲讽，反而值得赞美。

寿陵人不去邯郸学步，路也走得下去，日子也过得下去，而他却不愿意"故步自封"，毅然前往学习，这种"积极向上"的生活态度，不是很值得我们学习吗？

故事中，寿陵人虽然学步未成，但精神可嘉。他毕竟超越了"旧我"，战胜了"旧我"。具有这种精神的人，即使他暂时是"爬"着走，但终究会"站"着行。

逆向辨析对于培养我们的创新思维很有裨益。

（二）新意立论

纵观人类文明发展史，从某种意义上说，也可以看作是各个民族互相学习、取长补短的历史。以当今各国向先进发达国家派去的留学生为例，在某种意义上，他们不就是前往"邯郸学步"的寿陵人吗？反之，如果故步自封，得过且过，人类今天岂不仍是茹毛饮血的"穴居人"？

以我国当前形势而言，如果我们不虚心好学，对国外的新技术、新管理模式充耳不闻，"开放"不就是一句空口号吗？如果我们故步自封，得过且过，改革又如何进行？如此观之，当今中国，不正需要"邯郸学步"式的"不耻求学"的勇气和精神吗？

高水平的说话者善于从一般人自认为是正确的观点、现象中发现谬误、不足之处，或能从传统认为是错误的观点、现象中发现真理的成分，其形式特点表现为对传统思维模式进行逆向思维，鲜明地表现出对传统的批判精神。往往随着"批判"的完成，一个尚未被人们发现的全新的结论就诞生了。

（三）逆向思维训练小游戏

1. 哭笑娃娃

游戏目的：在迅速反应中发展思维的逆向性和流畅性。

游戏玩法：一起玩"石头、剪刀、布"，不过，要做一点小小的改动。每一次胜利者都要做"哭"的动作，输的一方则要做"笑"的动作，谁先做错就要被淘汰。

2. 反口令

游戏目的：能根据口令做相反的动作，训练思维的逆向性及思维的敏捷性。

游戏玩法：你说"起立"，对方就要坐着不动；你说"举左手"，对方就要举右手；你说"向前走"，对方就要往后退。总而言之，对方要和你"反着来"才行，如果做错了就算输。

二、发散思维训练方法

发散思维又称扩散思维、求异思维、多向思维、辐射思维，即思路从某一中心向不同层次、不同方向辐射，从而引出许多新的信息，并能主动灵活地转换问题的思考方式，从多个角度对话题展开立体分析的思维方式。有人把发散思维模式形象地比喻成"如空间爆炸状"，"即由一个点向任何空间放射出去，每一条轨迹都可以形成思维过程，最终达到目标，则成为解决问题的办法"。发散思维训练是优化思维的重要方法，它可以使人的思维开放、敏捷、灵动，对于不断提高思维品质，挖掘创新，从而增强思维能力有着重要意义。下面具体介绍几种常见的发散思维训练方法。

（一）"手"的随想

手的最基本的动作是弯曲和伸展指头，这样简单的动作却让人领悟到一种人生哲理。处于逆境时，适时进退，能屈能伸，非大丈夫不能为也。越王勾践卧薪尝胆，忍辱负重，终有雪耻之日。

手的五个指头长短不一，可从没有人想过要把他们削成一般齐。天下万物，各有其性，各有其才，各有所属。一定要相信，天生我材必有用。

手是一个集体，当五个指头攥成一个拳头时，便可击倒强大的对手。一个班级、一个学校、一个单位、一个国家，无不同此理。全班同学共同努力，会使这个班级充满活力；全国人民万众一心，会将我们的祖国建设成为富强之邦。五个指头握成拳头，就可以印证一句至理名言——团结就是力量。

（二）"○"的遐想

把"○"作为 A 点，由此生发遐想，可得 N 个 B。

"○"是一无所有，荒凉而神秘，但在开拓者眼中，它又是有待开垦的空白领域。

在数学中，"○"是一枚闪闪发光的宝石，没有质量，没有体积，只有位置，这就是 0。

"○"是分界线，正负的交叉点，它标志着两个方向、两种结果，差之毫厘，就会谬以千里。

"○"就是人生新的起跑线，我们只有踏踏实实从头开始，才能到达辉煌的终点。

在生活中，我们每个人都应该与"○"为友，时时牢记"千里之行，始于足下"，只有时时以"○"为新的起点，才能摆脱历史沿袭的重负，才能在人生旅途上轻装前进。

(三)厕所、黑豹乐队、导弹、宇宙

随着人类文明进程的加速,城市正以越来越快的步伐改变着面貌,而且越变越美,越变越好。厕所,曾因其不雅,古今中外无不讳言之。我国古代就有"更衣""出恭"的说法以代替"上厕所",西方也有"到大树后面去""到詹妮姨妈那里去"等同类说法。但随着物质生活水平的提高,纵观城市里的厕所设施,已由先前简单挖个坑,到砌成大小便池,到抽水马桶,到现在的半自动化、自动化,设施越来越先进完备。所以有人说,厕所成了城市现代文明发展的一个标志。

城市文明进步的另一个标志是人们的精神文化生活日益丰富多彩。人们早已不再是一家子坐在一起听妈妈讲那过去的事情,也不再会集到别人家去围坐在一台小黑白电视机前静候联欢晚会开始,而是开始追求多层次、多品位的享受,这就有了郭富城的柔情、迈克尔·杰克逊的疯狂,当然其中也有黑豹乐队的呐喊。

但是,与文明进步同时存在的另一面则是战争的阴影,与人们正在竭力加快文明步伐对立的,是另有一些人念念不忘扩大军备、制造武器,这就使得我们的城市文明实际上还处在毁灭性武器的阴影笼罩之下。

人类只有一手抓好文明建设,一手抓好防止战争,地球才能真正成为人类的安乐居所。并且,总有一天,人类得以迈出地球,在宇宙中建立太空城,那时人类成为宇宙主人的愿望才能得以真正实现。

(四)橘子、字典、抹布

橘子,美味水果,咬上一瓣,或甜或酸,或甜中有酸,或酸中有甜,其味道被人喜爱。但其表皮又老又皱,坑坑点点,真可谓"才不外露",试想第一个吃橘子的人,也不知要有多大的胆量。

字典,厚厚实实一个大"砖头",动辄洋洋数百万字,庞然无比,其状令人生畏。然而只要我们懂得了编排规律和使用方法,字典则又成了无所不知、无所不晓,且随时都可提供服务的好朋友。或者说,它是个并不难驯服的、名副其实的"纸老虎"。

抹布,油腻肮脏,人见人避,地位卑下,然而它肮脏了自己,清洁了别人,表现出一种"毫无利己之心"的奉献精神。

这些材料向我们提供了一个很深刻的启示,即很多事物都具有"表里不一"的特点,这就要求我们要有透过现象看本质的能力,既要能透过质朴无华的表象去发现其深层次的本质美,又要能透过其华丽的外表识破其"假、冒、伪、劣"的实质的"丑"。

(五)发散思维日常训练

①请在5分钟内尽可能多地写出带有数字一至十的词汇,如"一心一意"等;与朋友比比,写得最多又无错误的为胜。
②尽可能多地说出冰块的用途。
③你能设计出更漂亮新颖的伞的形状吗?
④尽可能多地列出肥皂的用途。
⑤尽可能多地写出缓解上班高峰期电梯拥挤的方法。

⑥A 能够影响 B，如，书籍能够影响人的身心，写出另外 4 种 A 和 B。

⑦用 5 个关键词编故事，看谁的思维最发散。规则：所编故事一定要用到所有的关键词，无先后次序，长短不限，看谁编得最好。关键词：古怪、台风、一棵树、杂货店、天使。

三、聚敛思维训练方法

聚敛思维又叫统摄思维或集中思维，它是将许多新的信息围绕中心进行选择、归纳和重新组合。与发散思维不同，聚敛思维是根据已有的知识经验，在获取大量现实信息的基础上，向着一个方向去思考，得出一个最好的结论。如果说发散思维的特点是"放"，其练习的重点在于加强思维的开阔度，那么，聚敛思维的特点就是"收"，练习者要能够在"放"的基础上，将无数活跃的思维闪光点经过提炼、浓缩，优化组合出有价值的共同属性、共同的本质，得出带有普遍性的结论，追求语言的深度。优秀的人往往善于从大量的信息中理出主线，抓住本质，这种能力离不开聚敛思维。

(一) 聚敛思维的主要方法

1. 求同法

如果同一现象在不同的场合出现，而在各个场合中只有一个条件是共同的，那么这个共同条件就是这一现象的原因。寻求这个共同条件的方法就叫求同法，也叫求同除异法，它是从错综复杂的不同场合中排除不相干的因素，找出共同的因素。

案例 & 故事

怪 洞

在某一山区，牧羊人发现一个奇怪的山洞，就带一猎狗走进去，走不多远狗就瘫倒在地，四肢抽搐后死掉，他自己却安然无恙。人们把这个洞称为"怪洞"。怪洞之谜引起了科学家们的兴趣，他们用各种动物做实验，发现狗、猫、老鼠等头部离地面较近的动物在山洞中会死；人在山洞中不会死；马、牛等头部离地面较远的牲畜也不会死。科学家得到一条结论：头部离地面近是动物死亡的原因，进而发现这个岩洞地下冒出很多二氧化碳气体，因为二氧化碳比空气比重大，洞内又不通风，二氧化碳沉积在地面，头部离地面近的动物因缺氧而死亡。揭开怪洞之谜用的就是求同法。求同法的思维方法是这样的：先考察某一现象发生的许多事例，如果在这些事例中，只有一个情况是共同的，其余的情况各不相同，于是可以认为，这个共同的情况就是产生某一现象的原因。在实际应用时，应当注意的是，求同法属于形式逻辑中寻求因果联系的方法之一，用求同法来寻求现象的产生原因时，得到的结果往往不止一个原因，有时也会出现多种共同的状况。因而运用求同法所得的结论不一定是绝对可靠的，它只提供初步的、可能的原因。

(资料来源：李雪萍. 大学生创新创业指导 [M]. 成都：电子科技大学出版社，2020. 有改动)

2. 求异法

如果一种现象在第一个场合出现，在第二个场合不出现，而这两个场合只有一个条件不同，那么这个条件就是这一现象的原因。寻求这一条件的方法就叫求异法，也叫差异法。求异法就是从两个场合的差异中寻找原因的方法。

求异法的思维过程：分别考察某种现象出现的场合和不出现的场合，在这两个场合中，其他情况都是相同的，只有一个情况不同。而且，这个不同情况不出现，某现象也不出现；这个不同情况出现了，某现象也就出现了。于是可以认为，这个差异的情况就是其原因。

求异法从原因存在与不存在两个方面来进行考察，所以它具有结论可靠、用事实说话的优势。求异法的可靠也不是绝对的，因为事物是非常复杂的，有时差异的条件不止一个，因而有可能把真正的原因掩盖起来了。

3. 同异并用法

同异并用法，是求同法和求异法的联合运用。它是一种两次运用求同法，一次运用求异法，最后得出结论的方法。

思维过程：先考察两组事例，其中第一组通过求同法找出现象产生的共同情况，第二组也通过求同法，找出第一组中出现的共同情况在这里并不出现。然后，再通过求异法对两次所得的结果进行比较，找出第一组场合下共同出现而在第二组场合下不具有的那种情况，就可以认为是被研究的现象的原因。

在前述求同法的"怪洞"案例中，狗、猫、老鼠等小动物有一个共同的情况：就是头部靠近地面，在进入岩洞后都会发生闷死的现象；人、牛、马等大动物都不存在头部靠近地面的情况，在进入岩洞后不会发生闷死的现象。第二组里没有第一组里"头部靠近地面"的情况，就可以认定它是引起小动物死亡的原因。由此可见，同异并用法在思维过程中有以下三个步骤：

第一，通过求同法确定被研究对象出现的各个场合的共有条件。

第二，通过求同法确定被研究对象不出现的场合都不具有的共有条件。

第三，通过求异法把以上两个结果加以比较得出结论：这个条件（第一个场合共有，第二个场合都不具有）就是被研究对象的原因。

同异并用法比单独运用求同法或求异法都要可靠、真实得多。通俗点讲，同异并用法就是从正反两个方面观察、分析问题。这里面体现出了一种思辨的力量和智慧，因而，其深刻性必然大大提高。

4. 分析与综合法

分析与综合是思维过程中最基本的思维程序。分析是把事物或对象划分成各个部分和属性；而综合则是把事物或对象的各个部分和属性联合为一个整体。就思维的一般过程而言，分析理解是第一位的，综合概括是第二位的，先有分析，后有综合，而分析的结果又必须通过综合概括表现出来。这种分析与综合的能力就是聚敛思维能力。

从下面的事实中综合概括观点。

①贝多芬弹钢琴的时间长了，手指发热，就在凉水里浸泡。水经常弄到地上，流到地板缝里，房东看到了，就要他搬家。

②作家杰克·伦敦在房子里的窗帘、衣架、橱柜、镜子上挂满写有词语、资料的长纸条，

以便随时看到、记忆。

③居里夫人在巴黎上大学时，经常半夜两点多还在图书馆用功学习，有时竟饿得晕倒了。

三人的共同点：一是都在自己的领域取得了巨大成就；二是都具有一种勤奋刻苦的精神。于是可以概括出以下结论：在事业上取得伟大成就的人大都具有勤奋刻苦的精神。勤奋刻苦在这里是一种高度抽象的综合概括，它来自单个名人的具体行为，又高于这些行为，它可以包括类似于这些的其他行为。

有时候一些材料放在一起，看起来既无共性也无对立性，那么该如何综合概括呢？

①鲁迅——牛。鲁迅先生说：我好像一只牛，吃的是草，挤出的是牛奶和血。他又在一首诗中写道：横眉冷对千夫指，俯首甘为孺子牛。

②居里夫人——蚕。居里夫人很赞赏蚕的那种精神：那些蚕细心地工作着，不急不缓，不懈不怠，令我大受感动。我看着它们，觉得我跟它们是异物同类。

③杜甫——松。唐代诗人杜甫以种松伐竹的日常生活情况喻自己扶善嫉恶的胸怀：新松恨不高千尺，恶竹应须斩万竿。

④王昌龄——冰。唐代诗人王昌龄以玉壶中的冰自比，喻自己心灵的纯洁，决不因遭贬斥而改变志节。

⑤关汉卿——铜豌豆。元代戏曲家关汉卿为了表明自己不同黑暗势力同流合污，拿铜豌豆自比。他说：我却是蒸不熟、煮不烂、锤不扁、炒不爆、响当当的一颗铜豌豆。

⑥恩格斯——山泉。恩格斯在他的诗中写道：一股汹涌水流，呼啸着独奔出山谷。松树在它面前倒下，它就这样给自己冲开一条大道，我也将和山泉一样，给自己开辟一条道。

综合概括这种材料可以有两种方法。一是摆脱表面内容，深入一步抽象，比如可以抽象为：大凡名人，都有自己坚贞不渝的信念和追求。第二是综合法。综合法是将材料包含的若干点或分类归纳，或各个相加，最后得出一个全面、正确的观点。

上面的材料大致可分为三组：①③反映的是爱憎分明的道德立场，④⑤反映的是坚贞不渝的志节、情操，②⑥则表现了一种坚持不懈、奋勇向前的精神。综合在一起，就可以说：凡是在某些方面做出成就的人物，都具有爱憎分明的道德立场、坚贞不渝的志节情操，以及坚持不懈、奋勇向前的精神。表面上看这三方面的含义各不相同，但细细想来，这立场、这情操、这精神是有必然联系的，本质是相通的，所以这种综合也是合情合理的。

（二）聚敛思维的日常训练

1.求同、求异聚敛训练

下列各组词语，哪一个与众不同？然后再找出两两词语之间的共同之处。

①房屋、冰屋、平房、办公室、茅舍。

②沙丁鱼、鲸鱼、鳕鱼、鲨鱼、鳗鱼。

③半装书、百事可乐、金项链、彩色电视机。

2.思维深度的聚敛训练

若你想开办一家公司，但是缺少资金，怎么办？

①找银行贷款。

②找亲戚朋友借。

③不在月初而在月末交房租；购买设备时采用分期付款方式。

④赊购原料或以自己的产品做交换。

⑤月末发工资。

⑥职工以工资入股筹资。

⑦站在投资人的角度去想问题，多争取到投资者。

⑧让消费者预先付款。

3. 抽象化聚敛训练

客观世界的物体都有各不相同的形状、颜色、气味、声响、温度等属性，请从以下物体中抽象出它们的共同属性。

①雪花、淡云、石灰。

②桌子、水池、足球场、报纸。

③雪花、冰棍、空调。

④油条、桂树、苹果、雪花膏。

⑤蜗牛、毛笔、滑雪、喷气机。

⑥嘴巴、烈火、大海、洪水。

四、联想思维训练方法

联想是指从一种事物想到另一种事物的心理活动。联想法也称迁移法，比如可以把一种东西的特点移到另一种事物上，从而创造出一种新的东西。联想可以是概念与概念之间的联想，也可以是方法与方法之间的联想，还可以是形象与形象之间的联想。由下雨想到潮湿，由烟雾想到白云，看到狮子想到猫等，都是联想。

联想的本质是发现原来认为没有联系的两个事物（或现象）之间的联系。有一句话说得好：在一定程度上，人与人之间创造力的差别在于看到同样的事情产生不同的联想。

联想思维训练：

(1)列出以下事物的相似之处，越多越好。

①桌子和椅子。

②人才市场和商品市场。

③工厂和学校。

(2)遇到交通堵塞，车辆排起了长龙，你会有什么联想？

(3)看到新生入学的场景，你会联想到哪些相近的事物？

(4)"举头望明月，低头思故乡"是诗人在描写异乡客触景生情、思念家乡的思维活动，诗人是用什么联想方式进行描述的？

(5)木头和皮球是两个风马牛不相及的概念，但可以通过联想这一媒介，使它们发生联系：木头—树林—田野—足球场—皮球。那么，请同学想一想：

①天空和茶有什么联系？

②钢笔和月亮有什么联系？

案例 & 故事

微波炉的诞生

微波炉是典型的由"意料之外的事件"引发的创新产品。1945 年，美国雷达工程师斯宾塞在做雷达实验时偶然发现口袋里的巧克力块融化发黏，他由此发现了微波的热效应。微波热效应的第一个专利在美国诞生。1947 年，雷声公司研制出了世界上第一台微波炉。经过不断改进，1955 年，家用微波炉在西欧诞生，20 世纪 60 年代开始进入家庭，随着技术的不断进步，微波炉得以普及。

（资料来源：刘延，高万里. 大学生创新创业基础[M]. 武汉：华中科技大学出版社，2020. 有改动）

课后思考与讨论

1. 创新思维的特征是什么？
2. 创新方法有哪些种类？如何应用？
3. 创新创业者如何训练自己的创新思维？

第二篇

"原本·武陵"创新 创业实践解析

第四章 创新创业资源的分析与利用

　　谁牵住了科技创新这个牛鼻子,谁走好了科技创新这步先手棋,谁就能占领先机、赢得优势。

　　深化科技体制改革,增强科技创新活力,集中力量推进科技创新,真正把创新驱动发展战略落到实处。

——习近平总书记谈创新

第一节 创新创业资源概述

一、创新创业资源

　　创新创业资源是指为创新者和创业者提供支持和促进创新创业活动发展的一系列条件和因素,包括政策法规、市场竞争、社会文化、基础设施、金融服务等。良好的创新创业资源是经济科技健康发展的基础,是一个国家和地区的核心竞争力之一。

(一)创新创业资源具有以下特征

1.法律和政策支持

支持创新创业的优惠政策、减税政策、创业孵化器等法律和政策体系,能够为创新者和创业者提供良好的法律、政策环境。

2.金融支持

提供多样化的创业资金支持,包括风险投资、创投基金、银行贷款等,满足创业者的资金需求。

3.人才和教育培训

专业的人才储备和培训机制,培养具备创新创业能力的人才,提供创新创业所需的专业知识和技能。

4.科技和研发支持

科研机构、创投机构等提供技术支持和合作机会,促进科技成果转化为创新产品和服务。

5. 创客空间和孵化器

提供创业团队办公场地、资源共享、导师指导等支持，帮助初创企业快速发展。

6. 创业文化和社会认可

社会对创新创业的认可和支持，对创业精神的培育和宣传，能够营造创新创业的良好氛围。

综合而言，一个良好的创新创业氛围需要政府、企业、社会各界共同努力营造，提供全方位的支持和保障，为创新创业者创造更多机遇和发展空间。当前，创新创业领域充满了机遇和挑战，受到技术驱动的影响，激发了创业热潮，投资市场活跃且政策扶持力度增强，不过，同时也面临着激烈的竞争、创新风险以及资金和人才压力等挑战。因此，创业者需要具备创新能力和市场洞察力，以适应不断变化的市场环境，方能成功创业。

请完成表格 4-1，为你自己的人生做一份规划。

表 4-1　人生规划表

我的人生目标：	
达到这一目标所需要的资源与素质：	
我已经拥有的资源：	我还未拥有的资源：
为了达到目标，我需要怎样进一步完善自己的资源与素质：	

案例 & 故事

借 PHE 之力"浴火重生"
——吉首大学优秀校友邓涛的创新探索故事

邓涛，男，湖南郴州人，大学本科就读于吉首大学生物资源与环境科学学院生物科学专业，是一个热爱生命的男子，更是一个如同热爱生命般热爱生命科学研究的学子。曾经，土地贫瘠、资源匮乏那是他的家乡；老实本分、拼命劳作那是他的父母；学舍落后、升学率低那是他的中学，尽管如此，他仍是家乡和高中就读学校考上大学的几个幸运儿之一。

吉首大学是邓涛第一次在城市里就读的学校。入学之初，他很兴奋的同时也面临了很多困惑。开始说普通话，害羞自卑的他不敢和陌生同学作任何交流，因为担心自己的普通话他们听不懂而被取笑；也曾因为害怕同学们看到他的行李之简陋而不敢将其拿出来收拾。家庭经济条件不如别人是他心底的一块阴影，他甚至感觉连自己的气质都不如其他同学。大一第一学期他就是在这般孤独中度过。面对"贫困"，他很自卑，很自闭。他节衣缩食、省吃俭用，一心想着申请助学贷款，多次尝试申请政府和社会的资助，他渴望着这种被"哺乳"来改变他贫困的现实。然而，就在他"嗷嗷待哺"的阶段，PHE 跳入他的眼帘，同时，它将这样一句话深深地烙在他心上——"授人以鱼，不如授人以渔"。

这缘于一次偶然的机会，邓涛参加了学校 PHE 项目培训会。会议上，他们接触了"授人以鱼，授人以渔"的理念，培训的老师详细解说了"鱼与渔"的本质区别及其对改变贫困生的现状的巨大作用和意义。他很受启发，他思索"婴儿般的哺育"与"主动地求索"的量与质的巨大差异。自那以后，PHE 就像一根光明而有力的绳索一样牵着他走，其实最初他并不相信它能给他带来什么。

邓涛结合自身勤奋、能吃苦的优点与学校地处武陵山区拥有丰富生物资源的特色，投身于科技创新工作中，参与学院老师的科研项目或者自己申请课题进行学习与研究。与其等待、接受财富，不如自己创造财富，邓涛十分清楚作为学生，学习是他的天职，他必须以优异的成绩回报父母和关心他的人。只有参加科技创新才能实现他"双赢"的目标；通过参与科技创新，他不仅可以作为老师的科研助手，领取相应的补助保障他的基本生活，更珍贵的是学会了很多的专业实践技术，增强了他的专业技能。通过参与科技创新，他磨炼了自己的意志，增强了为人处世的能力和自信心。入学当年他就加入了学生会，开始了他参与学生工作的生涯，这也为他后来积极参与 PHE 项目提供了机会，他不断地开拓着实现自我价值的空间。

在大学期间，邓涛申请了《吉首大学校园植物志》编目、世界自然遗产——武陵源区外来入侵植物调查及其安全评估研究、湖南新纪录植物群落调查研究、五加科五加属植物染色体核型分析研究、世界自然遗产——武陵源区植物资源多样性研究、张家界风景区外来入侵植物资源调查及其安全评价等 PHE 科技创新基金项目。同时他参与了国家科技基础平台建设项目专题"华中武陵山区重要野生植物种质资源收集、整理与信息化""川西常绿阔叶林植物资源考察""科技部自然保护区生物标本标准化整理整合及共享试点"等多个国家级、省级的重大科技创新项目和"UNESCO's Science Policy and Sustainable Development Programme — Kam Local Indigenous Knowledge and Sustainable Resource Management"联合国项目一项，以及学校老师的科研课题研究。

邓涛的这些科技创新项目的开展，得益于 PHE 之"地方性大学生科技创新能力培养模式研究"项目为他提供了科研项目经费和政策以及良好的科技创新环境。他通过参加吉首大学 PHE 科技创新项目掌握了很多科学的方法，培养了科学的态度和创新思维意识，增强了自信心，走出了一味自卑的误区。通过参与科技创新项目，他的大学生活变得丰富和充实。

同时邓涛也一直追踪参与了学校 PHE 项目的开展，致力于全校的学生科技创新工作。他先后担任生物资源与环境科学学院科技部部长、吉首大学学生科学技术协会主席、吉首大学 PHE 项目领导小组学生代表、PHE 项目执行团队——"健强社"的副社长兼素质拓展中心主任等职务。他组织策划了"吉首大学首届科技文化节""吉首大学首届大学生课外学术科技作品竞赛"等大型活动，为营造浓厚的学术氛围、增强学生科技创新意识、促进学生科技创新工作的开展起到重要作用。通过参加 PHE 项目和学生工作，邓涛锻炼了组织协调能力，提高了交往能力。在困难的面前，他不再畏缩。

通过参与吉首大学 PHE 科技创新项目，邓涛取得了优异的成绩，撰写并发表了《吉首大学校园植物名录》《湖南植物分布新纪录》系列论文及《湘西国家一级保护植物——华木莲初报》《湘西武陵山地区抗真菌药用植物资源调查研究》《峨眉双蝴蝶组织培养与快速繁殖(简报)》《湘西防己科药用植物资源调查研究》等 10 余篇论文；撰写的专著《吉首大学校园植物志》一书于 2006 年由湖南科学技术出版社正式出版。邓涛多次获得"吉首大学优秀论文一等奖""吉首大学科技创新先进个人""吉首大学优秀学生干部"等荣誉，并荣获了吉首大学第十一届"冠代"奖学金。他于 2005 年 11 月在上海复旦大学参加了由共青团中央、教育部、中国科协、全国学联等主办的第九届"挑战杯"全国大学生课外学术科技作品竞赛并获膺一等奖(这是自全国"挑战杯"创办 18 年后，吉首大学首次组队参加并获得奖励，实现了学校参加全国"挑战杯"历史上"零"的突破)。他和美国植物学教授 Dr. Amy 撰写的 *Research Institute of Anthropology and Ethnology* 于 2007 年在 UNESCO 出版。

这些成绩的取得，与邓涛个人的努力是分不开的。因为他懂得珍惜他拥有的学习机会，懂得努力学习、勤奋工作、吃苦耐劳、坚持不懈才是正道。在工作中，邓涛遇到过很多困难，甚至生命危险。他曾经为了编写《吉首大学校园植物志》一书，连续 3 天没有睡觉。他为了参加科技创新项目，放弃了所有的假期和周末休息，日行百里去野外跋山涉水开展植物资源考察，他将实验室当作自己的寝室，睡在实验室近一年。他在做科研项目时，在野外多次遭受毒蜂和蛇的攻击，最严重的一次中毒导致窒息和休克，险些丧失性命。这些肉体上的痛苦他全然能够忍受，因为他时刻没有忘记父母亲顶着烈日在田间耕种的身影，这是他的力量源泉。

参加科技创新项目需要购买仪器，这是他面临的最大的困难。为了顺利地完成项目，他省吃俭用，用自己节省下来的生活费购买了一台电脑。通过领取论文的稿费和各层次的奖金，他成功购买了野外考察最重要的仪器——数码相机。通过被聘请参加资源综合考察获得的补助，他购买了如打印机、扫描仪等一些必备的办公设备。每次邓涛看到他的这些"家当"，虽然苦了，累了，饿了也伤了，心里却是美滋滋的。因为他不但能够在校期间实现生活自给自足，自己交学费，而且还拥有了电脑和照相机。

自进入大学以来，邓涛各个方面都取得了很大进步：在思想方面具有敬业精神和良好的心理素质、工作态度和进取心；在社会实践方面锻炼了组织协调能力、人际交往能力、信息处理能力；以科学的方法培养创新能力和求异思维，培养了正确应对挫折的能力。从此他不再是一个"嗷嗷待哺"的幼婴，而是成长为深知努力拼搏、上下求索并学会自身造血的青年。基于 PHE 之力量，他的人生实现了一次大的跨越，他的生命成功"浴火重生"。他收获的不仅仅是一次锻炼的机会，更是能力的培养及精神世界的一次升华。

(邓涛，男，湖南郴州人，本科就读于湖南吉首大学 2003 级生物资源与环境科学学院生物科学专业 1 班，曾任吉首大学 PHE 项目领导小组学生代表、学生科学技术协会主席、"健强社"副社长兼科技创新项目协调中心主任、地方性大学贫困生科技创新能力培养模式研究项目学生团队负责人，2005 年其作品《吉首大学校园植物志》获"挑战杯"全国大学生课外学术科技作品竞赛全国一等奖，现为中国科学院昆明植物研究所研究员、博士生导师)

(资料来源：编者根据采访资料编写而成)

二、创意与创业机会

机会的识别源自创意的产生,创业者在创业之前往往有一个很好的创业想法,这就是创意。有的创业者认为自己有很好的创意和点子,对创业充满信心。虽然创意和点子固然重要,但并不是每个大胆的创意和点子都可以转化成创业机会。因此,我们有必要厘清创意和创业机会之间的区别和联系。

(一)创意

创意通常指的是人们独特的思维方式和能力,能够创造出新颖、有趣或有价值的想法、观点或解决方案,创意的核心是创造性思维,其内涵包括以下要素:

1. 独创性

创意是与众不同的,不同于常规的或已有的想法。它能够给人焕然一新的感觉,具有独特性和与众不同的特点。

2. 创造力

创意涉及创造新的观念、概念或作品。创意不仅仅是思维的转化,还需要能够产生新颖、独特的东西。

3. 突破传统

创意通常跳出传统的框架和思维定式,勇于挑战常规,打破既有的限制。

4. 解决问题

创意是解决问题的能力,能够提供新颖的、有效的解决方案,并引领人们找到新的视角和思路。

5. 实用性

创意不仅仅是在理论上的创新,还需要具备实践意义,创意要可实现,能够转化为实际的价值和应用。

6. 激发灵感

创意能够激发人们的灵感和想象力,引发对新事物的好奇心和探索欲望。

总的来说,创意是一种重要的思维方式和创造力,可以推动社会发展和个人成长,并在各个领域中发挥重要作用。

(二)创业机会

1. 创业机会的内涵

创业机会主要是指具有较强吸引力的、较为持久的、有利于创业的商业机会,创业者据此可以为客户提供有价值的产品或服务,并同时使创业者自身获益。通俗来讲,创业机会是通过某个有价值的创意为人们提供便利、服务或者创造价值从而满足社会需求和自身利益的一个有效渠道。

识别创业机会是思考和探索反复互动,并将创意进行转变的过程。有的创业者认为自己有很好的创业想法和点子，因此对创业充满信心。有想法、有点子固然重要，但并不是每个大胆的想法和新异的点子都能转化为创业机会。许多创业者就因为仅仅凭想法去创业而失败了。因此，了解创业机会的特征有助于创业者正确识别创业机会。

2. 创业机会的特征

①普遍性：创业机会存在于各种经营活动中，只要有市场需求和商业运作，就会涌现创业机会。

②不确定性：发现和抓住创业机会通常伴随着不确定性，很多时候，创业机会的出现是出乎意料的。

③消逝性：创业机会是时空限定的，随着外部条件发生变化，创业机会可能出现或消失。

3. 创意、商业概念和创业机会

一项优秀的创意有可能发展成为有潜力的创业机会，但并非所有创意都能成功转化为商业机会。创意需要经过深入开发转化为具体的商业概念，才能成为真正的创业机会。

创意是创业者最初的设想和灵感，是针对某个问题提出的初步解决方案，并不一定追求市场回报。相比之下，创业机会更加正式和严肃，有时即使一项创意很出色，也不一定能成为优秀的创业机会。虽然每个创意都与满足某种需求或解决问题的方式息息相关，但要将创意转变为创业机会，必须具备几个关键特征：首先是时机，即由机会的出现时间窗口所决定。当机会窗口打开时（即时敏感性），创业机会带来的利润就会出现。然而，一旦市场成熟，机会窗口也将关闭。其次是吸引力，即创业机会必须具备盈利能力。再次是持续性，即能够在市场上持续一段时间，不断发展、壮大并成熟。最后，创业机会必须能够为消费者提供实实在在的价值。

商业概念扮演着关键角色，帮助实现创业机会的吸引力和价值性。商业概念是在创意基础上，通过文字、图像、模型等形象化描述已经形成的潜在产品构想，从而在消费者心目中塑造独特的产品形象。商业概念就相当于产品介绍，用消费者易于理解的语言描绘产品，而创意则更多站在创业者的视角思考问题、解决问题，一般较难为消费者所理解。为了传递优势信息，商业概念必须简明、概括、形象，突出产品的优势，形成产品的卖点。因此，商业概念必须经过市场检验，甚至可能需要在小规模市场上试销，以确保利润回报的可行性。如果没有利润回报，创意就无法真正转化为创业机会。

4. 创业机会的类型

创业机会依据不同的分类方式可以分为不同的类型，以下是一些常见的创业机会类型。

①市场需求型创业机会：基于市场对某种产品或服务的需求而创业，满足人们的实际需求。例如，在新兴领域或特定群体需求上有创业机会。

②技术创新型创业机会：基于新技术或技术创新而创业，开发新产品或服务。例如，人工智能、区块链等技术领域提供了丰富的创业机会。

③社会问题型创业机会：利用创新的方式解决社会问题的创业机会。例如，环境保护、医疗健康、教育等领域的社会企业创业机会。

④行业颠覆型创业机会：通过创新的业务模式或技术，颠覆传统行业，打造新的市场规则。例如，共享经济、互联网医疗等。

⑤服务型创业机会：提供新颖、高效的服务以满足人们的生活和工作需求。例如，共享

办公空间、在线教育等服务型创业机会。

⑥品牌创业机会：通过创新的品牌理念和营销策略打造独特的品牌形象，吸引消费者和市场份额。例如，可持续发展品牌、文化创意品牌等。

⑦创意产业型创业机会：利用自身的创意和创新能力，在文化创意产业等领域开展创业。例如，设计、影视制作、游戏开发等。

⑧可持续发展型创业机会：随着全球环境问题日益突出，可持续发展型创业机会逐渐受到关注。创业者可以从环保、清洁能源、废物利用等方面出发，开发符合可持续发展理念的创业项目，为社会和环境作出积极贡献。

⑨健康生活型创业机会：随着人们健康意识的增强，健康生活型创业机会成为热点。创业者可以涉足健康饮食、运动健身、心理健康等领域，为人们提供健康生活方式和服务，满足他们对健康的需求。

⑩社交媒体型创业机会：随着社交媒体的普及和发展，社交媒体型创业机会也逐渐增多。创业者可以通过社交平台、内容创作、网红经济等方式，开展与社交媒体相关的创业活动，吸引粉丝并实现商业变现。

⑪跨界融合型创业机会：跨界融合是当前创业领域的一个重要趋势，即将不同领域的元素进行创新组合，开发出具有创新性和独特性的产品或服务。例如，科技与艺术的结合、传统与时尚的融合等，都可以成为创业者的跨界融合型创业机会。

⑫教育科技型创业机会：随着教育科技的蓬勃发展，教育科技型创业机会备受关注。创业者可以利用技术手段改变传统教育方式，开展在线教育、智能教育、教育培训等创业项目，满足学习者和教育机构的需求。

⑬医疗科技型创业机会：医疗科技领域的创业机会也十分丰富，包括远程医疗、健康管理、医疗设备研发等方面。创业者可以结合医疗和技术创新，解决医疗领域存在的问题，为人们提供更便捷、高效的医疗服务。

第二节　创新创业资源的识别与分析

>>>

在创新创业的浪潮中，识别并把握资源是创新创业者迈向成功的关键一步。这一过程不仅要求创新创业者具备敏锐的市场洞察力，还需要具备勇于探索、敢于实践的精神。

一、创新创业资源的识别

>>>

创新创业者从繁华和梦幻般的创意中选择心目中的机会，随之而来的是组织资源开发这一机会，使之成为真正的企业活动，直至最终收获成功。在这一过程中，机会在预期价值以及创新创业者的自身能力中被反复权衡，创新创业者对机会的战略定位也越来越明确，这一过程称为机会的识别过程。

机会的识别一般分为三个阶段：机会的搜寻、机会的识别和机会的评估。同时，它也对创新创业者提出了相关的要求，如下：

1. 观察市场和消费者需求

创新创业者首先需要密切关注当前市场的需求和趋势，通过细致入微的观察，发现消费者未被满足的需求或痛点。这种需求可能体现在产品功能的不足、服务体验的缺失或是特定群体的特殊需求上。例如，随着科技的进步和人们生活水平的提高，智能家居、健康监测等新兴领域不断涌现，为创新创业者提供了丰富的机会。

2. 创新和改进

创新是创业的灵魂。创新创业者应善于从现有产品或服务中寻找不足之处，通过技术创新、模式创新或设计创新等方式提出改进方案，以满足市场需求。这种创新可以是颠覆性的，也可以是渐进式的，关键在于能为消费者创造独特的价值。例如，苹果公司通过不断推出具有革命性创新的产品，如 iPhone、iPad 等，成功占据了市场领先地位。

3. 敏锐的洞察力

创新创业者需要具备敏锐的洞察力，能够从市场的细微变化中捕捉到潜在的商机。这种洞察力来源于对市场的深刻理解和对消费者心理的准确把握。有时候，一个看似不起眼的趋势或现象背后可能隐藏着巨大的市场机会。因此，创新创业者应时刻保持对市场的敏感度，不断学习和思考。

4. 经验和技能

创新创业者的个人经验和技能也是识别机会的重要因素。他们可以将自己的专业知识、工作经验或技术特长应用于创业项目中，创造出具有竞争力的产品或服务。例如，一位在软件开发领域有深厚积累的程序员可能更容易识别到软件开发市场的机会，并开发出具有创新性的软件产品。

5. 合作和网络

建立广泛的合作伙伴关系和人脉网络对于识别机会同样重要。通过与其他创新创业者、投资者、行业专家等交流和合作，创新创业者可以获取更多的信息和资源，拓宽自己的视野和思路。这种合作不仅有助于识别新的商机，还能为创业项目提供有力的支持和保障。

6. 关注社会和环境因素

社会和环境因素也是识别机会的重要参考。创新创业者应关注当前的社会趋势、政策变化、环保和可持续发展等方面的发展，寻找与之相符的商机。例如，随着环保意识的提高和可持续发展理念的普及，绿色能源、环保材料等领域成为创新创业的热点。

二、创新创业资源的把握

在创业的浩瀚征途中，识别并把握住那些稍纵即逝的机会，是每一位创新创业者梦寐以求的能力。机会识别需要根据个人目标和所搜寻到的创意去进行衡量和筛选，最终确定最优方案，从而把握机会。而这一过程，离不开对机会的深入评估。

1. 机会评估的重要性

机会评估是创业决策的核心环节，它如同航海领域中的罗盘，为创新创业者指引方向。机会评估不仅在于对当前市场需求的准确洞察，更在于对未来趋势的预判。通过机会评估，创新创业者能够：

①识别可行性：在众多想法中筛选出真正具有商业潜力和实施可能性的项目。

②规避风险：提前识别并评估市场、技术、财务等方面的潜在风险，制定应对策略。

③明确定位：根据评估结果，精准定位目标市场、客户群体及竞争优势。

④资源优化配置：合理调配有限资源，确保关键领域的投入与产出最大化。

2. 机会评估与把握的关系

机会的评估与把握是相辅相成的动态过程。评估是把握的前提和基础，而把握则是评估结果的实践应用。

评估为把握提供依据：通过详细的市场调研、竞争分析、风险评估等，创新创业者能够清晰地认识到机会的价值、挑战及实现路径，从而做出更加明智的决策。

把握促进评估迭代：在实际操作过程中，创新创业者会根据市场反馈和实际情况不断调整策略，这一过程也是对初始评估的验证与修正，促使评估更加精准。

预测机会的未来发展，则需要结合宏观经济环境、行业趋势、技术创新等多方面因素进行综合分析，构建合理的预测模型，为长期规划提供依据。

由此可见，机会的评估与把握是创新创业者通往成功之路的必经之桥。通过科学评估，我们能够更加清晰地看到未来的方向，更加自信地迈出创业的步伐。在这个过程中，保持敏锐的洞察力、严谨的分析能力和持续的创新能力，将是每一位创新创业者不可或缺的宝贵财富。除此之外，还有以下几点利于创新创业者把握机会：

①着眼于问题以把握机会。

机会往往隐藏在问题之中。创新创业者应善于从市场中发现问题，并将问题转化为机会。可以通过深入分析市场需求、消费者行为等数据，找到市场中的痛点或瓶颈，然后提出解决方案，满足市场需求。例如，滴滴出行通过解决人们出行难的问题，成功打造了全球最大的共享出行平台。

②利用变化把握机会。

市场环境是不断变化的，这种变化中蕴藏着无限的商机。创新创业者应密切关注市场动态，及时捕捉市场变化带来的机会。可以通过关注行业新闻、参加展会、与业内人士交流等方式，了解市场的最新动态和趋势，从而把握先机。例如，随着电商的兴起和消费者购物习惯的改变，拼多多通过社交电商的模式成功切入了市场。

③制定详细的创业计划。

制定详细的创业计划是把握创业机会的关键步骤。创业计划应包括市场分析、产品定位、营销策略、财务规划等方面的内容。通过制定详细的创业计划，创新创业者可以清晰地了解项目的优势和劣势，明确目标和方向，为后续的创业活动提供有力的指导。

④组建优秀的团队。

一个优秀的团队是创业成功的重要保障。创新创业者应根据项目的需要，组建一支具备专业技能、协作精神和创新能力的团队。团队成员之间应相互信任、相互支持，共同为项目的成功而努力。同时，创新创业者还应注重团队的学习和成长，不断提高团队的综合素质和竞争力。

⑤灵活应对挑战。

在创业过程中，创新创业者会面临各种挑战和困难，因此，应保持积极的心态，不断调整和优化项目方案，采用灵活的应对策略以应对市场的变化和挑战。同时，创新创业者还应注重与投资者、客户等利益相关者的沟通和合作，争取更多的支持和资源。

三、创新创业风险的识别与防控 >>>

1. 风险产生的原因

一般创新创业风险是指企业在创业过程中存在的各种风险。由于创业环境的不确定性，机会与创业企业的复杂性，创新创业者、创业团队与创业投资者的能力及实力的有限性，创业活动存在偏离预期目标的可能性及后果。

创新创业风险产生的原因是多方面的，创业环境的不确定性，机会与创业企业的复杂性，创新创业者个人素质、创业团队能力的有限性，构建的组织结构和运用的管理模式的局限性等，都是创新创业风险产生的重要原因。以下主要列出几种常见的创新创业风险。

2. 创新创业风险的类型

①按创新创业风险的内容划分，可分为技术风险、市场风险、政治风险、管理风险、生产风险和经济风险。技术风险，是指由技术方面的因素及其变化的不确定性而导致创业失败的可能性。市场风险，是指由市场情况的不确定性导致创新创业者或创业企业蒙受损失的可能性。政治风险，是指由战争、国际关系变化或有关国家政权更迭、政策改变而导致创新创业者或企业蒙受损失的可能性。管理风险，是指因创业企业管理不善而产生的风险。生产风险，是指创业企业提供的产品或服务从小批试制到大批生产的风险。经济风险，是指由于宏观经济环境发生大幅度波动或调整而使创新创业者或创业投资者蒙受损失的风险。

②按风险来源的主客观性划分，可分为主观创新创业风险和客观创新创业风险。主观创新创业风险，是指在创业阶段，由创新创业者的身体与心理素质等主观方面的因素导致创业失败的可能性。客观创新创业风险，是指在创业阶段，由客观因素导致创业失败的可能性，如市场的变动、政策的变化、竞争对手的出现、创业资金缺乏等。

③按风险对所投入资金即创业投资的影响程度划分，可分为安全性风险、收益性风险和流动性风险。创业投资的投资方包括专业投资者与投入自身财产的创新创业者。安全性风险，是指从创业投资的安全性角度来看，不但预期实际收益有损失的可能，而且专业投资者与创新创业者自身投入的其他财产也可能蒙受损失，即投资方财产的安全存在危险。收益性风险，是指创业投资的投资方的资本和其他财产不会蒙受损失，但预期实际收益有损失的可能性。流动性风险，是指投资方的资本、其他财产以及预期实际收益不会蒙受损失，但资金有可能不能按期转移或支付，造成资金运营的停滞，使投资方蒙受损失的可能性。

④按创业与市场、技术的关系划分，可分为改良型风险、杠杆型风险、跨越型风险和激进型风险。改良型风险，是指利用现有的市场、现有的技术进行创业所存在的风险。这种创新创业风险最低，经济回报有限，即风险虽低，但要想生存和发展，获取较高的经济回报也比较困难，一方面会遭遇已有市场竞争者的排斥或进入壁垒的限制，另一方面即便进入，想要占有一定的市场份额非常困难。杠杆型风险：是指利用新的市场、现有的技术进行创业存在的风险。该风险稍高，对一个全球性公司来说，这种风险往往是地理上的，常见于挖掘未开辟的市场。跨越型风险：是指利用现有市场、新的技术进行创业存在的风险。该风险稍

高，主要体现在创新技术的应用方面，往往反映了技术的替代，是一种较常见的情况，常见于公司的二次创业，领先者可获得一定的竞争优势，但模仿者很快就会跟上。激进型风险：是指利用新的市场、新的技术进行创业存在的风险。该风险最大，如果市场很大，可能会带来巨大的机会，对于第一个行动者而言，其优势在于竞争风险较低，但是知识产权保护力度很弱，市场需求不确定，确定产品性能有很大的风险。

3. 大学生创新创业过程中常见的风险

①项目选择风险。

项目选择风险是指在创业初期因选择的创业项目不当，导致企业无法盈利而难以生存的风险。大学生创新创业激情高，但容易盲目选择项目，如果缺乏前期市场调研和论证，只是凭自己的兴趣和想象来决定投资方向，甚至仅凭一时心血来潮做决定，其结果大概率是失败的。所以，大学生创新创业者在创业初期一定要做好市场调研，在了解市场的基础上创业。一般来说，大学生创新创业者资金实力较弱，选择启动资金不多、人手配备要求不高的项目，从小本经营做起比较适宜。

②资金风险。

资金风险是指因资金不能适时供应而导致创业失败的可能性。首先，资金风险在创业初期会一直伴随在创新创业者的左右。没有足够的资金创办企业是创业者遇到的第一个问题。大学生长期生活在校园里，没有资金来源，更无资金积累，再加上大学生交往对象多为处境相同的学生，社会关系简单，人际交往单一，很少能够从同学处筹措到创业资金，并且刚出校门的大学生想轻松地从银行贷到资金也十分困难。其次，企业创办起来后，也必须考虑是否有足够的资金支持企业的日常运作。对于初创企业来说，如果连续几个月入不敷出或者由其他原因导致企业的现金流中断，都会给企业带来极大的威胁。相当多的企业会在创办初期因资金紧缺而严重影响业务的拓展，甚至错失商机而不得不关门大吉。最后，如果没有广阔的融资渠道，创业计划只能是一纸空谈。除了银行贷款、自筹资金、民间借贷等传统方式外，还可以充分利用风险投资、创业基金等融资渠道。

③竞争风险。

在瞬息万变的市场经济中，面对众多新企业的崛起，想要在市场中有立足之地，竞争是必然的。如何面对竞争是每个企业都要随时考虑的事，而对新创企业更是如此。如果创新创业者选择的行业是一个竞争非常激烈的领域，那么在创业之初极有可能受到同行的强烈排挤。一些大企业为了把小企业吞并或挤垮，常会采用低价销售的手段。对于大企业来说，由于规模效益或实力雄厚，短时间的降价并不会对它造成致命的伤害，而这对初创企业而言则意味着可能面临彻底毁灭的危险。因此，考虑好如何应对来自同行的残酷竞争是创业企业生存的必要准备。

④管理风险。

管理风险是指管理运作过程中因信息不对称、管理不善、判断失误等影响管理的水平的风险。一些大学生创新创业者虽然技术出类拔萃，但理财、营销、沟通、管理方面的能力不足。如果大学生创新创业者想创业成功，必须技术、经营两手抓，可从合伙创业、家庭创业或从虚拟店铺开始，锻炼创业能力，也可以聘用职业经理人负责企业的日常运作。创业失败者基本上都是在管理方面出了问题，其中包括决策随意、信息不通、理念不清、患得患失、用人不当、忽视创新、急功近利、盲目跟风、意志薄弱等。特别是大学生，因为知识单一、经验不足、资金实力和心理素质明显不足，更会增加管理上的风险。

⑤团队分歧的风险。

现代企业越来越重视团队的力量，团队的凝聚力是否强大，决定了企业是否能够长远发展。一个优秀的创业团队能使创业企业迅速地发展起来。但与此同时，风险也就蕴含在其中，因为团队的力量越大，产生的风险也就越大。一旦创业团队的核心成员在某些问题上产生分歧不能达成统一意见时，可能会对企业造成强烈的冲击，导致决策过程变慢，决策质量下降，从而影响项目的进度和效率。并且，如果分歧处理不当，可能会引发更大的冲突，甚至可能导致团队成员离职或使得冲突升级到组织层面，影响团队的整体执行力。事实上，做好团队的协作并非易事。如若在企业运作的过程中没有处理好团队关系，不仅会损害企业利益，甚至还会造成企业破产等严重的后果。

4. 创新创业风险的识别与防控

要创业就一定要在风险和收益之间进行抉择和权衡，既不能为了收益而不顾风险的大小，又不能因害怕风险而错失良机。创新创业者要在争取实现目标的前提下，管理风险、控制风险、规避风险。而大学生创新创业虽存在诸多风险，但机遇和挑战并存，唯有冷静地分析风险，勇敢地面对挑战，大学生创新创业者才能防控风险，克服困难，走向创业成功。

（1）创新创业风险的识别步骤。

①信息搜集。先通过调查、问询及现场考察等途径获得信息，再通过敏锐的观察和科学的分析对各类数据及现象做出处理。

②风险识别。根据信息的分析结果，确定主要风险或潜在风险的范围。

③重点评估。根据量化结果，运用定量分析、定性分析、假设和模拟等方法，进行风险影响评估，预计可能发生的后果，提出可供选择的方案。

④拟定计划。提出处理风险的方法和行动方案。

（2）创新创业风险的防控过程。

①风险的识别。在风险尚未发生之时，在收集资料和调查研究之后，分析潜在风险并进行系统分类和全面识别。

②对风险进行评估。根据掌握的历史资料估算风险发生的概率。

③风险的处理。根据不同的风险，用不同的方法加以解决。

④风险监控。跟踪已识别的风险，监视残余风险和识别新的风险，保障项目计划的执行，并评估这些项目计划对降低风险的有效性。

（3）以预先控制为主的防控措施。

由于创业活动的不确定性，新建企业对于已经发生的风险的承受能力要低于成熟企业，所以做好预先控制对创新创业风险防控具有极高价值。预先控制是为增加将来实际结果接近预期结果的可能性，而事先进行的管理活动。创新创业者必须事先进行创新创业风险的评估。将特定的机会和创业活动结合，分析和判断创新创业风险的具体来源、发生概率，测算风险损失，预期主要风险因素，测算冒险创业的"风险收益"，估计自己的风险承受能力，进而进行风险决策，提前准备相应的"风险管理预案"。

大学生在创业时要对自己的个性特征、特长等有充分的了解，选择适合自己个性特征，符合个人兴趣爱好的项目进行创业，同时创新创业者要掌握广博的知识，具有一专多能的知识结构，才能进行创造性思维，才可能做出正确的创业决策。大学生在创业前还要积累一些有关市场开拓、企业运营方面的经验,通过在企业打工或者实习、参加创业培训、接受专业指导等来积累创业知识,提高创业成功率。大学生创新创业者还应当锻炼受挫能力,遇到挫折后应放下心理包袱,仔细寻找失利的原因,可以适当调整自己的动机、追求和行为,避免下次出现同样的错误。对于自己无能为力的因素,也不要过于自责、自卑或固执,应坦然面对,灵活处理,争取新的机会。即使失败,也要振作起来,使自己始终保持昂扬的斗志和必胜的信心,直至创业成功。

总之,在社会发展的汹涌大潮中,大学生创新创业已成为时代的趋势。随着社会各方对大学生创新创业的理解和支持,以及大学生自身身心发展的日趋成熟,知识结构更加完善,大学生创新创业遇到的风险会随之减少,创新创业者的风险管控能力更强,大学生创新创业必将发展到一个新阶段。

第三节 创新创业与地区发展

一、创新创业与地区发展

(一)创业型经济

从世界范围来看,人类进入 21 世纪后,创业已经成为各国经济发展的原动力。创业的核心要件就是把思想转化为经济机遇。创业是创新和变化的源泉,创业刺激了生产力和经济竞争力的提高。创业型经济不仅带动了区域经济的发展,而且在创业中实现了就业的增长和技术进步。创业型经济(entrepreneurial economy)是相对于管理型经济(managed economy)而言的,它是基于企业家的创意和创新,以新办创业型公司为主要途径,在微观上实现创业者的个体价值,在宏观上促进国家经济发展的一种经济形态。创业型经济表现为创业活动多,创新发明与专利多,创业型中小企业多。与传统经济相比,创业型经济具有较高的创业启动与退出率,较高的研发投入和人力资本投资、较高的经济增长等特征。改革开放以来,特别是全球性经济危机发生以来,中国掀起了一股空前强劲的创业热潮。

(二)创业型经济是地区发展的必然选择

中华大地地域辽阔,资源丰富,基础设施和经济发展水平东高西低,市场发育程度和市场机制也不平衡。西部地区要改变落后状态,就必须从提高内生素质入手,寻找新的动力源,必须关注经济增长的核心和潜力因素——创业,这不仅关系到西部地区未来的经济前景,也将对中国经济的发展产生重要影响。西部地区要实现新的经济增长并缩小与东部地区之间的差距,既不能走中国"三线建设"时期西部大开发的老路,也不能照搬改革开放后东部开发的经验,而必须高起点地走技术创新和科技进步之路,依靠创业型经济,不断通过创新激发经济发展内在动力,推动西部地区整体社会经济发展。发展创业型经济,探索适宜的创业型经济发展路径,是西部地区提高内生竞争能力的必然选择。发展创业型经济有利于劳动力转移,促进民族地区产业结构优化升级,有利于民族地区内生发展,增强自我发展能力,促进民族地区整体发展。因此，应引导民族地区农村大学生返乡创业，一方面可以缓解民族地区农村大学生的就业压力，另一方面可以有效扭转民族地区农村"智力流失"的不利局面。

案例&故事

走向世界的"老蔡牛肉"

新晃老蔡食品有限责任公司是一家有 10 多年专业生产牛肉系列食品历史的股份制民营企业，位于湖南省怀化市新晃侗族自治县。公司以远近闻名的新晃黄牛为原料，把传统的伊斯兰食品加工方法和现代食品工程技术结合起来，以广州食品研究所、湖南农业大学食品科技学院为技术支撑单位，生产三大系列产品 40 多个品种，既有酒店特色菜系列、休闲食品系列，也有冷鲜肉系列，产品远销武汉、长沙、上海、广州、深圳、北京等市，以及山西、河南、内蒙古等 10 多个省及自治区，深受消费者的青睐。2009 年 12 月，该品牌被授予"湖南省名牌产品"称号，2013 年被评为"湖南省著名商标"。公司是省级农业产业化企业和怀化市最大的牛肉食品深加工企业。2015 年，公司生产能力达到 6000 吨，年产值突破 4.2 亿元。

2012 年，湖南省委副书记徐守盛到公司视察，充分肯定了老蔡食品在带动新晃经济发展和产品开发、打造特色品牌等方面取得的成绩。徐守盛提出，老蔡食品要发展壮大，首先要向食品同行学习，学习他们的生产发展方式和营销方法，以人之长补己之短；其次要发挥黄牛地标产品的优势，围绕这一优势，打响新晃黄牛的品牌；最后要注重市场的推广，老蔡食品主要是从事牛肉食品的生产，因此特别要在市场上加大推广力度，努力将新晃黄牛打造成全国甚至全世界牛肉食品中一个响亮的品牌。

作为一家民族地区的家族企业，能够有如此发展，殊为不易。在编者看来，该企业实现了伊斯兰清真食品与现代人的需求的有机结合，特别回应了当下人们对于安全、健康食品的渴求，所以才获得了可持续的发展。

（资料来源：黄昕，王江生，姚茂华，等. 民族地区大学生创新创业教育实务[M]. 成都：西南交通大学出版社，2016. 有改动）

二、大学生创新创业的重要意义

>>>

（一）本土蕴藏着能促进地区发展的无限创新创业机会

经过改革开放、西部大开发、民族地区发展优惠政策和精准扶贫精准脱贫基本方略的推行，民族地区的基础设施和信息条件日益改善。与此同时，民族地区依托自身的资源优势、产业基础和支撑条件，加快特色优势产业的发展，促进自身优势向产业优势、经济优势转化，逐渐形成了六类有竞争优势的重点特色产业：矿产资源优势与能源及化学产业、矿产开发及加工产业、农牧业产品优势与农副产品加工产业、产业基础优势与装备及加工业、高新技术产业、旅游资源优势与旅游经济产业。民族地区丰富的资源和不断壮大的产业基础,为具有创新意识和创业精神的大学生提供了资源开发与资源整合基础;民族地区的多样的消费需求和逐渐扩大的消费市场,为具有前瞻性眼光和先行一步能力的创业者提供了开拓市场和扩大市场的基础。

(二)本土为大学生创新创业提供了方向和平台

大学生的创业实践活动,特别是大学毕业生到贫困民族地区进行的创业实践,不仅有助于落实科学发展观,加快国家创新体系建设,而且有助于缓解严峻的就业形势,增强贫困民族地区的发展活力,推进贫困民族地区的产业结构调整,切实提高贫困民族地区自身的"造血"能力,促进贫困民族地区的经济发展。

大学生在民族地区就业和从事创新创业活动,除了要经历创业本身的艰辛之外,还要经受艰苦环境的磨炼,这有利于大学生的成长。

创新创业是不拘泥于当前资源的约束,寻找机会进行价值创造的行为过程。创业的关键要素包括机遇、团队和资源。创新创业具有增加就业、促进创新、创造价值等功能,同时也是解决社会问题的有效途径。发展创新创业型经济是各地持续优质发展的必由之路,也为当代大学生创新创业提供了不可多得的机会。

案例&故事

筑起民族地区创业梦

从 2011 年创业初期的 4 人投资 8 万元到如今的 11 人资产达到 600 多万元,从 2011 年出栏肉羊 916 只到如今的 9000 只,从开始吸收农户 32 户到现在的 213 户,这就是甘肃和政县城关镇咀头村党支部副书记杨胜强和他的大学同学创立的和政创业生态养殖有限公司的故事。2006 年,从甘肃农业大学毕业的杨胜强没有选择到大城市就业,也没有报考公务员,而是选择回到了养育自己的小山沟咀头村。因为在他的心里始终有一个梦想——一定要努力改变自己村子的贫困面貌,让乡亲们早日脱贫致富。

2011 年,受国家创业优惠政策和地方重点扶持项目的吸引,杨胜强带领 3 名未就业大学生筹资 8 万元,在当地联合创办了第一家大学生自主企业——和政县创业生态养殖有限公司。而后,随着公司的快速发展,为了带领更多的乡亲致富,他又相继成立了和政县大学生兴农养殖营销专业合作社、和政县大学生兴农啤特果种植营销专业合作社、大学生创业园珍禽散养基地。

说起这一路的创业历程,杨胜强欣慰地说:"这一路走来,公司能够发展到如今的喜人局面,都得益于国家的好政策,得益于各级各部门尤其是税务部门的大力帮助。创业前跟税务部门也没有打过交道,也不知道税务是怎么一回事。自从企业创办之后,县国税局专门安排一名副局长为我们协调办理各项涉税事宜,不论是前期税务登记证的办理,还是后期对我们各项优惠政策的讲解与落实等,都给了我们企业很大的帮助,让我们的创业劲头更足了。"

(资料来源:黄昕,王江生,姚茂华,等.民族地区大学生创新创业教育实务[M].成都:西南交通大学出版社,2016.有改动)

课后思考与讨论

1. 以你所在的家乡为例，通过了解和观察，你认为它存在哪些创业机会？

2. 你在创新创业方面有哪些资源和素质储备？

3. 请根据自己的创新创业规划，制作一份规划设定表，尽可能细化。

第五章　创新创业实践解析

> 在推动产业优化升级上下功夫，在提高创新能力上下功夫，在加快基础设施建设上下功夫，在深化改革开放上下功夫，扎扎实实走出一条创新驱动发展的路子来。
>
> ——习近平总书记谈创新

第一节　植物学方向创新创业实践解析

植物学作为一门研究植物的科学，不仅涵盖了植物的分类、生态、遗传和生理等多个方面，还与农业、环境保护、药物开发等领域密切相关。随着全球对可持续发展和生态保护的日益关注，植物学方向的创新与创业实践显得尤为重要。在此背景下，开展植物学方向创新创业实践不仅能够推动科学研究的进步，还能为社会经济发展注入新的活力。

一、植物学方向创新创业的社会需求

近年来，随着人口增长和城市化进程加快，生态环境问题日益突出，植物的保护与利用成为全球关注的焦点。植物不仅是生态系统的重要组成部分，也是人类生存和发展的基础。无论是农业生产、园艺设计还是药物研发和生物技术，植物学的研究成果都能为解决实际问题提供科学依据。此外，气候变化、土地退化和生物多样性丧失等问题的加剧，迫切需要植物学领域的创新思维和实践探索。

二、植物学方向创新创业的机遇

在这一背景下，植物学方向创新创业实践迎来了前所未有的机遇。首先，随着科技的进步，尤其是基因组学、分子生物学和信息技术的发展，植物学研究的手段和方法不断丰富，为创新创业提供了广阔的空间。例如，基因编辑技术的应用使得植物的改良和新品种的培育变得更加高效和精准。其次，社会对绿色经济和可持续发展的重视，为植物学相关的创业项目提供了良好的市场环境。无论是生态农业、有机种植还是植物药物的开发，均有着广阔的市场前景。

三、开展植物学方向创新创业实践的必要性 ————— >>>

开展植物学方向创新创业实践，不仅能够推动科学研究的深入，还能促进科技成果的转化和应用。通过将理论与实践相结合，学生和研究者可以在实际操作中提升自己的创新能力和实践技能。同时，植物学方向的创新创业实践也有助于培养跨学科的人才，推动不同领域的融合与合作。在这个过程中，参与者不仅能够获得经济收益，还能为生态保护和可持续发展贡献力量。

四、实践的方向与内容 ————— >>>

在开展植物学方向创新创业实践时，可从以下几个方向入手：

生态农业：利用植物学知识发展生态友好的农业生产模式，如有机种植、精准农业等，提升农业生产的可持续性和经济效益。

植物药物开发：通过对植物药用成分的研究，开发新型药物和保健品，满足市场对天然药物的需求。

植物园艺与景观设计：结合植物学知识进行植物景观设计和园艺开发，提升城市绿化水平，改善生态环境。

生物技术应用：利用现代生物技术手段进行植物的基因改良、组织培养等，推动农业和园艺的科技进步。

教育与科普：开展植物学相关的教育和科普活动，提高公众对植物保护和生态环境的意识。

五、了解市场需求 ————— >>>

在开展植物学方向创新创业之前，首先需要对市场需求进行深入的调研和分析。通过市场调研，可以了解消费者对植物相关产品的需求、植物相关产品的技术趋势以及潜在的商业机会。

(一)目标市场分析

市场调研：进行市场调研，包括问卷调查、访谈和焦点小组讨论，以了解潜在客户的需求和偏好。

行业分析：研究植物学相关行业的趋势和动态，包括农业、园艺、药用植物等领域，了解市场规模、增长率和主要参与者。

竞争分析：分析竞争对手的产品和服务，了解他们的市场定位、定价策略和客户反馈，从中发现市场空缺和机会。

参与行业展会和会议：参加相关的行业展会和学术会议，获取最新的行业信息，与业内专家和潜在客户交流。

利用网络资源：通过行业报告、市场研究机构发布的数据、专业论坛和社交媒体等，获取市场需求的相关信息。

消费者需求：调查消费者对植物产品(如药用植物、观赏植物、有机食品等)的需求，分析其购买动机。

(二)技术趋势

了解植物学领域的新技术和研究成果，如基因编辑、组织培养、植物育种等，评估这些技术在商业化过程中的应用潜力。

六、构建创新团队

成功的创业往往依赖于一个多元化的团队。团队成员应具备不同的专业背景，包括植物学、市场营销、财务管理和法律事务等。

(一)团队组建

植物学专家：负责产品研发和技术支持。
市场营销人员：负责市场调研、品牌建设和推广。
财务分析师：负责资金管理、预算编制和财务分析。
法律顾问：确保创业项目符合相关法律法规，保护知识产权。

(二)培训与发展

定期组织培训和团队建设活动，提升团队成员的专业技能和合作能力，增强团队凝聚力。

七、研发创新产品

植物学方向的创新创业实践离不开产品的研发。通过科学研究和实验，开发出具有市场竞争力的植物相关产品。

(一)产品开发流程

概念生成：基于市场需求和技术趋势，提出产品创意。
实验验证：进行实验室研究，验证产品的可行性和有效性。
原型设计：制作产品原型，进行小规模测试。
市场反馈：收集用户反馈，优化产品设计。

(二)绿色产品示例

植物基食品：开发以植物为基础的健康食品，如植物蛋白、素食产品等。
生态园艺产品：推出环保型园艺产品，如有机肥料、生态种植套件等。
植物药物：研发基于植物提取物的天然药物，满足消费者对健康产品的需求。

(三)商业模式类型

在植物学领域，选择合适的商业模式是成功的关键。商业模式应与市场需求、产品特性和企业资源相匹配。

直销模式：通过线上平台或实体店直接销售植物相关产品，减少中间环节。

订阅模式：提供定期配送的植物相关产品服务，如每月送达新鲜有机蔬菜。

合作模式：与农业合作社、科研机构或高校合作，共同研发和推广植物相关产品。

八、市场推广策略

>>>

有效的市场推广策略能够帮助植物学方向创新创业项目迅速打开市场，提高品牌知名度。

(一)品牌建设

品牌定位：明确品牌的核心价值和市场定位，塑造独特的品牌形象。

品牌故事：通过讲述品牌故事，增强消费者的情感共鸣，提高品牌忠诚度。

(二)营销渠道

线上营销：利用社交媒体、电子商务平台和内容营销等平台和方式，扩大品牌影响力。

线下活动：参加植物展览、农博会等活动，展示产品和技术，增加产品曝光率。

(三)客户关系管理

建立良好的客户关系，通过定期的客户反馈和售后服务，提升客户满意度和忠诚度。

九、融资与资源获取

>>>

创业过程中，资金和资源的获取至关重要。创业者应积极寻求多元化的融资渠道。

(一)融资渠道

天使投资：寻求天使投资人或风险投资机构的支持，获得初期资金。

政府资助：申请政府的创业补贴和科技创新基金，减轻资金压力。

众筹平台：通过众筹平台发布项目，吸引公众投资。

(二)资源整合

与高校、科研机构和行业协会建立合作关系，共享资源和技术，提升创新能力。

十、可持续发展与社会责任

>>>

在植物学方向创新创业实践中，关注可持续发展和社会责任是企业长远发展的基础。

（一）可持续发展策略

生态友好型产品：研发对环境友好的植物相关产品，减少资源消耗和环境污染。

循环经济：推动资源的循环利用，降低生产成本，提高经济效益。

（二）社会责任

积极参与社会公益活动，如支持植物保护、参与社区绿化项目等，提升企业形象和社会影响力。

开展植物学方向创新创业实践是一个复杂且充满挑战的过程，需要创业者具备市场洞察力、技术创新能力和团队合作精神。通过深入的市场调研、科学的产品研发、灵活的商业模式和有效的市场推广，植物学领域的创业项目有望在未来取得成功。同时，关注可持续发展和社会责任，将为企业的长远发展奠定坚实的基础。

十一、实践案例解析 >>>

案例＆故事

吉首大学"挑战杯"国赛一等奖"吉首大学校园植物志"结题报告（节选）

11.1 项目背景

"吉首大学校园植物志"项目的启动背景主要源于以下几点：

植物资源的丰富性：吉首大学校园内植物种类繁多，涵盖了多种本地和外来植物，然而对这些植物的系统性研究和记录相对缺乏。

生态保护意识的提升：随着环境保护意识的增强，公众对植物保护和生态教育的需求日益增加，尤其是在高校校园内，培养学生的环保意识尤为重要。

学术研究的需要：植物志的编制为植物学研究提供了基础数据，对后续的生态研究和生物多样性保护具有重要意义。

11.2 项目目标

系统记录校园植物：对吉首大学校园内的植物进行全面调查和记录，将结果编制成册，形成一部详尽的植物志。

促进生态教育：通过植物志的编制和推广，增强师生对植物的认知和保护意识，促进生态教育。

推动科研和教学：为植物学相关课程和研究提供丰富的实地数据，以支持教学和科研活动。

11.3 项目实施

项目团队首先进行了市场调研，了解师生对植物知识的需求，评估校园内植物资源的现状和多样性。

项目团队由植物学专家、热爱植物分类的学生组成。为确保项目的顺利完成，各位同学明确分工，工作内容涵盖植物调查、数据分析和设计制作等多个方面。

团队对校园内的植物进行实地调查，记录植物的种类、分布、生态特征和生长环境等信息。

利用拍照和标本采集等方式，收集植物的视觉资料和样本，为后续编制植物志提供基础数据。

根据收集的数据，撰写植物志内容，包括植物的学名、俗名、生态习性、分布情况、文化价值等。

设计图文并茂的版面，使植物志既具学术性又具可读性，便于师生阅读和学习。

11.4　项目成效

学术价值：植物志为后续的植物学研究提供了重要的基础数据，推动了校园植物资源的系统性研究。部分项目成果在学术期刊上发表，提升了吉首大学在植物学研究领域的学术影响力。

教育意义：项目有效提高了师生对植物的认知，增强了师生的环保意识，促进了校园生态文化的建设。通过植物志的推广，激发了学生对植物学和生态学的兴趣，推动了相关课程的开设。

社会影响：项目不仅在校园内产生了积极影响，还引起了社会对植物保护和生态教育的关注，促进了公众的环保意识提升。

11.5　总结与展望

"吉首大学校园植物志"项目通过系统的调查和科学的编制，不仅实现了对校园植物资源的有效记录，还在加强生态教育、推动科研和扩大社会影响等方面取得了显著成效。未来，项目团队计划定期更新植物志内容，保持信息的时效性和准确性，并探索尝试将其推广至更广泛的社区和学校，以实现更大的社会价值和生态效益。该项目为其他高校的植物学研究和生态教育提供了宝贵的经验和借鉴，具有重要的示范意义。

第二节　动物学方向创新创业实践解析

一、动物学方向创新创业的概况

在当今社会，动物学作为一门研究动物及其生态系统的科学，正逐渐成为创新创业的重要领域。随着人们对生态保护、动物福利以及可持续发展的关注日益增加，动物学相关的创业机遇层出不穷。以下将详细探讨动物学方向创新创业的多种机遇。

（一）生态保护与生物多样性

随着全球环境问题的加剧，生态保护已成为各国政府和组织的优先事项。动物学家和创业者可以通过开展生态保护项目，帮助保护濒危物种及其栖息地。例如，开发基于科技的监测系统，利用无人机和传感器监控野生动物的活动和栖息环境，从而制定有效的保护措施。这类项目不仅有助于保护生物多样性，还有助于吸引政府和非政府组织的资金支持。

(二)宠物行业的繁荣

近年来，宠物行业的快速发展为动物学相关的创业提供了广阔的市场。根据市场研究，宠物食品、护理、培训和健康管理等领域的需求持续增长。创业者可以利用动物学知识，开发营养均衡的宠物食品，提供科学的宠物护理方案，或开设宠物培训学校。此外，随着人们对宠物健康的重视，宠物医疗和保健服务也成为一个潜力巨大的市场。

(三)生物技术的应用

生物技术的快速发展为动物学领域创业带来了新的机遇。基因编辑、克隆技术和生物信息学等技术的应用，使得动物育种、疾病控制和保护工作变得更加高效。例如，创业者可以利用基因编辑技术开发抗病性更强的家畜品种，或通过生物信息学分析动物基因组，以识别和保护濒危物种。这些技术不仅能够提高农业生产效率，还能促进动物保护事业的发展。

(四)教育与科普活动

随着公众对动物知识的需求增加，动物学教育和科普活动的市场潜力巨大。创业者可以开发在线课程、书籍和互动展览，向公众普及动物学知识。此外，组织动物观察活动、生态旅游和野生动物摄影课程等，也能吸引更多人参与到动物保护和生态教育中来。这不仅能提升公众的环保意识，还能为创业者带来可观的经济收益。

(五)生态旅游与体验经济

生态旅游的兴起为动物学相关的创业项目提供了新的机遇。越来越多的人希望通过与自然和动物的亲密接触，来增强对生态保护的理解。创业者可以据此设计独特的生态旅游项目，如野生动物观察、动物救助中心参观、生态农场体验等。这类项目不仅能够吸引游客，还能通过门票和相关产品销售获得收入，同时促进当地的经济发展。

(六)数据分析与人工智能

在动物学研究中，数据分析和人工智能技术的应用日益增多。创业者可以开发数据分析平台，帮助研究人员和保护组织更好地理解动物行为和生态系统的变化。例如，通过机器学习算法分析动物的活动模式、栖息地选择和种群动态，从而提供科学依据以制定保护策略。这类技术不仅能提升研究效率，还能为相关企业和机构提供增值服务。

(七)动物福利与伦理消费

随着人们对动物福利的关注增加，动物伦理消费的趋势日益明显。创业者可以开发符合动物福利标准的产品和服务，如人道养殖的肉类、无残忍测试的化妆品等。此外，开展动物福利教育和宣传活动，提高公众对动物权利的认识，也为创业者提供了新的机会。这不仅有助于推动社会的可持续发展，也有利于创业者塑造良好的品牌形象。

(八)结论

动物学方向创新创业领域充满机遇，涵盖生态保护、宠物行业、生物技术、教育与科普、生态旅游、数据分析和动物福利等多个方面。创业者可以通过结合科学知识和市场需求，开发出具有社会价值和经济效益的项目。随着人们对生态保护和动物保护的意识的提升，未来动物学相关的创业机会将会更加丰富，推动社会向可持续发展迈进。

二、动物学方向创新创业的挑战　　　　　　　　　　　　　　　　>>>

在动物学领域，尽管创新创业的机会日益增多，但也面临着诸多挑战。这些挑战不仅来自科学研究的复杂性，还来自市场需求、政策法规、技术限制以及社会认知等多个方面。以下将详细探讨动物学方向创新创业所面临的主要挑战。

(一)科学研究的复杂性

动物学是一门涉及生物学、生态学、遗传学等多个学科的综合性学科。在进行创新创业时，创业者需要具备扎实的科学知识和强大的研究能力。然而，科学研究本身具有高度的不确定性，实验结果可能受到多种因素的影响，导致项目进展缓慢或失败。这种不确定性可能会使投资者对项目的信心降低，从而影响资金的筹集和项目的推进。

(二)市场需求的变化

动物学相关产品和服务的市场需求变化迅速，创业者需要时刻关注市场动态，以适应消费者的需求。然而，市场调研和需求预测往往存在一定的难度，特别是在新兴领域，消费者的认知尚浅，接受程度较低。此外，市场竞争激烈，创业者需要不断创新以保持竞争优势，这对资源和能力提出了更高的要求。

(三)政策法规的限制

动物学相关的创业项目往往受到严格的政策法规限制。例如，涉及动物实验、保护濒危物种和动物福利等方面的法律法规，要求创业者在开展项目时遵循特定的伦理和法律标准。这些政策法规可能会增加项目的复杂性和成本，限制创业者的创新空间。此外，不同国家和地区的政策差异也可能影响项目的实施和推广。

(四)技术的局限性

虽然科技进步为动物学方向的创新创业提供了新的机遇，但技术的局限性也可能成为创业者面临的挑战。例如，在生物技术领域，基因编辑和克隆技术的应用仍处于不断发展的状态，技术的成熟度和安全性尚未完全得到验证。这可能导致创业者在项目实施过程中面临技术瓶颈，影响产品的研发和市场推广。

(五)资金筹集的困难

资金充足是创业成功的关键因素之一。在动物学方向创新创业中，资金的筹集往往面临挑战。尽管环保和动物保护相关的项目得到越来越多的关注，但投资者仍然对项目的风险和回报持谨慎态度。特别是在初创阶段，创业者可能难以获得足够的资金支持，从而影响项目的启动和发展。此外，政府和非政府组织的资助往往需要烦琐的申请程序和严格的审核，这也增加了创业者的负担。

(六)社会认知与公众支持

动物学相关的创业项目往往需要公众的理解和支持。然而，社会对动物保护、生态环保等问题的认知程度参差不齐，部分人群可能对动物学的研究和应用持质疑态度。这种社会认知的差异可能影响创业项目的推广和接受度。创业者需要通过有效的宣传和教育活动，提高公众对动物学和相关项目的认知，以获得更广泛的支持。

(七)人才短缺

动物学领域的创新创业需要多学科的人才支持，包括生物学家、生态学家、数据分析师和市场营销专家等。然而，相关领域的人才短缺，尤其是在一些特定的专业方向，可能会限制创业项目的实施和发展。创业者需要投入更多的时间和精力来寻找和培养合适的人才，以确保项目的顺利推进。

(八)结论

动物学方向创新创业虽然充满机遇，但也面临着众多挑战。从科学研究的复杂性到市场需求的变化，从政策法规的限制到技术的局限性，再到资金筹集的困难和社会认知的差异，这些因素都可能影响创业者的决策和项目的成功。为了应对这些挑战，创业者需要具备灵活应变的能力，积极寻求合作与支持，持续进行市场调研和技术创新，以推动动物学领域的可持续发展。只有不断克服挑战，才能在动物学方向创新创业的道路上取得成功。

三、实践案例解析 >>>

案例&故事

创新创业竞赛金奖作品——桃花虫王

第一部分 项目介绍

1.1 项目背景

在湖南省西北部，武陵中段，有一片神秘的土地——湘西。这里山同脉，水同源，民俗相近，旅游资源丰富，但就目前湖南省的整个经济格局而言，它更为突出的特征是地域偏僻，发展滞后。因此，这片青山绿水之地也成为党中央、国务院重点扶贫对象之一。这里地势山连岭叠，狭险流急，独特的地理环境使其一直保持着一些诡秘莫测的民族文化。

在每年春耕时，当地的池塘、溪流中会出现一些被称作"桃花虫"的奇异物种。生活在古老苗寨中的人们相信，食用"桃花虫"能强身健体、延年益寿，"桃花虫"是上天赐予他们的福泽。

阳春三月，桃花开放之时，"桃花季节捞桃花虫"已成为当地的一种习俗。即便万物回春，风和日暖，河水依旧冰得刺骨，为增添收益，村民仍争先恐后地下河捕抓桃花虫(图1)。

研究证实，桃花虫王富含丰富的蛋白质和氨基酸，确有滋补强身之效，尤其对小儿夜尿和老人尿频有显著的治疗效果。这种神奇的物种吸引了诸多企业的关注，掀起了一阵开发桃花虫王的热潮。

图1　桃花虫王(爬沙虫)

随着环境的变迁，桃花虫王的幼虫在自然条件下的成活率不足1%，濒临灭绝，难以满足巨大的市场需求。

1.2　项目简介

本团队应运而生，经过两年的科研探索，成功设计出了一套完备的人工养殖方案，攻克了幼虫成活率极低的难题，将其成活率提高到了60%。

基于对桃花虫王的规范化人工养殖技术的熟练掌握，团队成员一方面通过技术支持，让桃花虫王的人工养殖走进农户家中，另一方面，通过与相关销售公司或生产厂商合作，对农户养殖的桃花虫王进行统一收购，形成"研究基地—农村个体养殖户—销售公司—市场"的完整产业链条，从而有保障地带动当地农村经济发展，增加湘西农民收入，推进当地的精准扶贫工作，带领村民脱贫致富，为湘西地区的脱贫攻坚战贡献力量。

1.3　项目意义

1.3.1　提高就业率

湘西地区共有国定、省定贫困县30个，占全省贫困县总数的68%。此外，农业人口220.06万人，占总人口的83.2%，而劳动力人口达123.86万人，占农村人口的56.3%。此地区的农民以获取当地自然产物作为主要经济来源，但有关数据反映，全州的耕地面积正逐年递减。

据湘西州政府官方统计，2017年全州农村剩余劳动力高达78.6万人，解决农民就业问题成为一大难点，也是推行精准扶贫政策最为重要的一点。桃花虫项目的实施，使农民无须出户便能增加部分收益，在一定程度上提高了当地的就业率，缓解了就业困难的窘境。

1.3.2　弘扬民族文化

基于国家政策的大力支持及交通条件不断改善的现状，湘西地区的旅游业正在蓬勃发展，很多地方已经成为远近闻名的旅游景点，游客的人流量正逐年增多。

根据这一发展趋势，我们将桃花虫制作成精美饰品，将其定性为旅游产品，投放在旅游景点进行售卖，使这一极具民族和地区特色的文化元素深入游客的心中。这一方面拓广了桃花虫的市场，另一方面更是提升了桃花虫的开发价值。相比起旅游景点一些华而不实的纪念品，桃花虫是极具竞争力的，因为它是苗族诡秘文化最直接的体现之一。

桃花虫作为湘西地区的民族特产之一，拥有深厚而神秘的文化底蕴。团队将与企业合作，将其作为中介产品，衔接民俗风尚、弘扬民族文化。每年三四月，桃花盛开时，开展一年一度的"虫王争霸赛"。在各参赛队中选出"四大虫王"——捕抓虫王、饲养虫王、烘焙虫王、工艺虫王，以此鼓励村民养殖桃花虫、开发桃花虫、升华桃花虫的价值。此外，这也有助于外来游客更深刻地了解苗族文化，更清晰地体验苗族风俗。

1.3.3 药用价值

在湘西、四川、贵州，素来就有人食用桃花虫王，据当地人介绍，食用桃花虫王可抵御风寒、延年益寿，甚至起死回生。张佑祥教授在《地理中国》节目中曾介绍道："桃花虫中形体最大的昆虫即为巨齿蛉，被当地人称为桃花虫王，是一类罕见珍稀的药食两用昆虫，有'虫参'的美誉。"

古书记载桃花虫王：具温和平补之性，为虚症、虚痨、虚胀、虚痛之圣药，功胜九香虫；凡阴虚阳亢而为喘逆痰嗽者，授之悉效。

有关研究证实，桃花虫王富含蛋白质和氨基酸，有滋补强身之效，尤其对小儿夜尿和老人尿频有显著的治疗效果，拥有极大的营养价值和药用价值。

本团队设计的桃花虫王养殖方案能将桃花虫王幼虫的成活率提高到自然条件下的60倍，产量大为提升，以满足巨大的市场需求。

1.4 发展现状

由于项目正处于试运营期，公司选择某某县某某村的15家农户作为首批合作商，以0.5元的价格供给每户3000条桃花虫幼虫。其中11家农户为低保户和建档立卡户，由公司垫付这些农户家中饲养设备的花费。

此外，公司已与荣森农业发展有限公司和湘西土苗湘农业发展有限公司达成协议，由其以4元每条的价格从农户手中收购所有活体成虫。

保靖县荣森农业发展有限公司成立于2016年，位于湖南省湘西土家族苗族自治州保靖县迁陵镇竹子坪社区迁陵北路121号，占地面积20亩，2017年拥有资产总额为379.24万元，目前已在保靖县建有爬沙虫高标准规范化养殖加工生产基地，可年销爬沙虫几十万条，正在积极尝试研发各种爬沙虫产品。2016年其营业收入为85.47万元，净利润13.78万元，年度研发投入16.5万元，占销售收入的19.3%，具有较强的经济实力和研究开发能力。

湘西土苗湘农业发展有限公司位于湘西土家族苗族自治州吉首市镇溪街道砂子坳社区人民中路8号鸿瑞大厦5栋309号，经营蔬菜种植、销售及农副产品、预包装食品、散装食品的批发、零售。由其作为公司的经销商，预测2018年将为公司售出2万条桃花虫王。

第二部分 市场分析

2.1 市场分析

【桃花虫具有多种用途及功效】

2.1.1 食用价值

桃花虫王的干物质中蛋白质、氨基酸、脂肪、糖类及灰分含量分别为60.83%~67.69%、56.02%、10.4%~22.0%、1.59%、7.05%，含有18种氨基酸，包括8种人体必需氨基酸，其必需氨基酸占总氨基酸含量的45.32%，必需氨基酸与非必需氨基酸含量的比值为1:1.2，第一限制性氨基酸为色氨酸；此外，还含有Ca、P、Fe、Zn等多种矿物质和微量元素。实验室正在检测爬沙虫蛹和成虫及各类蜕皮的营养,发现其他的虫态有更好的营养价值,这些都是将来市场的卖点。

2.1.2　药用价值

现代中医学研究认为,爬沙虫性味甘温,入肾肺经,有补肺肾、止咳嗽、益虚损、扶精气之功效,适用于肺肾两虚、精气不足、阳痿遗精、咳嗽短气、自汗盗汗、腰膝酸软等症。又因其性平力缓,能平补阴阳,为中老年体衰、病后体弱、产后体虚者的调补药食佳品。

药理试验证实,爬沙虫有刺激雄性激素分泌的作用,可提高巨噬细胞吞噬能力,增强机体非特异性免疫功能,还具有平喘、镇静、催眠及抗癌作用。近年来,医学专家研究发现,爬沙虫还有以下功效:

对结核杆菌有明显的抑制作用;

可防治药物性肾损伤,为临床安全应用肾毒性抗生素提供了新的保障手段;

提高细胞免疫功能,对治疗乙肝,抑制肝纤维化,使早期肝硬化逆转有一定的疗效。

有关专家曾研究爬沙虫提取液对果蝇繁殖力及寿命的影响,发现爬沙虫提取液具有增强果蝇的繁殖力和提高雌性果蝇寿命的作用。

基于以上功效,桃花虫王在餐饮、小吃、酒类、保健品及旅游业等领域均有巨大的潜在市场。据初步调查和分析,桃花虫的销售市场可以从以下几个方面打开:

(一)餐饮市场

桃花虫作为湘西的特色食品(图2),营养价值非常高,其口感和味道也极佳。近年来,随着人们对生活品质要求的提高,越来越多的人对食品质量和口味的追求不断提高。桃花虫的食品制作样式和方法可达40多种,油炸、爆炒、煲汤等各类菜式做法可满足不同口味的消费者的需求,在传统餐饮市场会有较大的优势。湘西的旅游行业发展迅速,张家界和凤凰每年的旅游者可达9000万人次,按10%计算,每人5条桃花虫,可以销售4500万条。所以将桃花虫加工成速食品、小吃等休闲食品和旅游特产食品再销往湘西各大旅游区,这是一片广阔的市场。

图2　桃花虫食品

(二)保健品市场

桃花虫具有高蛋白、低脂肪、低胆固醇的特点,尤其是桃花虫脂肪中含有不饱和脂肪酸,久食不易引发高血压和心、脑血管病,并且有调节肾功能、抗肿瘤、增强免疫力等保健功能。

桃花虫尤其对治疗小儿尿床、老人体虚尿频以及男性肾虚体弱有独特的功效,可滋阴壮阳。因此,在保健食品市场方面,根据桃花虫独特的功效将其做成各类保健食品,可以满足不同类型的人群的需求,将拥有广阔的市场。

2017年,中国儿童夜遗尿专家协作组等开展了中国儿童和青少年遗尿症流行病学调查。此次调查发放有效问卷100127份,居国际之最,覆盖5~18岁年龄段,涉及25个省、市和自治区。此次调查结果显示:在我国,年满5岁的孩子,每7个人中就有1个尿床,其中不少到了青春期甚至成年后依旧在为尿床而苦恼。

图3显示,5岁儿童遗尿症患病率为15.2%,7岁儿童遗尿症患病率为8.2%,10岁儿童遗尿症患病率为4.8%。随着年龄的增长,身体机能不断完善,人们中枢神经系统对机体的控制不断加强,但仍有部分患者成年后还在尿床。桃花虫保健食品重点面向这类患有类似于遗尿症的消费者。

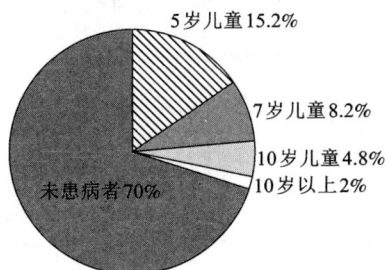

图3 遗尿症患病率

世界卫生组织报道,全球每年患有男性生理功能障碍的患者有5亿人,仅中国就有4000万,也就是说我国每40个家庭中就有一位男性受到生理功能障碍的折磨。桃花虫保健食品的另一主要客户就是此类亚健康人群。

桃花虫王目前主要是作为原料销售给食品加工厂、饭店、超市、各类特产销售点及旅游区,作为药物原材料销售给保健品公司。此项目前期在湘西地区进行推广,中后期的目标市场是湖南及其邻近省份,预计2021年推向全国。

2.2 竞争者分析

目前,市面上销售的桃花虫王来源只有两个:其一是野外捕捞的;其二是人工饲养的。野外捕捞由于成本高、效益低且对环境破坏大,近年来捕捉到的数量越来越少了。人工养殖方面,迄今为止只有四川和湘西保靖有初具规模的人工养殖基地,但由于技术的不成熟及自然环境的差异,成本较高,而我们之所以选择联团村,其一,经调查分析,其在水质、温度、湿度等环境因素方面非常适合桃花虫王的生长,免去了水体净化、保温、保湿等诸多成本;其二,联团村的剩余劳动力占六成,个体户养殖每个人的付出和回报息息相关,不需要像企业一样请专人照料,这也在一定程度上降低了项目组的成本;其三,现在市场上养殖桃花虫王的一大重要技术难题在于保证一龄幼虫的存活率,据调查,保靖荣森企业的幼虫存活率仅30%,而我们项目组可以保证存活率达到60%以上。基于以上条件,我们团队在市场的竞争中有很大的优势。

第三部分　发展规划

3.1　总述

"桃花源"扶贫项目将发展分为三步:第一步是项目发展前期,为项目启动第一年,主要是与联团村村民密切合作,向有意愿合作的农户传授桃花虫王的养殖技术,形成农户个体养殖户;第二步是发展中期,为项目运营的第二至第四年,不断扩大规模,以联团村为点向周边辐射,让更多的农民参与本项目,不断加大对山区人民的技术指导,同时解决在生产实践中遇到的问题,并进一步拓展销售市场,将桃花虫王养殖推向湖南;第三步是发展后期,进入稳步发展阶段,技术更加成熟,进一步扩展养殖规模,自主研发各类产品,将桃花虫王系列产品推向全国,将"桃花源"扶贫项目推向全国。

3.2　发展前期

发展前期为项目启动的第一年,以加强团队与联团村村民的合作为主。我们的卵块来源于学校实验室及基地,进行孵化后得到低龄幼虫,为有意愿合作的农户提供二龄幼虫、食物及免费的技术指导,将养殖技术和注意事项印成手册(手册最后提供免费咨询电话),并为农户垫付设备、虫源、饲料的费用,待收购之时再扣除项目组垫付的金额,这种方式有利于降低农户的养殖风险,增加农户的信任度(图4)。

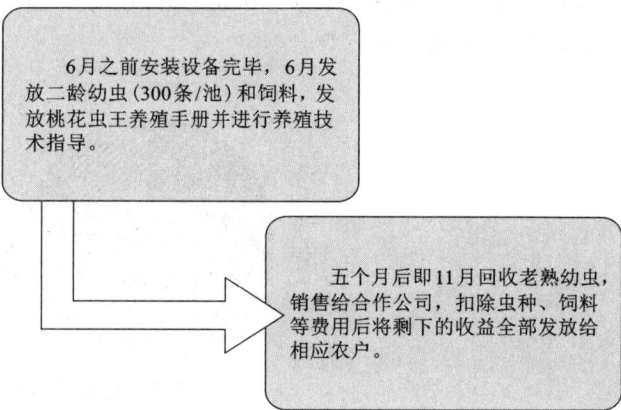

6月之前安装设备完毕,6月发放二龄幼虫(300条/池)和饲料,发放桃花虫王养殖手册并进行养殖技术指导。

五个月后即11月回收老熟幼虫,销售给合作公司,扣除虫种、饲料等费用后将剩下的收益全部发放给相应农户。

图4　养殖模式

3.2.1　项目总部选址

项目总部已建成,选址在吉首大学。总部主要用于孵育幼虫、保存虫种、养殖食物,其中幼虫孵育是全项目的技术核心。图5为桃花虫王的蛹。

图5　桃花虫王的蛹

3.2.2 总部厂房规划

项目总部内主要包括两块区域,即幼虫和食物养殖基地、实验室,占地面积分别为 $100\ m^2$ 和 $120\ m^2$。

3.2.3 农户养殖规划

一个养殖池长 $2\ m$×宽 $0.6\ m$×高 $0.2\ m$(图6),引山间活水,除投食以外基本不需照料,不耽误农户干农活。

图6 养殖池模式图

3.2.4 项目运营模式

项目运营模式如图7所示。

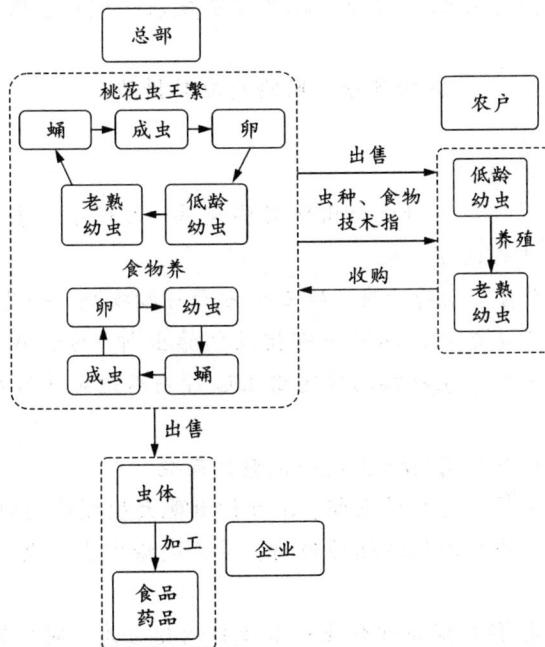

图7 运营模式

具体方式见表1。

表1 联团村的养殖农户及养殖池的数目

村名	养殖农户数量/家	养殖池数量/家
联团村	15	10

3.3 发展中期

发展中期是该项目运营的第二至四年,自第二年开始,本项目的影响力逐渐扩大,合作成果由点及面向周边农村辐射,预计合作农户数量可增加到45户(该数据的具体情况由2018年底调查所得),项目组将会对新加入的农户继续提供免费技术指导,但与前期合作的差异在于,农户需自身承担设备、虫源、饲料的费用支出。第三年预计合作农户可达90户(该数据的具体情况由2019年底调查所得)。

3.3.1 生产规模的扩展

在原生产规模下,项目组将在发展中期在湘西地区增设养殖基地,扩大养殖规模,在加强与周边农村的合作的同时加大宣传力度,将桃花虫王的名声首先在湖南打响。

3.4 发展后期

发展后期是建立在前期和中期取得的预期成果之上的,既保证了桃花虫王的生产规模不断扩大,又使销售额持续稳定增长。与此同时,项目组已将养殖基地扩大至湘西州的大部分乡镇,让桃花虫王养殖技术成为湘西扶贫开发过程中的一大特色,从实处落实湘西自治州扶贫政策,强有力地带动湘西地区经济发展。同时,项目组计划将桃花虫王推向全国。

第四部分 风险及应对措施

4.1 内部风险

1.对桃花虫王疾病的防控

桃花虫王大规模养殖过程中难免会出现某些疾病,处理不当会造成对养殖户难以挽回的损失,产生无法预计的连锁反应。

应对措施:以预防为主,治疗为辅,从三个方面防控疾病,一是养殖前指导农户对整个养殖环境消毒除菌;二是在无菌环境中孵化及饲养虫种,保证我们提供的虫种具有高品质;三是在养殖过程中对发生疾病的桃花虫王进行隔离饲养并治疗。

2.桃花虫王的伤亡

在虫种养殖、运输过程中有可能出现一定量的死伤。

应对措施:孵化时留存一定数量虫卵,在虫种出现大规模死伤时进行再次孵化,以保证虫种数量;在运输过程中采取低温运输储存,避免运输中出现大规模死伤。

3.桃花虫王的质量

桃花虫王的质量直接影响到合作企业对本项目的信任度,同样影响到农户收益。

应对措施:在我们收购农户养殖的桃花虫王时会抽取样本进行质量检测,并公布检测结果,保证提供给合作企业的桃花虫王具有高品质;在农户养殖桃花虫王的过程中,我们会有技术员下乡进行技术指导并抽样检测,如有问题及时调整。

4.2 外部风险

1. 农户接受度

湘西没有桃花虫王的养殖历史，没有经验的农户不一定会接受养殖桃花虫王。

应对措施：为吸引农户养殖桃花虫王，本项目组为农户提供虫种，并且承包销售。头年养殖池的建设费用都由项目组垫付，到收购季节再从农户的总收入中扣除养殖池成本。

2. 企业合作

合作企业的收购价格会有浮动，关联着本项目组的收益。

应对措施：加强与合作企业联系，根据其收购价格及时调整虫种数量。

第五部分 项目组介绍

5.1 项目组成员

桃花虫王项目组由中国爬沙虫研究中心部分成员组成，他们活泼开朗，勇于创新。借助湘西地区得天独厚的地理优势，他们一边学习一边研究，追随着桃花虫王的足迹，走访无数个村落，涉过无数条河溪。经过长时间的调查研究和养殖实践，项目团队在老师们的指导下，攻克了桃花虫王人工养殖的诸多难题，熟练地掌握了桃花虫王的养殖及繁殖技术。并且，通过研究期间的实地调查走访，他们看到物资丰富的湘西地区并没有将其丰富的资源充分利用起来，大山里的人民生活依然举步维艰。于是，他们经过调查研究及初步实践，提出了"桃花虫王"扶贫项目，希望将自己掌握的知识转化为创造财富的力量，打一场脱贫攻坚的硬仗，为湘西地区的经济发展尽一己之力。

第六部分 财务分析

6.1 项目组的基本财务假设

项目组扶贫项目从2018年6月1日开始投入实践，6月10日正式启动，第一年选定的贫困户为15名，其中低保户和建档立卡户共11户，每户养殖3000条桃花虫王，每户的桃花虫王的存活率为80%，以后农户数量每年按照比例增加。

项目组在第一年桃花虫王养殖实践中，承诺在开始时为农户免费提供养殖池和技术指导，一个养殖池的成本约为100元，每户农户家中大约可以放置10个养殖池，即提供给11户农户的所有养殖池的成本为11000元，同时农户承诺在桃花虫王养殖结束获得销售收入后，从当年的销售收入中返还项目组养殖池费用。

项目组扶贫项目从第二年开始增加合作农户数量，2019年农户数量增加至2018年的三倍，45户，2020年农户数量增加至2018年的六倍，90户；同时不再为农户垫付养殖池和幼苗费用，农户需要自费购买养殖池和幼苗。

项目组负责销售农户养殖的桃花虫给合作公司，项目组以每条3元的价格收购农户养殖的桃花虫，以每条4元的价格销售给合作公司，其中一元的差价由项目组财务人员核算管理并用于长期的项目运营。

项目组第一年的设施费用及其他财务费用由团队成员集资，总金额为30000元，其中项目负责人龙若兰出资15200，占股45%；其余4名团队成员总共集资14800，占股40%；指导老师技术入股，占股15%。

6.2 项目组的成本及利润分析

项目组的成本及利润分析见表2。

表2 项目组的成本及利润分析

	项目	2018 年	2019 年	2020 年
成本/元	1.固定资金	15800	6000	12000
	虫源	0	3600	7200
	桃花虫食物	100	300	600
	灯诱及孵化器	700	2100	4200
	养殖池	15000	0	0
	2.流动资金	3300	7700	11200
	车费	700	1200	1700
	住宿费	1500	2000	2500
	伙食费	1000	1500	2000
	其他费用	500	1500	2000
	器械运输费用	500	1500	3000
	合计:	19100	13700	23200
收入/元	1.收入	54000	108000	216000
	差额收入	36000	10800	216000
	虫源	3000	0	0
	养殖池	15000	0	0
	合计:	54000	108000	216000
利息费用/元	1.银行利息	0	—	—
净利润/元	—	34000	—	—

补充说明:2018 年项目组的虫源为学校内实验基地培育的桃花虫幼虫,无成本;2019 年和 2020 年的虫源由项目组收购的桃花虫王留种所得。

7.3 每户农户成本及利润分析

这里的计算数据的基础是该农户从 2018 年开始投入养殖桃花虫。

每户农户成本及利润分析见表3。

表3 每户农户成本及利润分析

项目	2018 年	2019 年	2020 年
1.成本/元	4000	3000	3000
虫源、食物费用/元	3000	3000	3000
养殖池费用/元	1000	0	0
2.净利润/元	3200	4200	4200
销售桃花虫收入/元	7200	7200	7200
每年净利润/元	3200	4200	4200

补充说明：该数据为每户5个月的总收入。

桃花虫养殖时间为5个月，在养殖期间内，无须花费大量时间照看，农户依旧可以从事其他的农事或经济活动，从而获得更多的收入。

7.3.1 全部农户成本及利润分析

全部农户成本及利润分析见表4。

表4　全部农户成本及利润分析

项目	2018（15 户）	2019（45 户）	2020（90 户）
1.成本/元	60000	170000	315000
虫源费用/元	45000	135000	270000
养殖池费用/元	15000	35000	45000
2.净利润/元	48000	154000	333000
销售桃花虫收入/元	10800	324000	648000
每年净利润/元	48000	154000	333000

通过数据计算可以看出，该扶贫项目在3年内将会帮助90户贫困农户实现脱贫，随着时间的增加和技术的成熟，该项目会在一定程度上为脱贫作出实质性的帮助。

第三节　微生物学方向创新创业实践解析

微生物学是研究微生物的科学，涵盖细菌、真菌、病毒等微小生物体的研究。随着科技的进步，微生物学在医药、农业、环境保护等多个领域展现出巨大的潜力。创新创业教育与这一领域结合，不仅能推动科学研究的转化，还能培养出更多具有实践能力和创新思维的人才。下文将探讨如何开展微生物学方向创新创业实践，从市场调研、项目选择、团队建设、资金筹措、技术开发到市场推广等方面进行详细分析。

一、市场调研

（一）行业分析

在开展微生物学方向创新创业实践之前，需要进行全面的市场调研，了解当前微生物学领域的市场需求、技术趋势和竞争格局。通过查阅相关行业报告、学术文献和市场数据，可以识别出潜在的市场机会。

（二）目标客户

明确目标客户群体是市场调研的重要组成部分。微生物学应用领域广阔，包括医疗行业、农业、食品安全行业和环境保护行业等。创业者需要分析不同领域的客户需求，确定最具潜力的细分市场。

（三）竞争分析

在调研过程中，分析竞争对手的产品、服务和市场策略也是必要的。通过 SWOT 分析（优势、劣势、机会、威胁），可以更好地理解市场环境，为后续的创业决策提供依据。

二、项目选择 >>>

（一）确定研究方向

在微生物学领域，创业项目可以涵盖多个方向，如新型抗生素的研发、微生物肥料的开发、食品发酵技术的创新等。选择一个具有市场潜力和技术可行性的项目是成功的关键。

（二）技术可行性评估

对选定的项目进行技术可行性评估，考虑技术的成熟度、研发周期和实施难度。可以通过文献调研、专家访谈等方式获取相关信息，确保项目的科学性和可操作性。

（三）商业模式设计

设计合理的商业模式是项目成功的基础。创业者需要考虑如何通过产品或服务创造价值，包括定价策略、销售渠道和盈利模式等。可以参考成功案例，结合自身项目特点进行创新。

三、团队建设 >>>

（一）组建跨学科团队

微生物学方向创新创业需要多学科的知识和技能，团队成员应涵盖微生物学、市场营销、财务管理、法律等领域的人才。一个多元化的团队能够为项目提供更全面的视角和解决方案。

（二）人才招聘与培养

在团队建设过程中，人才的招聘与培养至关重要。可以通过与高校合作、实习项目等方式吸引优秀人才，并通过定期培训提升团队的整体素质和创新能力。

（三）团队文化建设

建立良好的团队文化，鼓励创新和合作，能够提升团队的凝聚力和执行力。定期举行团队建设活动，加强成员之间的沟通与信任。

四、资金筹措 >>>

(一)自筹资金

创业初期,很多团队会选择自筹资金。可以通过个人储蓄、亲友借款等方式获取启动资金。在资金有限的情况下,合理控制成本,确保项目的顺利开展。

(二)寻求投资

随着项目的推进,创业者可以寻求外部投资。可以通过天使投资人、风险投资机构、政府创业基金等渠道获取资金支持。在寻求投资时,需要准备详尽的商业计划书,清晰展示项目的价值和前景。

(三)政府支持

许多国家和地区对科技创新和创业提供政策支持和资金补助。创业者应关注相关政策,积极申请各类创业补助和科研项目资金,以减轻资金压力。

五、技术开发 >>>

(一)实验室建设

技术开发离不开实验室的支持。创业团队需要建立符合项目需求的实验室,配备必要的仪器设备,确保研发工作的顺利进行。

(二)产品研发

在技术开发阶段,团队应根据市场需求进行产品研发。通过不断的实验和改进,确保产品的安全性、有效性和稳定性。同时,记录研发过程中的数据和经验,为后续的产品优化提供依据。

(三)知识产权保护

在微生物学领域,知识产权保护尤为重要。创业者应及时申请专利,保护自己的创新成果,避免被他人模仿或侵权。

六、市场推广 >>>

(一)品牌建设

塑造强有力的品牌形象,有助于提升市场竞争力。创业团队应设计专业的品牌标识和宣传材料,增加品牌的认知度和美誉度。

(二)营销策略

根据目标客户的特点，制定合理的营销策略。可以通过线上线下相结合的方式进行推广，利用社交媒体、行业展会、专业论坛等渠道提高产品的曝光率。

(三)客户反馈与改进

在产品投放市场后，及时收集客户反馈，了解产品的市场表现和用户需求。根据反馈信息进行产品的改进和优化，提升客户满意度和忠诚度。

七、总结 >>>

微生物学方向的创新创业实践是一个复杂而系统的过程，涵盖市场调研、项目选择、团队建设、资金筹措、技术开发和市场推广等多个环节。通过科学的方法和有效的策略，创业者可以在这一领域找到广阔的发展空间。随着科技的不断进步和社会对微生物学应用的重视，未来的微生物学创新创业方向将会迎来更加辉煌的前景。

八、实践案例解析 >>>

案例 & 故事

吉首大学"挑战杯"国赛二等奖"湘西大型真菌图谱"(节选)

8.1 项目背景

区域生态资源的丰富性：湘西地区因其独特的地理和气候条件，拥有丰富的生物多样性，尤其是大型真菌种类繁多。然而，相关的研究和记录相对较少。

真菌研究的必要性：真菌在生态系统中扮演着重要的角色，涉及物质循环、生态平衡和生物多样性保护。因此，系统研究湘西地区的真菌资源具有重要的科学价值和应用前景。

公众对真菌的认知不足：尽管真菌在生态和经济上有重要价值，但公众对其认识较少，缺乏对其的系统教育和宣传。

8.2 项目目标

系统调查与记录：对湘西地区的大型真菌进行全面调查，收集和记录其种类、分布、生态习性等信息，编制成图谱。

推动科学研究：为后续的真菌学研究提供基础数据，促进相关领域的科学研究和学术交流。

提升公众认知：通过真菌图谱的发布和推广，增加公众对真菌的认识，提升生态保护意识。

8.3 项目实施

市场调研：团队首先进行市场调研，了解湘西地区真菌资源的现状及相关研究的需求，评估公众对真菌知识的需求。

真菌调查与数据收集：团队对湘西地区的多个生态环境进行实地调查，记录大型真菌的种类、分布、生态特征和生长环境等信息。通过拍照、采集标本等方式，收集真菌的视觉资料和样本，为后续编制图谱提供基础数据。

真菌图谱编制：根据收集的数据，撰写真菌图谱内容，包括真菌的学名、俗名、生态习性、分布情况、经济价值等。设计图文并茂的版面，使真菌图谱既具学术性又具可读性，便于公众和研究人员阅读和学习。

推广与应用：团队通过讲座、展览、社区活动等形式，向公众推广真菌图谱，增强大家的参与感和认同感。利用社交媒体和线上平台进行宣传，扩大项目的影响力和覆盖面。

8.4 项目成效

学术价值：《湘西大型真菌图谱》为后续的真菌学研究提供了重要的基础数据，推动了湘西地区真菌资源的系统性研究。

教育意义：项目有效提高了公众对真菌的认知，增强了生态保护意识，促进了生态教育的普及。通过真菌图谱的推广，激发了学生和公众对生物多样性和生态保护的兴趣。

社会影响：项目引起了社会对真菌保护和生态教育的关注，增强了公众的环保意识，推动了当地生态文化的建设。

8.5 总结与展望

"湘西大型真菌图谱"项目通过系统的调查和科学的编制，不仅实现了对湘西地区大型真菌资源的有效记录，还在提升公众认知、推动科研和增强社会影响等方面取得了显著成效。未来，项目团队计划定期更新真菌图谱内容，保持信息的时效性和准确性，并探索尝试将其推广至更广泛的社区和学校，以实现更大的社会价值和生态效益。该项目为其他高校的真菌学研究和生态教育提供了宝贵的经验和借鉴，具有重要的示范意义。

课后思考与讨论

1. 讨论在动物学、植物学和微生物学领域中哪一个领域的创业机会最大，并说明原因。

2. 在动物学、植物学和微生物学相关的创业实践中，你认为最大的技术挑战是什么？请结合实际案例进行分析。

3. 在动物学方向的、植物学方向的和微生物学方向的创新创业过程中，如何有效地进行知识产权保护？请分享你对这一问题的看法和建议。

第三编

"原本·武陵"创新创业实操训练

第六章 "挑战杯"全国大学生
课外学术科技作品竞赛指南

> 创新是引领发展的第一动力。抓创新就是抓发展,谋创新就是谋未来。适应和引领我国经济发展新常态,关键是要依靠科技创新转换发展动力。
>
> ——习近平总书记谈创新

第一节 "挑战杯"全国大学生课外学术科技作品竞赛解读

一、引言

"挑战杯"全国大学生课外学术科技作品竞赛是中国高校中一项具有广泛影响力的学术活动,旨在鼓励大学生积极参与课外科研活动,培养创新精神和实践能力。自1989年首次举办以来,该竞赛已发展成为全国范围内最具规模和影响力的大学生学术作品竞赛之一。本节将对"挑战杯"竞赛的信息、背景、影响、意义、参赛要求、评审标准以及面临的挑战进行深入解读。

二、竞赛信息

"挑战杯"是"挑战杯"全国大学生系列科技学术竞赛的简称,是由共青团中央、中国科协、教育部、中国社会科学院、全国学联共同主办的全国性的大学生课外学术实践竞赛。"挑战杯"在中国共有两个并列项目,一个是"挑战杯"中国大学生创业计划竞赛,另一个则是"挑战杯"全国大学生课外学术科技作品竞赛。这两个项目的全国竞赛交叉轮流开展,每个项目每两年举办一届。"挑战杯"系列竞赛被誉为中国大学生科技的"奥林匹克"盛会,是国内大学生最关注、最热门的全国性竞赛,也是全国最具代表性、权威性、示范性、导向性的大学生竞赛,"挑战杯"的杯名由江泽民同志亲自题写。

三、竞赛背景

"挑战杯"全国大学生课外学术科技作品竞赛的设立源于对大学生创新能力和实践能力的重视。随着科技的迅猛发展和社会的不断变革，大学生不仅需要扎实的专业知识，更需要具备创新思维和实践能力，以适应未来社会的需求。该竞赛为大学生提供了一个展示自我、锻炼能力的平台，激励他们在科学研究、技术开发、社会服务等方面发挥创造力。

"挑战杯"竞赛旨在全面展示我国高校育人成果，引导广大在校学生崇尚科学、追求真知、勤奋学习、迎接挑战，培养跨世纪创新人才。这项活动自 1989 年以来已分别在清华大学、浙江大学、上海交通大学、武汉大学、华南理工大学、重庆大学和西安交通大学等成功地举办了 18 届，已形成校级、省级、全国的三级赛事，参赛同学首先参加校内及省内的作品选拔赛，优秀作品将被报送全国组委会参赛。

四、竞赛影响

"挑战杯"竞赛在较高层次上展示了我国各高校的育人成果并推动了高校与社会间的交流，已成为学校学生课余科技文化活动中的一项主导性活动、高校与社会交流与合作的重要窗口、促进高校科技成果向现实生产力转化的有效方式，以及培养高素质跨世纪人才的重要途径，也是企业界接触和物色优秀科技英才、引进科技成果、宣传企业、树立企业良好形象的最佳机会，从而越来越受到广大学生的欢迎和各高校的重视，也在社会上产生了广泛而良好的影响。

五、竞赛意义

(一)培养创新精神

"挑战杯"竞赛鼓励学生从实际问题出发进行科学研究和技术创新，以培养创新意识和实践能力。通过参与竞赛，学生能够在解决实际问题的过程中激发自己的创造力。

(二)促进学术交流

"挑战杯"竞赛为来自不同高校的学生提供了一个交流的平台，促进了学术思想的碰撞与融合。学生们可以在竞赛中学习他人的研究方法和思路，拓宽自己的学术视野。

(三)增强团队合作能力

许多作品和项目是以团队的形式进行研究和开发的，学生在合作中不仅可以学习到专业知识，还能提高团队协作能力和沟通能力。这对他们未来的职业生涯具有重要意义。

(四)推动社会服务

"挑战杯"竞赛鼓励学生关注社会问题，提出解决方案。这不仅提升了学生的社会责任感,也为社会的发展提供了新的思路和方法。

六、参赛要求

"挑战杯"竞赛的参赛对象主要是全国各大高校的专科生、本科生和研究生。参赛作品通常涉及科技创新、社会调查、文化艺术等多个领域,具体要求如下:

(一)作品类型

申报参赛的作品分为自然科学类学术论文、哲学社会科学类社会调查报告、科技发明制作三类。科技发明制作类作品又分为A、B两类:A类指科技含量较高、制作投入较大的作品;B类指投入较少,且为生产技术或者社会生活带来便利的小发明、小制作等。不同类型的作品有不同的评审标准,参赛者需要根据自身的特长和兴趣选择合适的作品类型。

(二)团队组成

申报个人作品的,申报者必须承担申报作品60%以上的研究工作,作品鉴定证书、专利证书及发表的有关作品上的署名均应为第一作者,合作者必须是学生且不得超过2人。凡作者超过3人的项目或者不超过3人但无法区分第一作者的项目,均须申报集体作品。集体作品的作者必须均为学生,原则上不超过10人。团队成员可以来自同一专业或不同专业。团队成员背景的多样性有助于融合不同学科知识,提升作品的创新性和实用性。

(三)作品原创性

参赛作品必须为原创,抄袭或剽窃他人作品将被取消参赛资格。原创性是评审的重要标准之一,鼓励学生独立思考和创新。

(四)提交材料

参赛者需提交作品的书面材料,包括研究背景、研究方法、研究结果和结论等。此外,部分作品还需准备展示材料,如PPT或海报,以便在现场展示时使用。

七、评审标准

"挑战杯"竞赛的评审标准主要包括以下几个方面:

创新性:作品的创新性是评审的核心标准之一。评审委员会将重点考察作品在理论、方法、技术等方面的创新点,以及对现有研究的突破和贡献。

实用性:作品的实用性是另一个重要评审标准。评审者将评估作品的实际应用价值,即是否能够解决现实问题,或是否在某一领域具有推广应用的潜力。

科学性:要求参赛者在研究过程中采用科学的方法,数据的收集和分析应符合科学标准,结论应有充分的依据。

展示与表达:参赛者的展示能力和表达能力也是评审的重要方面。评审委员会将考察参赛者在现场展示时的表现,包括语言表达、逻辑思维和应对问题的能力。

八、面临的挑战

尽管"挑战杯"竞赛为大学生提供了良好的展示平台，但参赛者在参与过程中仍面临诸多挑战。

时间管理：许多学生在参与"挑战杯"竞赛的同时，需要兼顾学业和其他课外活动。如何合理安排时间、平衡各项任务，是参赛者需要面对的一个重要问题。

资源获取：在科研过程中，参赛者可能面临资金、设备和材料等资源不足的限制。尤其是对于一些需要实验或实地调研的项目而言，资源的短缺可能会影响研究的进展。

团队协作：团队成员之间的沟通与合作是成功的关键，但不同专业背景的成员在思维方式和工作习惯上可能存在差异，如何有效协调团队内部的关系，发挥每个成员的优势，是一个不小的挑战。

心理压力：参赛过程中的竞争压力和对结果的期待可能给参赛者带来心理负担。如何保持积极的心态面对挑战和压力，是参赛者需要学会的技能。

九、结论

"挑战杯"全国大学生课外学术科技作品竞赛为大学生提供了一个展示自我、锻炼能力的重要平台，具有深远的教育意义和社会价值。尽管在参赛过程中面临诸多挑战，但通过合理的时间管理、有效的资源整合和良好的团队合作，学生们能够在竞赛中获得宝贵的经验和成长。未来，随着科技的不断进步和社会的快速发展，"挑战杯"竞赛将继续发挥其在培养创新人才、推动社会进步方面的重要作用。希望更多的大学生能够积极参与其中，迎接挑战，勇攀高峰。

第二节 "挑战杯"全国大学生课外学术科技作品竞赛计划书的撰写

（一）"挑战杯"竞赛自然科学类学术论文写作指南

1. 要求

结合"挑战杯"竞赛书面作品评审标准，对参赛的自然科学类学术论文的基本要求可概括为三点：

①科学性。要求所研究内容具有一定科学意义；研究方法合理，逻辑严密、立论有据，名词术语及叙述方式符合专业标准；研究结论真实有效。

②先进性。要求所研究内容能提出新的观点、理论，能填补原有的空白，或者在原有的基础上继承、发展、完善和创新，至少在前人工作基础上有所进展（需增添若干新的信息），对其先进程度、创新程度和难度都有较高层面的要求。

③实践性。要求所研究内容与研究方法具有可操纵性和可重复性，在其研究领域具有一定的影响，具有一定的现实意义和应用价值。

以上要求都必须在书面作品申报书中"作品的科学性、先进性及独特之处"、"作品的实际应用价值和现实意义"等栏目里逐一体现，因为这是评审对作品的首要印象之一。为达到科学性、先进性以及实践性的要求，参赛者在论文写作时须充分考虑选题、论文写作的设计、论文的具体实施以及论文的润色等多方面的内容。

2.选题

论文的选题，即确定自己研究的课题，解决"研究什么"的问题，明确研究的目标和范围，是完成一篇论文最重要的环节之一，尤其是对有志参加"挑战杯"竞赛的同学来说更显关键。没有好的选题，就像农民没有选好种子，怎么辛苦也得不到好的收成。如何找到一个好的选题呢？简单地回答，就是立足于能打破现有市场需求和学术科技供给平衡的新理论、新技术，或是新的观察、分析问题的方法、观点等方面，选择自己力所能及的研究项目或者研究范围。

3.具体写作

自然科学类学术论文写作包括写好题目、摘要、关键词、结论（或前言、引言等）、正文、附录、参考文献等，重点是要写好正文部分和结论部分，并且在撰写过程中充分体现参赛作品的科学性、先进性和实践性。

（1）题目

题目是以最恰当、最简明的词语反映论文中最重要的特定内容的逻辑组合。题目所用每一词语必须考虑是否有助于选定关键词和编制目录、索引等二次文献可以提供检索的特定实用信息，应该避免使用不常见的缩略词、缩写字、字符、代号和公式等，一般不宜超过20个字；如有英文题目，一般不宜超过10个实词；题目语意未尽，用副题目补充说明。

（2）摘要

摘要是对论文的内容不加注释和评论的简短陈述，是指将文献内容归纳整理、概括成忠于原文中心思想的短文。关于摘要（abstract）这个概念，国际标准化组织是这样定义的：对文献内容的准确扼要而不加注释或评论的简略陈述，无论作者是谁，对此均不应有所不同。一个好的摘要，就是一篇高度浓缩的论文。论文摘要包括研究内容（问题）、研究意义、研究方法、研究结论等内容，通常安排在文章总标题下面，文章引言（或前言、导言、绪言）前面，或缩放在总标题和引言之间。

摘要的内容：①摘要应具有独立性和自含性，即使不阅读论文的全文，也能获得必要的信息；②摘要中有数据、有结论，是一篇完整的短文，可以独立使用，也可以引用；③摘要的内容应包含与论文正文同等量的主要信息；④摘要一般应说明研究工作目的、实验方法、结果和最终结论等，而重点是结果和结论。

摘要的要求：①主题突出，展现全文，简明扼要，层次清楚，吸引读者；②不能加入论文中没有的内容，也不能把它写成评论性的短评；③摘要的字数一般为200～300字，而以250字以下为宜，外文摘要不宜超过250个实词；④写作人称以第三人称或无人称为佳；⑤除了实在无法变通以外，摘要中不要使用图、表、化学结构式、非公知公用的符号和术语。

（3）关键词

关键词是为了文献标引工作，从论文中选取出来用以表示全文主题内容信息款目的单词或术语。每篇论文选取3～8个词作为关键词，以显著的字符另起一行，排在摘要的左下方。

如有可能,尽量用汉语主题词表等提供的规范词,为了国际交流还应标注与中文对应的英文关键词。

(4)绪论(或前言、引言等)

绪论(或前言、引言等)是简要说明研究工作的目的、问题,相关领域前人的工作和知识空白,以及研究设想、研究方法、预期结果和研究意义等。

概括地说,绪论(或前言、引言等)所要回答的问题主要包括:你要做什么,怎么去做,为什么这样做,结果如何,它所要说明的是写作的目的、经过和资料来源、编写体例或对内容加以评价等。其内容可包括如下:①说明研究问题的由来;②研究的目的、意义、内容、范围、时间与地点等;③研究的方法、原理与途径;④历史的回顾,前人工作综述,知识空白点;⑤有什么问题需要解决,解决得怎么样;⑥研究涉及的问题、工作范围;⑦研究的重要性、必要性和紧迫性;⑧研究结果与分析说明;解析本研究是如何从以往研究课题中对原始数据的定量分析,才有可能寻找到评价的依据及得到合理的结论,才有可能有所发现;⑨实事求是地对论点的正确性、论据的可靠性、论证或论说的透彻性及其理由充足性进行审核认证;⑩对结果和存在问题所作分析的透彻性再作一次严密的检查,要逐字逐句地推敲,以防疏补漏、纠偏补正。

5. 正文

正文应充分论证,必须实事求是,客观真切,准确完备,合乎逻辑,层次分明。

6. 附录

附录作为论文主体的补充项目,并不是必需的。下列内容可以作为附录编排于论文后:①为了整篇论文材料的完整,但编入正文又有损编排的条理和逻辑性,这一类材料包括比正文更为详尽的信息、研究方法和技术更深入的叙述,建议阅读的参考文献题录,对了解正文内容有用的补充信息等;②由于篇幅过大或取材于复制品而不便于编入正文的材料;③不便于编入正文的罕见珍贵资料;④某些重要的原始数据、数学推导、计算程序、框图、结构图、注释、统计表、计算机打印输出件等。

7. 参考文献

参考文献是指在研究过程中所参考引用的主要文献资料(引用的顺序必须是在论文中出现的顺序)。一般将论文写作过程中所参考的主要或全部书目列在后面,这是论文的一个重要组成部分。参考文献引用得是否正确并符合标准,已成为考核论文质量的一项指标。

(二)"挑战杯"竞赛科技发明制作类作品写作指南

1. 种类

"挑战杯"竞赛中科技发明制作类作品分为 A、B 两类,参赛者应注意 A 类作品和 B 类作品的区别并慎重选择填报。其中,A 类指科技含量较高、制作投入较大的作品;B 类指投入较少,且为生产技术或社会生活带来便利的小发明、小制作等。

2. 选题

科技发明制作的选题应从其科学性、先进性以及现实意义等方面来考虑。在"挑战杯"竞赛评审标准中,科学性占 30% 的比例,先进性占 30% 的比例,现实意义占 40% 的比例。在选题的过程中，参赛者应着重考虑市场需求和新技术运用，特别是交叉学科知识与技术的应用。参赛作品既要能为人们的生产或生活服务，解决人们生产或生活中的某一个问题或给人们生活的某一方面带来好处，又要能反映当今科学技术的发展水平，能代表某一个学科领域的发展方向或是在某一学科领域中处于先进地位；研究得出的作品成果不仅仅在理论上是先进的，而且在实际中也具有可操作性。

3. 作品申报填写

作品申报填写内容包括作品名称、申报者情况、作品的研究意义及背景、作品的理论基础、作品的研究内容、研究思路及创新点、作品的技术指标和特点、研究成果、作品的社会经济效益分析、产业化前景等。

（1）封面

封面的主要作用是为评委提供参赛作品最基本的信息，包括作品编号（序号）、作品名称、申报者学校（学院）、申报者姓名和作品类别，其中最重要的就是作品的名称。

（2）申报者情况

在填写"挑战杯"竞赛申报书中的申报者情况时，需根据个人项目或集体项目选择 A1 表或 A2 表，按照要求如实地进行填写，最高学历者应置于首位，例如一个项目由 4 名本科生和 1 名研究生承担，研究生应放在第一位，相应的作品会被划入第一作者学历组别。

（3）申报作品概况

该部分是申报书的主体部分，基本上涵盖了作品的所有信息，主要包括：作品设计、发明的目的；作品的基本思路；作品的创新点，技术关键和主要技术指标；作品的科学性、先进性；使用说明及该作品的技术特点和优势，作品的适应范围，推广前景的技术性说明及市场分析和经济效益预测，以及作品的获奖情况、进度、知识产权情况和作品形式等基本信息。

（4）国内外研究现状

国内外研究现状的主要内容是在查阅大量国内外文献资料、广泛调研的基础上，清楚、客观、全面地说明国内外同类产品的研究状况，如研究的程度、所用的方法和手段以及发展趋势，要特别指出目前需要解决的问题及其没有解决的原因，提出对此问题的解决办法及要达到的目的等。该部分内容的主要目的是通过对比突出自己作品的科学性、先进性、创新及技术优势等优点。

（5）附录的编写

附录是将不便列入作品说明书的有关资料或图纸编入其中，对于科技发明制作类作品来说，附录可包括以下内容：作品的相关专利证明，作品的鉴定证书和应用证书，作品图纸或其加工装置图纸，作品的详细数据、图谱、图表等，作品相关的程序，作品的详细使用说明，申报者（负责人）介绍，申报者发表的与作品相关的论文等。

（三）"挑战杯"竞赛哲学社会科学类社会调查报告和学术论文写作指南

1. "挑战杯"竞赛哲学社会科学类社会调查报告写作指南

"挑战杯"竞赛哲学社会科学类社会调查（以下简称社会调查）是大学生在学习阶段有目的、有计划地认识社会的实践活动。社会调查必须遵照一定的认识规律，合理、科学地安排工作程序，认真做好调查前的各项准备工作。依照调查准备、调查实施、分析研究、总结评估的递进步骤，社会调查分为四个基本阶段，即准备阶段、调查阶段、分析阶段和总结阶段。

（1）准备阶段是社会调查的基础阶段，主要任务是选题、组建团队、设计调查方案。其中，选题是开展社会调查的基础，团队是完成社会调查的保障，调查方案是社会调查顺利进行的关键。

（2）调查阶段是根据调查方案设计的要求展开具体社会调查活动的阶段，主要任务是收集资料、进行资料初步整理。该阶段是调查方案现场实施的阶段，是整个调查工作的核心环节，是调查人员与调查对象直接接触的阶段，受到种种因素的制约。其中，收集资料是调查阶段的主要任务，进行资料初步整理是为调查的下一阶段（分析阶段）做准备。调查方案设计完毕后，需要经过调查实施阶段来完成调查目标。在该阶段，会遇到许多现实问题，如果调查实施不顺利，需要进行及时调整。每次阶段调查实施完毕，要及时进行资料整理，为深入研究做准备。按时间顺序要相继完成三项任务，即进入调查地点、开展调查工作、资料的初步整理。

（3）分析阶段是对调查对象深入认识的阶段，是从感性认识上升到理性认识的过程，主要任务是全面鉴别、整理资料，数据录入和资料分析。

（4）总结阶段是产生调查结果的阶段，是调查工作的最后阶段，主要任务是撰写调查报告。

调查报告是根据一定的目的，对某一情况、问题、经验进行系统周密的调查，经过认真细致的分析研究后，形成的反映社会调查成果的书面报告。调查报告是"挑战杯"社会调查竞赛最主要的评审依据。可以将调查报告的写作理解为对整个调查工作过程的陈述和对调研结果的评估与总结。撰写调查报告，实质上就是围绕调查主题，将调查过程和分析结果完整、系统地呈现给读者的过程，只要出色地完成上述工作，调查报告的撰写则容易完成。

调查报告的内容大体有标题、调研背景、调研目的、调研意义、文献综述、调查思路、调查方法、调查内容、调查设计、调查分析、结论或对策、建议以及参考文献和附录等，由此也形成了调查报告的结构，包括标题、摘要、正文、参考文献、附录。

2."挑战杯"竞赛哲学社会科学类学术论文写作指南

社科学术论文一般由开头、正文和结尾三大部分组成。开头包括文章的篇名、摘要、关键词，正文包括文章的绪论、本论、结论，结尾则为参考文献。

（1）开头

开头包括文章的篇名、摘要和关键词。

①篇名：论文篇名相当于论文的眼睛，也是评委的第一着眼点。社科学术论文的篇名，从内容与形式的结合上说，大体上有三种。第一种是问题式篇名。这是学术论文最常见的篇名，这种篇名又可进一步分成两种形式：一种是陈述式，例如"关于免试研究生录取制度意义的探析""论我国慈善事业发展中的政府作用"等；另一种是设问式，例如"为何我国学术腐败""私营企业科技创新，路在何方"等。第二种是结论式篇名。这是作者对某一领域或某一问题研究的结论，一般是肯定句式，例如"高校人才培养方式改革，市场需求是导向"等。第三种是范围式篇名。这种篇名是作者研究的范围，论题比较宽泛。例如"医疗改革中的若干问题""外交关系中十大问题"等，此类篇名比较宽泛、模糊，在竞赛中尽量少用或不用。

总之，编写篇名时要从总体的角度出发，用简明、精当的语词反映论文的主要内容和作者所要强调的思想观点，引导评委去发现并准确把握论文的要领。

②摘要：摘要是一篇完整的微型论文，可以独立使用，一般包括以下主要方面：研究的问题及其目的、原因或重要性；研究的主要内容、过程及方法；研究结论或研究成果，要突出论文的新见解；研究的价值或意义。以上几个方面不一定要全部出现在摘要中，但一般应包括研究的主要对象和范围、采用的手段和方法、得出的结果或重要的结论，以及作者认为重要的其他信息。参加"挑战杯"竞赛，社科学术论文的摘要不宜超过 600 字。

③关键词：关键词是为了文献标引工作而从报告、论文中选取出来用以表示全主题内容信息款目的单词或术语。它是从论文中选取出来的，表示全文主题内容的最关键的词，是论文内容、观点、涉及的问题或类别等方面的标志和提示，是论文思维方法的提炼和概括。选择关键词时，要做到让评委分析关键词后，就可明白判析出论文的学科类别、主要内容及可能提供的信息量。每篇论文的关键词为 3~8 个。

（2）正文（让评委一目了然，迅速了解作品概况）

正文包括文章的绪论、本论、结论三部分。

①绪论：绪论是论文的正文的开篇部分。一般先提出问题，阐述选题背景、选题原因、论题意义和研究目的等；然后叙述国内外研究概况，点出存在的不足；接着说明主要的研究方法，点明研究的主要内容。绪论是文章的开头，要在第一时间引起评委的关注，让评委觉得论题具有较高的学术价值。

②本论：本论是论文的主体部分，是对问题展开分析、对观点加以证明的部分，是论文全面集中地表述研究成果的部分。本论一般由多个部分构成，分为不同层次。各层次的写作要体现严谨的逻辑关系和全力以赴阐明自己的观点或见解的过程。本论必须详细、认真地把那些新的、具有独创性的东西阐述清楚。论点和论证的关系、论述的先后次序都应井井有条。首先，必须根据事物的内在规律，做到形式服务内容；其次，要始终抓住文章的主题，做到中心明确、重点突出。

③结论：结论是正文的结尾部分，是作者以正文中研究过程所得的成果为依据，通过综合分析、逻辑推理，归纳出新的论点，是全文的归结。在结论写作中，要注意以下几点：第一，不能以研究结果代替结论，但不能缺少研究结果；第二，不能把正文中各段小结组合起来形成结论，或对结论迂回说明，造成对研究结果的简单重复；第三，要与摘要相呼应。

（3）结尾

将参考文献按照国外著作、期刊和其他文献，国内著作、期刊和其他文献等类型进行分类后罗列即可。

第三节 "挑战杯"全国大学生课外学术科技作品竞赛参赛要点及案例解析

一、"挑战杯"全国大学生课外学术科技作品竞赛参赛要点

1. 参赛条件及要求

凡在举办竞赛终审决赛的当年 6 月 1 日以前正式注册的全日制非成人教育的各类高等院校在校专科生、本科生和硕士研究生（不含在职研究生）都可申报参赛。申报参赛的作品必须

是距竞赛终审决赛当年 6 月 1 日前两年内完成的学生课外学术科技或者社会实践活动成果，可分为个人和集体作品。申报个人作品的，申报者必须承担申报作品 60% 以上的研究工作，作品鉴定证书、专利证书及发表的有关作品上的署名均应为第一作者，合作者必须是学生且不得超过 2 人；凡作者超过 3 人的项目或者不超过 3 人但无法区分第一作者的项目，均须申报集体作品。集体作品的作者必须均为学生。凡有合作者的个人作品或者集体作品，均按学历最高的作者划分至本专科生或者硕士研究生类进行评审。申报参赛的作品分为自然科学类学术论文、哲学社会科学类(含哲学、经济、社会、法律、教育、管理)社会调查报告和学术论文、科技发明制作三大类，自然科学类学术论文作者仅限本、专科学生。其中科技发明制作类作品分成 A、B 两类，A 类指科技含量较高、制作投入较大的作品，B 类指制作投入较少，给生产技术或社会生活带来便利的小发明、小制作。

2. 书面评审标准

在"挑战杯"竞赛书面评审环节中，评委会综合考虑作品的科学性、先进性、现实意义等方面因素，将参赛的自然科学类学术论文、哲学社会科学类社会调查报告、科技发明制作三类作品各设特等奖、一等奖、二等奖、三等奖。各等次奖分别约占各类报送作品总数的 5%、10%、20%、55%。本专科生、硕士研究生两个学历层次作者的作品获奖数与其报送作品数成正比例。科技发明制作类中 A 类和 B 类作品分别按上述比例设奖。全国评审委员会对各省级组织协调委员会和发起高校报送的参赛作品进行预审，评出报送作品中的 35% 左右进入终审决赛，55% 左右获得三等奖，10% 左右被淘汰。在终审决赛中评出特等奖、一等奖、二等奖。同时为激发学生参与基础学科、小众学科的热情，终审决赛各分类小组原则上至少有 1 件为特等奖和 1 件为一等奖。预审和终审前，组织委员会根据作品数量等确定各分类小组授奖数量。

3. 违规惩戒

参赛作品存在舞弊、抄袭、作假，将国家课题、教师科研成果包装成学生项目的，均视为严重违规行为。

在公示环节，知情公众如发现参赛作品不符合申报要求或者存在严重违规行为，各高校要严肃对待，一经查实，取消作品参赛资格。

参赛作品如在参赛环节被检查或者经举报核实发现不符合申报要求，取消参赛资格，该学校不得补报作品；被检查或者经举报核实发现作品存在严重违规行为，取消作品参赛资格，该学校不得补报作品，该学校团体总分为零，并取消该学校团评"挑战杯""优胜杯"及其他集体奖项的资格，视情节严重取消该学校下届联合发起单位资格或者参赛资格。

竞赛结束后，对获奖作品保留一个月的质疑投诉期。若收到投诉，竞赛领导小组将委托主办单位有关部门进行调查。

二、"挑战杯"全国大学生课外学术科技作品竞赛参赛案例解析

为了帮助同学们更好地备赛、参赛，下面选取了"挑战杯"湖南省赛特等奖的作品供大家参考。

吉首大学"挑战杯"省赛特等奖
《湖南小溪国家级自然保护区两栖爬行动物及鸟类图鉴》

一、项目背景

地理位置与生态环境的特殊性：该保护区处于云贵高原向东隆起的古陆块边缘，属于武陵山脉的南支，呈北东向延伸。该地区是世界少有、中国独有的低海拔常绿阔叶原始次生林，作为我国重要的生态保护区之一，其丰富的生物多样性和独特的生态环境引起了广泛关注。

生态保护的紧迫性：近年来，随着人类活动影响的日益加大，生态环境遭受了不同程度的威胁，生物多样性面临着前所未有的挑战。然而，保护两栖爬行动物及鸟类等生态重要组成部分，不仅关系到生态平衡，也对人类的生存和发展至关重要。

科学研究的需求：对该地区的生物资源进行系统调查和记录，有助于了解物种分布、生态习性及其保护现状，为生态保护和管理提供科学依据。

公众意识的提升：随着生态环境问题的日益严重，公众对自然保护和生物多样性的关注逐渐增加，急需相关知识的普及和教育。

二、项目目标

全面调查与记录：对湖南小溪国家级自然保护区内的两栖爬行动物及鸟类进行全面调查，收集和记录其种类、分布、生态习性等信息，编制成图鉴。

推动科学研究与保护：为后续的生态研究和保护工作提供基础数据，促进相关领域的科学研究和生态保护。

深化公众认知与参与：通过图鉴的发布和推广，提高公众对两栖爬行动物及鸟类的认知，增强公众的生态保护意识，鼓励公众参与自然保护活动。

三、研究价值及意义

填补了湖南小溪国家级自然保护区脊椎动物本底资料生态照片及实物标本的空缺，有助于保护区今后的建设和发展；

可作为我校生物科学及其相关专业动物学山地实习及师生脊椎动物研究的参考用书；

对我国南方及整个东洋界的两栖、爬行动物和鸟类区系或物种进化研究具有重要参考价值；

在武陵山地区生物资源优势及生态环境保护需求的宣教或科普方面，本图鉴也有独特的感染或启迪作用。

四、项目成效

学术价值：《湖南小溪国家级自然保护区的两栖爬行动物及鸟类图鉴》，为保护生物多样性提供了重要的科学依据和实用工具。通过系统记录和分析区域内的两栖动物、爬行动物及鸟类的种类与数量，图鉴不仅详细展现了该地区丰富的生物多样性，还揭示了生态系统的健康状况和物种间的相互关系。这种详尽的数据积累，为科学研究和生物保护提供了重要的数据支持，使得生态学家和相关决策者能够更好地了解和评估区域生态的变化。

此外，图鉴中的国家保护动物分析，有助于制定针对性的保护措施，提升公众对这些濒危物种的关注度。通过数据的发布和传播，图鉴能够提高公众的环保意识，促进地方社区参与生物多样性保护，从而形成全社会共同保护生态环境的良好氛围。最终，这种综合性的保护工作将有助于维护生态平衡，实现可持续发展目标，为未来生物多样性的保护贡献力量。

教育意义：《湖南小溪国家级自然保护区的两栖爬行动物及鸟类图鉴》不仅是一份生物多样性的重要记录，更是提升公众环保意识和科学素养的重要工具。通过图鉴的系统展示，可以帮助公众更好地认识和了解这些生物的生活习性、栖息环境以及生态功能，使人们意识到它们在生态系统中的重要地位。

同时，图鉴中关于国家保护动物的相关信息，进一步增强了公众对保护濒危物种的重视。通过举办科普讲座等活动，能够广泛传播保护生物多样性的重要性，并激励更多人参与到自然保护的行动中来。此外，图鉴还可作为学校及社区的教育资源，帮助学生在生活中树立环保意识，培养他们对自然的热爱与尊重，从而在全社会形成一种共同关心和参与生态保护的良好氛围。

社会影响：加强了对自然保护和生物多样性保护的关注，促进了公众环保意识的提升，推动了当地生态文化的建设。通过与保护区合作，项目得到了更广泛的支持和认可，推动了区域生态保护政策的制定和实施。

五、总结与展望

《湖南小溪国家级自然保护区两栖爬行动物及鸟类图鉴》深入分析了该地区的生物多样性及其生态保护现状。通过对两栖动物、爬行动物和鸟类的详细记录，揭示了保护区内丰富的生态资源以及国家保护动物的现状，为进一步的生物多样性保护提供了数据支持。

我们的研究不仅强调了湖南小溪国家级自然保护区的生态价值，还指出了其在生物多样性保护中的重要性。通过编制图鉴，我们为生态保护提供了科学依据，同时也为公众普及保护知识作出了贡献。

展望未来，建议加强对湖南小溪国家级自然保护区的监测和保护工作，进一步完善相关法律法规，提高公众的环保意识。此外，未来的研究可以关注其他生态系统的生物多样性，对比不同区域的保护现状，推动更广泛的生态保护行动。通过持续的努力，我们期望能够为生物多样性保护和可持续发展作出更大的贡献。同时，该项目为其他高校的生态研究和自然保护教育提供了宝贵的经验和借鉴，具有重要的示范意义。

课后思考与讨论

1. 选择一个历届"挑战杯"竞赛获奖作品，分析其成功的关键因素，探讨其不足之处，并讨论其对其他参赛者的启示。

2. 讨论"挑战杯"竞赛对大学生创新能力和实践能力培养的影响。

3. 如何选择一个有潜力的课题进行研究，以确保在竞赛中脱颖而出？请列出你认为的关键因素。

第七章 中国国际"互联网+"大学生创新创业大赛指南

> 人民的创造性实践是理论创新的不竭源泉。
>
> 时代在不断前进、事业在不断发展，理论创新和实践创新一刻也不能停止。
>
> 不创新就要落后，创新慢了也要落后。
>
> ——习近平总书记谈创新

第一节 中国国际"互联网+"大学生创新创业大赛解读

中国国际"互联网+"大学生创新创业大赛是由教育部与政府、各高校共同主办的一项技能大赛。大赛旨在深化高等教育综合改革，激发大学生的创造力，培养造就"大众创业、万众创新"的主力军；推动赛事成果转化，促进"互联网+"新业态形成，服务经济提质增效升级；以创新引领创业、以创业带动就业，推动高校毕业生更高质量创业就业。

在 2014 年 9 月举办的夏季达沃斯论坛开幕式上，国务院总理李克强提出了"大众创业、万众创新"的口号。2015 年发布的《国务院办公厅关于深化高等学校创新创业教育改革的实施意见》提出要从 2015 年起全面深化高校创新创业教育改革，2017 年取得重要进展，形成科学先进、广泛认同、具有中国特色的创新创业教育理念，到 2020 年建立健全课堂教学、自主学习、结合实践、指导帮扶、文化引领融为一体的高校创新创业教育体系。为了贯彻落实这些相关要求，教育部从 2015 年起每年定期举办创新创业大赛，2019 年 12 月，在教育部召开的工作研讨会上，第六届大赛正式更名为第六届中国国际"互联网+"大学生创新创业大赛。

一、总体目标

更中国、更国际、更教育、更全面、更创新、更协同，落实立德树人根本任务，传承和弘扬红色基因，聚焦"五育"融合创新创业教育实践，开启创新创业教育改革新征程，激发青年学生创新创造热情，打造共建共享、融通中外的国际创新盛会，让青春在全面建设社会主义现代化国家的火热实践中绽放绚丽之花。

①更中国。更深层次、更广范围体现红色基因传承，充分展现新发展阶段高水平创新教

育的丰硕成果，集中展示新发展理念引领下创新人才培养的中国方案，提升新时代中国高等教育的感召力。

②更国际。深化创新教育国际交流合作，汇聚全球知名高校、企业和创业者，服务以国内大循环为主体、国内国际双循环相互促进的新发展格局，搭建全球性创新创业竞赛平台，提升新时代中国高等教育的影响力。

③更教育。推动思想政治教育、专业教育与创新教育深度融合，弘扬劳动精神，加强学生创新实践能力培养，造就敢想敢为又善作善成的新时代好青年，提升新时代中国高等教育的塑造力。

④更全面。推进职普融通、产教融合、科教融汇，鼓励各学段学生积极参赛，形成创新创业教育在高等教育、职业教育、基础教育、留学生教育等各类学段的全覆盖，打通人才培养各环节，提升新时代中国高等教育的引领力。

⑤更创新。积极开辟发展新领域新赛道，不断塑造发展新动能新优势，丰富竞赛内容和形式，激发全社会创新创造动能，促进高校创新成果转化应用，进一步服务国家重大战略需求和经济社会高质量发展，提升新时代中国高等教育的创造力。

⑥更协同。充分发挥大赛平台纽带作用，促进优质资源互联互通，推动形成开放大学、开放产业、开放问题的良好氛围，助推大赛项目落地转化，营造支持青年大学生创新创业、共同合作、互相包容、互相支持的良好生态。

二、历届比赛回顾

>>>

1. 第一届

首届中国国际"互联网+"大学生创新创业大赛以"'互联网+'成就梦想，创新创业开辟未来"为主题，于2015年由教育部与有关部委和吉林省人民政府共同主办，吉林大学承办。参赛项目主要包括"互联网+"传统产业、"互联网+"新业态、"互联网+"公共服务和"互联网+"技术支撑平台四种类型。首届大赛采用校级初赛、省级复赛、全国总决赛三级赛制。在校级初赛、省级复赛基础上，按照组委会配额择优遴选项目进入全国总决赛。全国共产生300个团队入围全国总决赛，其中创意组100个团队，实践组200个团队。大赛共吸引了31个省份及新疆生产建设兵团1878所高校的57253个团队报名参加，提交项目作品36508个，参与学生超过20万人，带动全国上百万大学生投入创新创业活动。

冠军项目：哈尔滨工程大学"点触云安全系统"项目。

2. 第二届

第二届中国国际"互联网+"大学生创新创业大赛由教育部、中央网络安全和信息化领导小组办公室、国家发展和改革委员会、工业和信息化部、人力资源和社会保障部、国家知识产权局、中国科学院、中国工程院、共青团中央和湖北省人民政府共同主办，总决赛由华中科技大学承办。本届大赛主题为"拥抱'互联网+'时代，共筑创新创业梦想"。大赛自2016年3月启动，吸引了全国2110所高校参与，占全国普通高校总数的81%，报名项目数近12万个，参与学生超过55万人。

冠军项目：西北工业大学"翱翔系列微小卫星"项目。

3. 第三届

2017 年 3 月 27 日，教育部在西安电子科技大学举行新闻发布会并宣布，第三届中国国际"互联网+"大学生创新创业大赛正式启动，与往届相较，本届比赛增加了参赛项目类型，鼓励师生共创。大赛由教育部、中央网络安全和信息化领导小组办公室、国家发展和改革委员会、工业和信息化部、人力资源和社会保障部、国家知识产权局、中国科学院、中国工程院、共青团中央和陕西省人民政府共同主办，西安电子科技大学承办。教育部原部长陈宝生、陕西省原省长胡和平担任大赛组委会主任，各主办单位相关司局负责同志是组委会的成员。本届主题为"搏击'互联网+'新时代，壮大创新创业主力军"。

冠军项目：浙江大学杭州光珀智能科技有限公司研发的"新一代固态面阵激光雷达"项目。

4. 第四届

第四届中国国际"互联网+"大学生创新创业大赛由教育部、中央网络安全和信息化领导小组办公室、国家发展和改革委员会、工业和信息化部、人力资源社会保障部、环境保护部（现为生态环境部）、农业部（现为农业农村部）、国家知识产权局、国务院侨务办公室、中国科学院、中国工程院、国务院扶贫开发领导小组办公室（现为国家乡村振兴局）、共青团中央和福建省人民政府共同主办，厦门大学承办，以"勇立时代潮头敢闯会创，扎根中国大地书写人生华章"为主题，于 2018 年 3 月 29 日在厦门全面启动。第四届中国国际"互联网+"大学生创新创业大赛总决赛于 2018 年 10 月 13 日开赛。

冠军项目：北京理工大学"中云智车——未来商用无人车行业定义者"项目。

5. 第五届

2019 年 6 月 13 日，第五届中国国际"互联网+"大学生创新创业大赛在浙江正式启动，本届大赛由教育部、中央统战部、中央网络安全和信息化委员会办公室、国家发展改革委、工业和信息化部、人力资源和社会保障部、农业农村部、中国科学院、中国工程院、国家知识产权局、国务院扶贫开发领导小组办公室（现为国家乡村振兴局）、共青团中央和浙江省人民政府共同主办，浙江大学和杭州市人民政府承办。第五届中国国际"互联网+"大学生创新创业大赛共有来自全球五大洲的 124 个国家和地区的 457 万名大学生、109 万个团队报名参赛，参赛项目和学生数接近前四届大赛的总和。

冠军项目：清华大学"交叉双旋翼复合推力尾桨无人直升机"项目。

6. 第六届

2020 年 11 月 17 日—20 日，第六届中国国际"互联网+"大学生创新创业大赛在广东华南理工大学举行，大赛以"我敢闯、我会创"为主题，积极克服新冠疫情的不利影响，打造了一场会聚世界"双创"青年同场竞技、相互促进、人文交流的国际盛会。本届大赛由教育部、中央统战部、中央网络安全和信息化委员会办公室、国家发展改革委、工业和信息化部、人力资源社会保障部、农业农村部、中国科学院、中国工程院、国家知识产权局、国务院扶贫开发领导小组办公室（现为国家乡村振兴局）、共青团中央和广东省人民政府共同主办，华南理工大学、广州市人民政府和深圳市人民政府承办。

报名参赛项目与报名人数再创新高，内地共有 2988 所学校的 147 万个项目、630 万人报名参赛；包括内地本科院校 1241 所、科研院所 43 所、高职院校 1130 所、中职院校 574 所。

较之 2019 年，参赛项目与人数均增长 25%，红旅赛道项目数增加 54%。中国港澳台地区报名参赛项目已超过 2019 年的总数，达到 256 个。

来自北京理工大学的"星网测通"项目获得本届大赛冠军，来自清华大学的"高能效工业边缘 AI 芯片及应用"等 2 个项目获得亚军，来自俄罗斯莫斯科航空学院的"莫航喷气背包"等 3 个项目获得季军；宁波大学"甬乌水产——全球唯一规模化乌贼苗种供应商"项目获得最佳带动就业奖，华南理工大学"大隐科技——四维隐身吸波蜂窝开创者"项目获得最佳创意奖，同济大学"同驭汽车——线控制动系统行业领导者"项目获得最具商业价值奖。此外，大赛共产生金奖 159 项，其中高教主赛道 110 项，职教赛道 25 项，青年红色筑梦之旅赛道 24 项；萌芽版块共产生创新创业潜力奖 20 项。

7. 第七届

2021 年 10 月 12 日至 15 日，第七届中国国际"互联网+"大学生创新创业大赛在南昌大学举办。本届大赛由教育部、中央统战部、中央网络安全和信息化委员会办公室、国家发展改革委、工业和信息化部、人力资源社会保障部、农业农村部、中国科学院、中国工程院、国家知识产权局、国家乡村振兴局、共青团中央和江西省人民政府共同主办，南昌大学、南昌市人民政府和井冈山市人民政府承办。来自 121 个国家和地区的 4347 所院校的 228 万个项目、956 万人参赛，其中 1085 个项目入围总决赛。南昌大学"中科光芯——硅基无荧光粉发光芯片产业化应用"项目获得冠军。

8. 第八届

第八届中国国际"互联网+"大学生创新创业大赛于 2022 年 4 月启动，共有来自国内外 111 个国家和地区、4554 所院校的 340 万个项目、1450 万名学生报名参赛，参赛人数首次突破千万。本届大赛由教育部、中央统战部、中央网络安全和信息化委员会办公室、国家发展改革委、工业和信息化部、人力资源社会保障部、农业农村部、中国科学院、中国工程院、国家知识产权局、国家乡村振兴局、共青团中央和重庆市人民政府共同主办，重庆大学承办。2023 年 4 月 9 日，第八届中国国际"互联网+"大学生创新创业大赛冠军争夺赛在重庆大学举行。其间还举办了第四届教学大师奖、杰出教学奖和创新创业英才奖颁奖典礼，首届世界青年大学生创业论坛，大学生创新创业成果展等同期活动，邀请创新创业教育知名专家学者、优秀企业家代表、历届大赛冠军以及海外名校代表等共同参与并交流经验。南京理工大学"光影流转"团队获得大赛冠军。

9. 第九届

第九届中国国际"互联网+"大学生创新创业大赛在天津大学举办，赛事时间为 2023 年 5 月至 10 月，由教育部等多个部门主办，以"我敢闯、我会创"为主题。6 月，第九届中国国际"互联网+"大学生创新创业大赛河南赛区选拔赛开幕。同月，第九届中国国际"互联网+"大学生创新创业大赛"青年红色筑梦之旅"活动在天津港启动。

2023 年 7 月 21 日，第九届中国国际"互联网+"大学生创新创业大赛陕西赛区，经现场评委打分，最终西北工业大学翱空科技团队的"多模式垂直起降飞行器智能控制系统"项目，西安理工大学云端华境团队的"中国帝王陵墓石像生文化的数字化保护与传播平台"项目，陕西能源职业技术学院温控使者团队的"智能化矿用移动式救生舱温度调节装置"项目，西北工业大学砺芯慧感团队的"高精度温度传感器芯片"项目，分别获得高教主赛道、"青年红色筑梦之旅"赛道、职教赛道及产业命题赛道冠军。

2023 年 7 月 26 日,第九届中国国际"互联网+"大学生创新创业大赛上海赛区决赛暨冠军争夺赛在上海交通大学成功举办。经过激烈角逐,最终上海交通大学"陶铝智造——超高强陶铝材料一体化 3D 打印开拓者"项目斩获冠军。华东理工大学"光伏组件封装焊接技术"项目获得亚军,复旦大学"循数医疗——临床专病自动化,单病种管理平台"、上海交大"O-Fly 高速无死角粒子喷射口腔护理开拓者"、复旦大学"介水成锌——面向高性能水系锌电池的功能介孔材料"、华东师范大学"点亮未来之眼——做钙钛矿显示技术引领者"4 个项目获季军。昆明理工大学在第九届中国国际"互联网+"大学生创新创业大赛云南赛区总决赛中,共获得 34 项省级金奖。

2023 年 8 月 16 日,"建行杯"第九届中国国际"互联网+"大学生创新创业大赛广东省分赛冠军争夺赛在深圳大学元平体育馆隆重举行。经过激烈比拼,深圳大学"水利万物"项目以 1125 分的高分超越其他对手斩获冠军,也是本次冠军赛 6 个项目中唯一一个得分超过 1000 分的项目。南方医科大学"液之星生物"项目、暨南大学"薪传时光"项目均以 930 分获得亚军,华南理工大学"绿色氢能"项目、广东工业大学"Eolink"项目、深圳职业技术学院"铆大师"项目获得季军。

10. 第十届

本届大赛自 2024 年 4 月份正式启动以来,共有来自国内外 153 个国家和地区、5406 所高校的 514 万个项目、2083.6 万人次学生报名参赛。本届大赛由教育部等 12 个部门与上海市人民政府共同主办,上海交通大学与闵行区人民政府承办。大赛全面突出创新,坚持"我敢闯、我会创"的赛事主题,围绕"更中国、更国际、更教育、更全面、更创新、更协同"的目标,深入推进职普融通、产教融合、科教融汇。本届比赛将赛事名称更改为中国国际大学生创新大赛(2024)。上海交通大学的"哪吒——全球首个'海空一体'跨域航行器平台"项目夺得冠军。

三、主要任务

以赛促教,探索人才培养新途径。全面提高人才自主培养质量,强化高校课程思政建设,深入推进新工科、新医科、新农科、新文科建设,深化创新创业教育改革,引领各类学校人才培养范式深刻变革,形成新的人才培养质量观和质量标准,切实提高学生的创新精神、创新意识和创新能力。

以赛促学,培养创新创业生力军。着力造就拔尖创新人才,激励广大青年扎根中国大地了解国情民情,在创新创业中增长智慧才干,怀抱梦想又脚踏实地,敢想敢为又善作善成,做有理想、敢担当、能吃苦、肯奋斗的新时代好青年。

以赛促创,搭建产教融合新平台。把教育融入经济社会发展,推动成果转化和产学研用融合,促进教育链、人才链与产业链、创新链有机衔接,以创新引领创业、以创业带动就业,推动形成高校毕业生更高质量创业就业的新局面。

四、大赛主要内容

①主体赛事。包括高教主赛道、"青年红色筑梦之旅"赛道、职教赛道、产业命题赛道和萌芽赛道。

②"青年红色筑梦之旅"活动。

③同期活动。即大赛优秀项目资源对接会、大学生创新成果展、世界大学生创新论坛、世界大学生创新指数框架体系发布会等系列活动。

五、组织机构[以中国国际大学生创新大赛(2024)为例]

①大赛由教育部、中央统战部、中央网信办、国家发展改革委、工业和信息化部、人力资源社会保障部、农业农村部、中国科学院、中国工程院、国家知识产权局、国家乡村振兴局、共青团中央和相关省、市、区人民政府联合主办,相关高校和地方政府承办。

②大赛设立组织委员会,负责大赛的组织实施。

③大赛设立专家委员会,负责项目评审等工作。

④大赛设立纪律与监督委员会,负责对赛事组织、参赛项目评审、协办单位相关工作等进行监督,对违反大赛纪律的行为予以处理。

⑤各省级教育行政部门可成立相应的赛事机构,负责本地比赛的组织实施、项目评审和推荐等工作。

六、参赛要求

①参赛项目能够紧密结合经济社会各领域现实需求,充分体现高校在新工科、新医科、新农科、新文科建设等方面取得的成果,培育新产品、新服务、新业态、新模式,促进制造业、农业、卫生、能源、环保、战略性新兴产业等产业转型升级,促进人工智能、数字技术与教育、医疗、交通、金融、消费生活、文化传播等深度融合。

②参赛项目应弘扬正能量,践行社会主义核心价值观,真实、健康、合法。不得含有任何违反《中华人民共和国宪法》及其他法律法规的内容。所涉及的发明创造、专利技术、资源等必须拥有清晰合法的知识产权或物权。参赛项目如有涉密内容,参赛前须进行脱敏处理。如有抄袭盗用他人成果、提供虚假材料等违反相关法律法规或违背大赛精神的行为,一经发现即刻丧失参赛资格、所获奖项等相关权利,并自负一切法律责任。

③参赛项目只能选择一个符合要求的赛道报名参赛,根据参赛团队负责人的学籍或学历确定参赛团队所代表的参赛学校,且代表的参赛学校具有唯一性。参赛团队须在报名系统中将项目所涉的材料按时如实填写提交。已获本大赛往年总决赛各赛道金奖和银奖的项目,不可报名参加本年度大赛。

④各省级教育行政部门及各有关学校要严格开展参赛项目审查工作,确保参赛项目的合规性和真实性。审查主要包括参赛资格以及项目所涉及的科技成果、知识产权、财务状况、运营、荣誉奖项等方面。其中,入围省赛的项目由各学校汇总后加盖公章报省级教育行政部

门；入围总决赛的项目由各省级教育行政部门汇总后加盖公章报教育部高等教育司。

第二节　中国国际"互联网+"大学生创新创业计划书的撰写 >>>

要想切实写好一份创新创业计划书，首先要了解其概念和作用，熟悉其基本格式和撰写要求，并深入了解撰写创业计划书应具备的条件，熟悉撰写重点及撰写步骤，掌握撰写原则和展示技巧。

中国国际"互联网+"大学生创新创业计划书通常包括以下几个核心部分：项目概述、市场分析、产品介绍、营销策略、财务分析和团队介绍等。

案例&故事

一份简化的计划书框架和各部分的具体内容

项目概述

项目背景：随着"互联网+"战略的提出和O2O的兴起，传统制造业与互联网的结合成为趋势。本项目旨在通过"互联网+传统制造业"的模式，推出智能便携式电动滑板，满足短途出行的需求，同时结合创新科技和滑板爱好者的市场需求。

市场分析

市场定位及需求分析：智能便携式电动滑板主要服务于短、中途出行的消费者以及创新科技、滑板爱好者。由于在全球市场上尚未有类似产品，存在较大的市场空白，因此该产品具有较高的创新性和吸引力。

产品介绍

产品概述：智能便携式电动滑板结合了智能科技和便携性设计，适合短途代步和运动娱乐。产品定位为中高端智能科技产品，具有操作简单、智能化的特点。

营销策略

目标市场：主要面向青少年、滑板爱好者、短途出行者等潜在消费群体。通过线上线下结合的营销方式，利用社交媒体和线下活动进行推广。

财务分析

投资预算：包括服务器租金、电脑设备、初期宣传费用等，总计5.5万元。收益来源包括对商铺的包装宣传费用和与商家合作分成。

团队介绍

团队成员：团队成员应具备相关的技术和管理经验，重视团队合作精神，确保项目的顺利实施和运营。

附录

附录内容包括市场调研数据、技术细节、合作伙伴信息等，以支持计划书的完整性和可信度。

> 通过对以上结构和内容的详细规划，可以确保中国国际"互联网+"大学生创新创业计划书具有清晰的目标、明确的市场定位和可行的实施方案，从而增加项目的成功几率。

通过以上案例，我们发现，凡事预则立，不预则废。要想写出好的创新创业计划书，需要对相关项目进行可行性分析，撰写出完整的计划，为有技巧地展示相关计划打下坚实的基础。大学生创业不能仅凭一股激情，通过撰写创业计划书，可以理清思路，规划未来。

请同学们想一下，你有过创业的想法吗？你思考过怎样写出一份有分量的创业计划书吗？创业计划展示应注意的问题你是否已了然于胸？你是否自信且成功地展示了一份创新创业计划？

一、创业计划的概念及作用

著名的教育家曾仕强曾说过："至诚可以前知，预测未来才能做好计划。""做出规划，今天所做的事情是为了我们有更好的明天。未来属于那些在今天做出艰难决策的人们。"这是拥有逾百年历史的美国伊顿公司的训诫。创业者首先应该做的，是拿出一份有创意和具有可操作性的创业计划。创业计划是创业者的创业想法、路径、目标的细化。对于创业者而言，创业计划会使其最初的创业想法系统化，使其对企业的发展有更加明确的预期。对于合作者而言，创业计划使其更加明确企业的远景及实现路径，能够增强合作的信心。对于投资者来说，创业计划可以让其对自己投资的可能回报率有较为明确的预期。虽然有了计划并不一定能保证成功，但是它可以提高创业的成功率。计划对于新创企业来说，好比建筑效果图，可能在施工的过程中会有所改变，但可以直观地反映实施后的效果。

（一）创业计划的概念

创业计划是用来清晰完整地阐述创业的目的、基本设想、发展前景、团队组成、实施路径等方面情况的总体规划，即创业者关于创业设想的书面概述，包括市场机会、营运战略、财务和人力资源战略，特别是其团队管理能力和技巧。创业计划需要详细地分析机会的价值、要求、风险和潜在收益，以及该如何把握市场机会。创业者要能够通过把各种调查研究、周密的思考和创造性的问题融合成一份完整的创业计划，来指导创业的过程并向投资者和债权人展示创业成功的潜力和策略。

（二）创业计划的作用

如果创业计划作为内部管理资料，那么需准备一份以市场营销和财务报表为重点的短期创业计划，以防范初创管理常出现的"走哪算哪"的现象。如果创业者为寻求融资或扩张资本，那么制定一份完整的创业计划就十分必要了。在创业准备阶段，规划设计好一份创业计划的重要功能主要表现在以下两个方面。

1.创业计划是指导新创企业走向成功的路标

①有助于明确创业目标，作为企业行动方向。在创业融资之前，创业计划首先应该是给创业者自己看的。办企业不是"过家家"，创业者应该以认真的态度对自己所有的资源、已知

的市场情况和初步的竞争策略做尽可能详尽的分析，并提出一个初步的行动计划，通过创业计划做到心中有数，规划自己的创业蓝图，使创业者对自己的创业目标更加明晰。

②有助于分析创业的可行性。制定一份正式的创业计划，是创业资金准备和风险分析的必要手段。对初创的风险企业来说，创业计划的作用尤为重要。一个酝酿中的项目往往很模糊，通过撰写创业计划，把正反理由都书写下来，然后再逐条推敲，创业者就能对这一项目有更加清晰的认识，有助于分析创业的可行性。

③有助于指导新创企业的经营管理。创业计划涉及创业资金的筹措、战略与目标、财务计划、生产与营销计划、风险评估等企业经营管理的各个方面，可使创业者周密安排创业活动，有利于新创企业的经营管理。创业计划使目标得以量化，为创业者预测未来结果提供了可度量的标准。

④有助于吸引新的团队成员加入。创业计划通过描绘新创企业的发展前景和成长潜力，使管理层和员工对企业及个人的未来充满信心，并明确要从事什么项目和活动，从而使大家了解将要充当什么角色，完成什么工作，以及自己是否胜任这些工作。因此，创业计划对于创业者吸引所需要的人力资源、凝聚人心，具有重要作用。

2. 创业计划是与利益相关者沟通的桥梁和媒介

①有助于让利益相关者全面理解新创企业。创业计划作为一份全方位的项目计划，它是对即将开展的创业项目进行可行性分析的过程，也是在向风险投资家、银行、客户和供应商宣传拟建的企业及其经营方式，包括企业的产品、营销、市场及人员、制度、管理等各个方面，在一定程度上也是拟建企业对外进行宣传和包装的文件。此外，好的计划还可能有机会获得政府的扶持。

②有助于让投资者产生兴趣和信心。一份完美的创业计划不但会增强创业者自己的信心，也会增强风险投资家、合作伙伴、员工、供应商、分销商对创业者的信心。而这些信心正是企业走向创业成功的基础。

③有助于让外部读者评阅指导。创业计划涉及企业的诸多方面，难免有不妥或遗漏之处，作为企业自我推销的文件，在供外部读者评估审阅时有机会得到他人的指导，使计划更加切实可行。

案例 & 故事

一份创业计划书成就的创业梦

2015 年的任书豪 33 岁，他曾这样说："创业要创新，要打持久战。"任书豪名片上的身份是河北东方凯誉通信技术有限公司董事长。他的"持久战"始于 2003 年，当时他还是石家庄经济学院一名大学二年级学生。

在同龄人中总是显得"不安分"的他，如愿成为校学生会对外联络部的成员。

"那次，我代表学生会到河北网通石家庄分公司拉赞助，恰好碰上了西门子(中国)的销售代表正在向网通公司推销一种通信智能网设备。"任书豪回忆当年创业的缘起说，当时，网通的工作人员没有对这种设备表现出多大的兴趣，"旁听"的他却被这种设备所具有的神奇功能"瞬间击中"。

当时，省会大学生还不知道通信智能网为何物，任书豪凭直觉判断，该设备如果引入大学，必然会是校园通信和各种支付活动的一场"革命"。这次巧遇，促成了西门子(中国)公司将设备以免费试用的方式首先在石家庄经济学院安装运营。没过多久，这款能通过手机卡完成多个项目统一支付的"精灵E线"获得了超出预想的成功，任书豪争取到了网通"精灵E线"在省会高校的推广代理权。2004年8月，任书豪所带领的团队以他们的亲身经历为蓝本制作了创业计划书，一举夺得"挑战杯"竞赛铜奖。以此为起点，他们注册了东方凯誉公司。"我们的业务当年就覆盖省会十几所高校，公司的年收入已超300万。""从那之后的10年里，我做了很多事，但所有事都没有偏离以通信为基础的增值服务这个轨道。"任书豪说。创业梦是美好的，而创业后如何拓展，为社会创造更多的财富？这个更大的梦想已经成为任书豪和他带领的年轻团队"穿云破雾"的原动力。

(资料来源：刘延，高万里. 大学生创新创业基础[M]. 华中科技大学出版社，2020年版. 有改动)

二、创业计划的基本内容

创业计划(书)的内容和形式因具体创业环境、创业者及创业机会的不同而千变万化，应不拘一格。但创业的一些基本要素是相似的，了解和掌握这些基本要素会有助于创业者更好地编制计划。制定完善的创业计划，要求创业者明确创业的关键问题。撰写创业计划的方法众多，有诸多结构和模板可以参考。在创意真正转变为创业的过程中，通过提出必须面对和解决的问题，关注创业的关键成功要素，可以保证后期的成功创业。虽然创业计划没有严格一致的格式与体例，但通常情况下应该包含以下内容。

(一)执行摘要

执行摘要是对创业的所有要点进行总结，比如经营模式、所有者和主要员工、目标市场、财务要点等。从财务分析角度来说，它包括了销售计划、资金需求、资金用途、何时及如何偿还借款等。为了引起读者的注意，创业者应以简洁的方式把重点放在债权人和投资者感兴趣的创业基本要素中。切记，尽量简洁——最多两页，只要把要点陈述清楚即可。一份精心准备、条理清晰的摘要有助于给创业者和企业建立良好的外在形象，从而获得财务支持。

执行摘要的具体内容如下：

1.商机

主要概述存在什么样的商机，为什么对此商机有兴趣，以及计划开发此商机的相关战略。要重点阐述主要观点或利益，简单描述关键事件、条件、竞争者的弱点、产业趋势及其他可以定义商机的证据和推断。

2.企业描述

对企业的历史、起源及组织形式进行介绍，并重点说明企业未来的主要目标(包括长期目标和短期目标)，企业所提供产品和服务的知识产权及可行性，这些产品和服务所针对的市场以及当前的销售额，企业当前的资金投入和准备进军的市场领域及管理团队与资源。

3. 竞争优势

明确指出与企业竞争的同类产品和服务，分析竞争态势和确认竞争者信息，包括竞争者的身份、来源和所占市场份额，它们的优点和弱点，最近的市场变化趋势等；同时指明企业的创新产品所带来的竞争优势，供货周期的优势或市场入侵者会遇到的壁垒，竞争者的缺陷，产业发展的有关条件。

4. 目标市场预测

解释产业市场、主要客户群体、产品定位以及如何接触这些目标群体的计划，主要包括市场趋势、目标顾客特征、市场研究或统计、市场对产品和服务的接受模式和程度，要让投资者确信这个市场是巨大且不断扩张的。

5. 创业团队

概述创业者及团队每个成员的相关知识、经验、专长和技能，注明先前获得的经验、成绩。特别要说明创业者或团队成员曾经负责过的部门、项目或企业的规模。

6. 盈利能力和收益潜力

概述企业的毛利和经营利润、期望盈利率和盈利的持续时间；实现盈亏平衡点和正现金流产生的大致时间表；关键财务开支预测、预期投资回报等。

7. 企业需求描述

简要说明企业所需的债务融资额。如果新创企业有强大的发展战略，并希望在五年内进行首次公开上市，那么执行摘要应包括一个退出战略。如果新创企业最初没有这种想法，则创业者应在执行摘要中避免讨论类似关于退出战略的问题。

(二) 企业描述

创业计划的主体部分是从企业描述开始的。企业描述主要介绍当前企业创建的进展。创业者需要提供简单的有关企业的信息，比如：什么时候及为什么成立企业，其发展的过程、远景怎样，财务和经营历史状况如何，以及新产品研发、专利申请和获得市场份额等的情况。

(三) 产品 (服务)

列举企业当前所提供的产品和服务类型，以及将来的产品和服务计划，陈述产品和服务的独到之处，产品介绍通常应包括以下内容：产品的基本情况，产品的市场竞争力，产品的研究和开发过程，发展新产品的计划和成本分析，产品的市场前景预测，产品的品牌和专利。产品 (服务) 介绍是创业计划必不可少的一项内容。在产品 (服务) 介绍部分，创业者要对产品 (服务) 做出详细的说明，说明要准确，也要通俗易懂。通常，产品介绍要附上产品原型、照片及其他介绍。

(四) 市场与竞争

编制营销战略前要进行有效的市场分析。市场分析包括行业竞争情况分析、自身竞争实力，即市场规模和趋势、企业地址、市场营销组合和预算等。

对提出的产品和服务，应确认是否存在真正的市场。创业者需要描述目标市场和市场特征：谁买，哪里买，多少人买，为什么买，什么时候买，如何满足需求，和竞争对手不同的地方是什么。一个成功的创业者需要具备这样的能力——吸引那些有购买意愿而且确实有消费能力的真正的客户前来购买产品和服务。创业者所犯的最严重的营销错误就是不确定目标市场定位，试图将其产品卖给所有人。

给未来的投资者展示客户对其产品和服务感兴趣，需要提供测试市场的方案并取得书面评估证明。创业者必须用其市场研究得到的事实数据来证明所提到的市场规模和增长率等。

在创业计划中，风险企业家应细致分析竞争对手的情况。比如，谁是主要的竞争对手，其市场份额、产品或服务、战略、优势和劣势及企业形象等信息数据应在这部分进行分析和描述。应明确与竞争对手相比，在对客户有价值的产品或服务及企业模式等方面，哪些是企业的竞争优势所在。创业者应该把企业战略的重点放在客户的需求而不是竞争对手上。

(五) 营销

营销是企业经营中最富挑战性的环节，影响营销策略的主要因素有消费者的特点、产品的特性、企业自身的状况、市场环境方面的因素、营销成本和效益因素。营销策略应包括以下内容：市场机构和营销渠道的选择，营销队伍和管理，促销计划和广告策略，价格决策。

对新创企业来说，由于产品和企业的知名度低，很难进入其他企业已经稳定的销售市场中去。因此，企业不得不暂时采取高成本低效益的营销战略，如上门推销、大打商品广告、向批发商和零售商让利，或交给任何愿意经销的企业销售。

(六) 运营

在寻求资金的过程中，为了增大企业在投资前的评估价值，风险企业家应尽量使运营计划更加详细、可靠。创业者应该构建企业组织结构，用来确定企业的主要岗位并挑选合适的员工。选择合适人选组建管理团队无疑是困难的，而留住这些人才来一起创建并发展企业则更为困难。因此，创业计划应简要描述如何采取措施来鼓励企业的重要管理人员留在企业。通常，企业会采取签雇佣合同、股权分配和提供津贴等方式来留住和激励这样的员工。在创业计划中描述企业的股权分配方案、租赁、合约和其他与企业相关的协议是有益的。

(七) 团队及组织结构

创业团队人员包括核心董事会成员、管理人员和重要的股东。创业成功的最重要的因素就是管理团队的素质，比如能力和经验。创业计划应该表述管理高层的可证明的技能和优势，说明该怎样留住重要员工。股权激励或是其他一些激励手段能够降低员工流失率。由行业内的专家组成的董事会有助于提升管理团队的素质。

此部分要重点解答以下问题：

创业者和早期关键雇员的背景和角色是什么？创业团队的热情和技能怎样？该创业团队为何致力于创业机遇？组建创业团队必须雇用哪些关键人员？每个职能部门预期会需要多少人员？这家公司是否具有顾问人员或董事会成员以促进创业过程？

此外，还应对公司结构做简要介绍，具体包括以下方面：

公司的组织机构图；

各部门的功能与责任；

各部门的负责人及主要成员；

公司的报酬体系；

公司的股东名单，包括认股权、比例和特权；

公司的董事会成员：

各位董事的背景资料。

(八) 财务预测

创业者需要提供未来一到三年的企业经营财务预算报表(包括损益表、资产负债表、现金流量表)。这些基本的财务预算报表对创业者来说是十分重要的，而财务预算的制定有助于财务报表的准备。创业者应该制定的几个关键预算：经营预算、现金流量预算和资本预算。经营预算一般先是进行销售预测，然后评估经营费用。现金流量预算提供了特定时期的现金流入和现金流出的总体情况。财务预算报表是用来规划企业未来特定时期内的财务状况(如预算损益表)或未来某一时间的经营状况信息(如预算资产负债表)的，经营预算和现金流量预算经常被用来制作这些财务预算报表；而资本预算是用来帮助创业者做投资决策用的。三个常见的资本预算的方法包括投资回收期法、净现值法和内部回报率法。

财务预测和现金流分析一样重要。因为投资者关注的就是现金回报率和回报时间。根据企业三年或五年的财务预测，投资者可以通过自己的分析研究来决定投资与否。因此，应该对新创企业的财务进行科学、合理、有说服力的预测——切记不要夸大其词，那样会让投资者对你的诚信产生怀疑，进而对你产生在"圈钱"的误解，也不可以太过保守，因为回报率太低是没有办法吸引投资者的。

一份好的财务规划对评估风险企业所需的资金数量，提高风险企业取得资金的可能性是十分关键的。如果财务规划准备得不好，会给投资者留下企业管理人员缺乏经验的印象，降低企业的评估价值，同时也会增加企业的经营风险。

(九) 附录

这部分应附上关键人员的履历、职位，组织机构图表，预期市场信息，财务报表，以及创业计划中陈述的其他数据资源等。

三、创业计划书的基本格式　>>>

创业计划书的格式，即创业计划书的呈现样式，有 Word、PDF、PPT、思维导图等形式，其框架内容大抵如上文所述。下面以适用于服务型企业的创业计划书为例，罗列其框架格式。

案例＆故事

创业计划书(示例)——适用于服务型企业

一、执行总结(对创业计划书进行概括性描述,起摘要作用)

1. 公司概述

2. 市场机会和竞争优势

3. 产品(服务)的前景

4. 公司所处的环境及创立背景

5. 创业立项的重要性及必要性分析

6. 公司经营业务及内容

7. 公司设立程序及其日程表

二、产品(服务)介绍

1. 产品(服务)描述(特征、主要客户对象等)

2. 产品(服务)优势

三、市场调查和分析

1. 市场容量估算

2. 预计市场份额

3. 市场组织结构

四、公司战略

1. SWOT 分析报告

2. 公司总体战略

3. 公司发展战略

五、营销战略

1. 目标市场

2. 产品和服务

3. 价格的确定

4. 分销渠道

5. 权利和公共关系

6. 政策

六、产品制作管理

1. 工作流程图及生产工艺流程图

2. 生产设备及要求

3. 质量管理措施及方法

七、管理体系

1. 公司性质及组织形式

2. 部门职能

3. 管理理念及公司文化

4.团队成员任职及责任

八、投资分析

1.股本结构与规模

2.资金来源与运用

3.投资收益与风险分析(对报酬率、回收净值、回收期等的计算)

4.可以引入的其他资本

九、财务分析

1.财务预算的编制依据分析

2.未来3年的预计会计报表及附表

3.财务数据分析(主要财务指标分析、敏感分析和盈亏平衡分析等)

十、机遇与风险

1.机遇分析

2.外部风险分析

3.内部风险分析

4.解决方案和应对措施

十一、风险资本的撤出

1.撤出方式

2.撤出时间

十二、附录(补充材料)

四、撰写创业计划书与创业计划的展示

著名香港企业家李嘉诚说过,要随时留意身边有无生意可做,才会抓住时机把握升浪起点。着手越快越好。遇到不寻常的事发生时立即想到赚钱,这是生意人应该具备的素质。华为公司董事长任正非也曾说过,"企业发展就是要发展一批狼。狼有三大特性:一是敏锐的嗅觉;二是不屈不挠、奋不顾身的进攻精神;三是群体奋斗的意识"。阿里巴巴创始人马云说:"一流高手是眼睛里面没有对手,所以我经常说我没有对手,原因是我心中没有对手。心中有敌,天下皆为你敌人;心中无敌,无敌于天下。"创新创业计划能使我们的创业思路更加清晰,帮助我们拨开迷雾,驶向理想的彼岸。

"写作使人精确",撰写一份创业计划书能迫使创业者进行冷静、系统、缜密的思考。有些创意可能听起来很棒、很诱人,但是,当你把所有的细节和数据写下来的时候,自己就崩溃了,发觉创业活动与创业者的个人目标和期望并不一致。那么,此时做出放弃创办新企业的决定,应看作一种明智的选择。正如瑞士军事理论家菲米尼所说:一次良好的撤退,应和一次伟大的胜利一样受到奖赏。

(一)撰写创业计划书应具备的条件

一个计划一经设定,便会成为人们行动的指南,人们要循着它的方向去做。因此,一个

看上去似乎十全十美但无法实现的计划，就好像是画在墙上的饼，好看却没有办法吃。

要制定既容易实行，效果又好的计划，需要具备哪些条件呢？

第一，要具体。必须明确地表示具体的行动、目的和方针，可以稍具抽象性，但行动却应明白地指出，让负责实行这一计划的人了解自己该如何去做。

第二，要有限期。目标就像是一只无形的手，在远方召唤着我们，所以拟定一个计划时，必须顾及时间的设定。

第三，要具备经济性。在费用、人员、资料等方面都有必要精打细算。

第四，要简洁。如果计划过于繁杂，实行时往往会缺乏弹性。

第五，要有弹性。为了应对条件的变化及偶然因素出现，拟定计划时必须考虑到修改甚至变更部分计划的可能性。

第六，要有优先顺序。对于所实施的项目，要根据它们的重要性决定先后次序。

第七，要反馈。对于计划必须及时进行总结与反馈，这样才能检验计划的实施程度如何并及时调整计划的可行性。

(二)创业构想的研讨与可行性分析

创业计划书的编写涉及的内容较多，因而制定创业计划前必须进行周密安排。主要有如下准备工作：确定创业计划的目的与宗旨；组成创业计划工作小组；制定创业计划书编写计划；确定创业计划书的总体框架；制定创业计划书编写的日程安排与人员分工。

以创业计划总体框架为指导，针对创业目的与宗旨，广泛搜寻内部与外部资料，包括新创企业所在行业的发展趋势、产品市场信息、产品测试、实验资料、竞争对手信息、同类企业组织机构状况、同类企业财务报表等。资料调查可以分为实地调查与收集二手资料两种方法。进行实地调查可以得到创业所需的一手真实资料，但时间及费用耗费较大；收集二手资料较容易，但可靠性较差。创业者可根据需要灵活采用资料调查方法。通过分析新创企业的当前现状、预期需求及结果预计，展示新创企业的清晰面貌——企业经营内容、发展方向、预期目标如何实现。

1.探讨创业的目标与方向

撰写创业计划书的筹备之初，需要先探讨和评价新创企业或创业者的目标，据此来设立符合新创企业或创业者实际需要的翔实而周密的创业计划。这一阶段，创业者要重点思考以下两方面的问题。

一是创办企业的原因。创办企业的一些常见原因：拥有自己的企业，渴望职业、财政独立，实现自我愿望，充分展示自我的技能，奉献社会，等等。

二是哪些商务领域适合自己创业。为此需要思考这些问题：自己对哪些行业感兴趣？企业将销售什么产品或服务？企业的生意是否现实，是否满足或适应了某种需要？企业的竞争对手是谁？与现有的公司相比，本企业的优势是什么？企业能够提供高品质的服务吗？自己(创业团队)有能力驾驭企业的运营和管理吗？

2.检验创意的市场潜力

创业"金点子"不在于其是否新颖，也不在于是否为自己独创，关键在于创意本身必须具有市场发展潜力。以下是检验这方面的有用问题。

（1）构想是否能满足目标市场所需？这种需求是否在未来亦有持续的市场？

（2）产品的销量是否足以维持日常企业运营(特别是创业初期)？目前市场的发展空间怎样？竞争对手发展到何种阶段？

（3）自己具备对构想的现实转化实力吗？是否有相关的技术配合？产品或服务的成本是否在消费者接受范围之内？

（4）创业者是否具备转化构想所需的知识、技术及能力？此构想是否有人尝试过？其结果如何？为什么？

3. 分析创业可能遇到的问题和困难

俗话说："凡事预则立，不预则废。"创业之初，亦同此理。事先预想到创业过程可能遇到的各种问题和困难，并考虑一些解决之道或应对之法，将为今后的创业之路扫清诸多障碍。因此，创业之初，对于创业者，最好的方法是要先学会换位思考，站在投资人的角度认真思考以下问题。

①市场机遇与开发策略：国家、社会、市场现存哪些问题？我们准备以什么产品或服务来解决这些问题？我们的产品或服务可能的潜在销售额有多大？如何实现这些销售额？我们的目标顾客何在？

②产品与服务构思：我们的产品或服务是否能够满足顾客的真实需要，帮助他们解决他们面临的实际问题？我们将来如何销售自己的产品或服务？我们的收入来自何处？要撰写我们构思的产品或服务简介，以便向潜在顾客展示。

③竞争优势：我们的竞争对手是谁？在哪里？我们的产品或服务与竞争对手的相比，在使用价值、生产成本、外观设计、环境和谐、上市时间、战略联盟、技术创新、同类兼容等方面有何长处？

④创业管理团队：如果团队已组建好，应详细说明团队的组织架构、分工及个人在其中承担何种角色，特别应该强调各人具备的相关从业经验、特长等背景。如果创业团队尚未组建好，可以强调核心团队成员所需的知识和技能。

在仔细思考以上问题之后，接下来需要认真思考和回答下述问题：所说的业务是否具有高速增长的潜力？所说的业务能否抵御竞争对手的竞争？所说的业务需要多少前期投资？所说的业务需要多长时间才能推向市场？所说的业务是否具有成为该市场领先者的潜力？所说的业务的创意在目前阶段开发得如何？经营这项业务的团队成员的素质水平与技能是否互补？凭什么说这项业务在今后五年能够茁壮成长？

(三)创业计划书的撰写

1. 创业计划书的撰写重点

创业计划书是对整个创业团队构思的凝练，对于没有写作经验的创业团队而言，虽然直接套用现成的创业计划书模板是一种比较快捷的方式，但是通常此类计划书都是有其形而无其质，容易陷入空泛。究其因，在于负责撰写的创业成员并未深刻理解创业的实质和读者所需，只是把它作为一般意义上的文字材料来组织，运用惯有的写作手法行文。这种为写作而写作的创业计划书，既不能给投资者以充分的信息，又不能让投资者产生兴趣，其最终结果只能是被扔进垃圾箱里。

为了确保创业计划书更加具备说服力，应该紧密围绕以下几个重点来撰写：

①关注产品；②敢于竞争；③了解市场；④表明行动的方针；⑤展示管理队伍；⑥出色的计划摘要。

2. 创业计划书的撰写步骤

（1）明确创业计划书的形式

不同的阅读者对创业计划书有不同的兴趣和侧重点，因此，创业者撰写创业计划书的第一步就是确定读者是谁，他们想要的是什么，哪些问题必须有针对性地呈现给他们，进而明确创业计划书的形式。

（2）确定创业计划书大纲

拟定创业执行纲要，主要是创业的各个项目的概要。大纲应该确定创业计划的目标和战略，制定创业计划书的编写计划，确定创业计划书的总体框架和主要内容。

（3）收集创业计划书所需要的信息

根据创业计划书大纲，创业者需要收集撰写计划书要用而目前尚不清楚的信息。创业计划书的内容涉及面很广，因此需要收集的信息也非常多。具体来说，创业者需要收集行业信息、生产与技术信息、市场信息、财务信息等。信息的收集是一个十分重要的过程，信息的质量直接关系到创业计划书的质量。创业者可以通过现有资料的检索、实地调查、互联网查找等方式来收集信息。

（4）起草创业计划书

草拟初步创业计划书。依据创业执行纲要，对新创企业的市场竞争及销售、组织与管理、技术与工艺、财务计划、融资方案、风险分析等内容进行全面编写，形成较为完整的创业计划书初稿。

（5）修改并完善创业计划书

初稿完成以后，创业者必须从目标读者的角度来检查创业计划书的客观性、实践性、条理性和创新性，看其是否能够打动目标读者。创业计划小组在这一阶段对创业计划进行广泛调查并征求多方意见，进而提出一份较为满意的创业计划方案。

（6）创业计划书定稿

进行定稿，并印制成正式创业计划文本。因为创业计划书编写的目的是为创业融资、宣传提供依据，同时作为创业实施的规划方案。因此，创业计划书的编写除尽可能地展现创业项目的前景及收益水平外，还要展现出创业项目的可实现性。

3. 创业计划书编制的注意事项

（1）服务计划描述要使重点突出、言析要形象直观，尽可能地采用图表描述；战略、市场分析、营销策略、创业团队介绍要使用管理学术语，尽可能地做到规范、科学。

（2）创业计划书内容多，涉及面广，因此要求创业小组分工完成，但应由组长统一协调定稿，以免出现创业计划书零散、不连贯、文风相异等问题。

（3）创业计划书要详略得当、突出优势，机密部分应略为简洁，以防泄密。

案例&故事

撰写创业计划书常见的错误

1. 低估竞争，高估市场回报。

2. 不陈述预测报表的建立依据。

3. 混淆利润和现金流。

4. 不陈述最好、最坏和最可能发生的状况。

5. 忽视产品或服务对客户带来的影响，如提高顾客收益、降低客户成本、减少客户的流动资本和成本支出，不加以量化。

6. 仅分析整体市场，忽略细分市场。

7. 不讨论战略伙伴。

8. 不理解市场进入壁垒和夺取客户所需要的成本。

9. 对产品和服务、渠道选择、销售人员和销售模式的定位不清晰。

10. 不讨论运营效率，不分析产能。

(四)创业计划书的撰写原则

一份好的创业计划书往往能够吸引潜在投资者的特别关注。如果计划不完善或漏洞百出，就好比发现饭里有一只虫子，很容易使人倒胃口。如果创业计划书语言流畅、充满激情，有严密的调查数据支撑，少见外行话，那么阅读者很容易把这些优点和创业者本人的能力联系起来。

因此，创业者在撰写创业计划书时，一定要遵循以下原则。

1. 真实性原则

创业计划书中的内容务必真实，不能有虚假成分。

2. 简洁性原则

创业计划书中应避免一些与主题无关的内容，要开门见山地切入主题。语言应简洁、精炼。

3. 完整性原则

创业计划书已成为一种国际惯例，结构是固定的。因此，结构应完整、清楚，内容应全面。

4. 一致性原则

创业计划书的前后基本假设或预测要相互呼应、一致，也就是说前后逻辑要合理。例如，财务预测必须根据市场分析与技术分析所得结果进行各种报表的规划。

5. 保密性原则

创业计划书中涉及的核心机密可适当进行规避。

案例&故事

依据创业计划书的内容与分析指标设立相应评价指标权重值，如表1所示。

表1　创业计划书评价指标权重值

评价指标	创意可行性/%	创业计划/%	总计/%
执行概要	2.00	2.00	4.00
产品(服务)	7.50	5.00	12.50
竞争	5.00	2.50	7.50
市场	10.00	5.00	15.00
营销	8.00	2.00	10.00
经营	2.50	2.50	5.00
组织	10.00	5.00	15.00
财务	8.00	5.00	13.00
总体评估	12.00	6.00	18.00
总体评价	65	35	100

总的来讲，有经验的投资者、潜在的商业伙伴和关键职位应聘者，不是靠臆测或憧憬来做判断，而是用事实数据评价企业的前途。最吸引他们注意力的是可行性评估结论，以及对独特商业模式所产生竞争优势的描述。如果商业模式仅仅建立在预测未来前景的基础上，显然，这样的计划很难让他们心潮澎湃并心甘情愿进行投资或加盟。此外，创业计划书的排版和装订也要尽量专业，切忌粗制滥造，更不能出现低级错误。

第三节　中国国际"互联网+"大学生创新创业大赛参赛要点及案例解析

一、创业计划的展示

创业计划的展示虽然是短暂的，但却是决定性的。如果你的创业计划非常好，即便你的展示平淡无奇，甚至有些差错，也足以吸引风险资本家拿出大把的钞票。但是，绝大多数创业计划并不能达到这样的高度。更何况风险资本家投资的时候，除了考虑创业项目本身的优劣外，更重要的是基于创业者的能力和个人魅力，而展示创业计划正是创业者展示自己能力的难得机会。很难想象风险资本家会把巨额的资金投给一个说话结巴，连自己的创意都讲不清楚的人。

(一)创业计划展示的要点

进行创业计划展示的一个重要指导思想,就是不仅要向你的观众传达信息,而且要感染和鼓舞他们。但是,在通常情况下,创业计划展示的时间比较短暂,一般不超过15分钟。显然,在如此短暂的时间内,不可能把创业计划的全部内容都展示给观众。所以,你必须把重点放在观众认为最重要的部分。有专家在对创业计划展示正反两方面经验进行深入分析的基础上,给出了创业计划展示的要点,具体内容如下。

①标题。包括公司名称和公司图标,创建者姓名,创始人联系方式,致谢人,日期。

②概述。包括产品或服务的简要介绍,目标顾客,演讲要点的简单介绍,这项商业活动带来的潜在收益(商业的、社会的及财务的)的简要介绍。

③问题。简述企业要解决的问题和问题的严重性,通过调查研究证实问题,分析以下内容:问题在哪里?为什么顾客对现有结果不满意?未来的出路是什么?潜在顾客的需求是什么?简述企业要怎样满足需求、专家的观点是什么。

④解决办法。简述企业要解决的问题和要满足的需求;展示你的解决方案与其他解决方案相比的独特之处;展示你的解决方案能在多大程度上改变顾客的生活,是更富足、更高效还是更实用;说明为防止他人短期内抄袭你的方案设置了什么障碍。

⑤机会和目标市场。阐明目标市场,用调研数据来表示市场潜力和趋势;描述保持目标市场广阔前景的商业和环境趋势;用图表展示目标市场的规模、预期销售额(最少3年)和预期市场份额;说明达到销售额的方法;准备好解答对于数据的疑问。

⑥竞争。说明产品或服务的差异化,说明竞争优势和策略。详述你的直接、间接、未来的竞争者;展示你的竞争者分析方格;通过竞争者分析方格说明你与竞争对手相比的竞争优势;说明为什么你的竞争优势是持久的;如果你的退出战略是被某个实力更强的竞争对手收购,不妨在这里提出这种可能性。

⑦市场和销售。描述你的总体市场计划;描述你的营销策略和定价策略;讨论营销流程;描述你调查的购买意愿表结果、产品需求的初步调研结果,说明行业内消费者(厂商)的购买动机;说明怎样引起消费者对你的产品或服务的注意;说明产品怎样最终抵达消费者;说明是自己培育销售力量还是与中间商合作。

⑧管理团队。介绍你现有的管理团队;介绍他们的背景、专长,以及对这份事业的成功发挥了怎样的作用;介绍团队如何展开合作;说明管理团队现存的缺陷,以及你打算如何弥补;简要地介绍你的董事会或顾问委员会成员。

⑨财务规划。简要讨论财务情况,介绍未来3~5年内总体的收入规划及现金流规划;介绍需要多少资金,你想要融资的渠道及资金使用方式。强调企业何时获利,何时达到盈亏平衡。

⑩总结。总结介绍企业最大的优势及创业团队最大的优势;介绍企业的退出战略。

(二)创业计划展示应注意的问题

①做好充分准备。展示者一定要有备而战,备战中不但要对展示的内容、方式和应该注意的问题有所准备,而且要事先推测对方可能会提出哪些问题,以及如何回答这些问题。展示的准备要由集体完成,每次展示后也要进行集体讨论,以便及时总结经验教训。

②展示时不要只顾自说自话，要创造机会让到场的投资者也参与发言或演示，实现相互之间的交流和互动。展示应保持条理清晰的风格，突出市场前景，刺激投资者的兴奋点。为此，在展示开始时就应声明在展示过程中允许提问。

③不要过分强调技术因素或故意使技术环节复杂化。关于技术问题，可以准备一份专门介绍的活页，在需要的时候可以适时插入。技术类图表的出发点应该是为支持市场与产品定位预测服务，如果没有特殊要求，不必画蛇添足地多做解释。

④分别做两份完整的计算表，一份面向技术背景有限的私人投资部门，另一份则面向熟知专业技术的精明投资者。演示应针对投资者的技术基础和专业背景。比如说，如果投资者的背景是财会专业，则有侧重地应用账务举例。

⑤如有必要，在演示前应先签一份保密协议。通常，第一次演示不要披露太多的专业信息。所以，非不得已不要强求对方签订这种协议，不要在与项目无关紧要的地方滋生矛盾。

⑥实际执行演示的人员应具备突出的沟通表达能力。演示者不一定是经理，这样安排的效果可能更好。因为此时经理可以观察听众们的反应，并在适当的时机给一些强调或补充性说明，增加内容的可信性。

二、创业计划的推介

合理有效的创业计划推介，能使创业者少走弯路，节省时间和精力，并且有效实现预期目标。进行创业计划的推介，必须有好的方法，优秀的推介方法能让局外人了解企业的形象和创业者的魅力，使创业者受益。第一，把空想变成现实。由于缺少经验，创业者难免对前景盲目乐观。在这种情况下，推介方法可以帮助创业者认准方向，减少企业投资风险。第二，获取所需要的帮助。创业者为了实现自己的理想，需要各方面的支持，而行之有效的推介方法就是成功地把企业想法推介出去，增强原有投资者的信心，使创业计划有用武之地。

推介的基本技巧如下所述。

1. 推介内容准备

创业者要认真准备推介内容。要针对不同的推介对象，准备他们比较关注的内容。创业者在做创业计划推介准备时，要注意训练自己言简意赅的表达能力，训练自己用一分钟来表达、阐述新创企业的性质与职能。

2. 演示创业计划

关于企业的目标市场、竞争等各方面的情况，创业者可能已经在平时做了很多的功课，但是如何利用好手中的PPT，并且能够把投资者感兴趣的内容讲出来，是创业者在推介项目时最关心的。PPT并不是要代替创业者向人们展示创业计划，创业者和创业团队才是关键。PPT的作用只是提供一个总体的框架，强调创业者发言内容的重点。因此PPT应该简明扼要，只包含主要标题和一些解释性语句。

3. 路演答辩技巧

演讲的第一条注意事项就是严格控制时间。如果是半小时的发言时间，最后5分钟用来提问，那么就必须在25分钟之内结束演讲，不能超时。演讲时着装要得体，如果不确定自己到底该选择怎样的衣服,可以打电话咨询一下着装事宜,尽可能多地了解演讲场地的情况,尽量避免因不熟悉场地或紧张而引起项目介绍找不到重点、材料和演示工具准备不足、时间把握不好等问题。在演讲前,最好多带几份创业计划书备用,因为也许有听众是初次听计划,他很感兴趣,那么势必要看整份的创业计划书。

4. 个人状态及演说技巧

在向投资者推介自己的创业项目时,要表现出自信积极的个人心态,展现出对自己项目的信心以及愿意为项目付出巨大努力的准备。在个人演讲时要精准地把控语速和时间,争取在最短的时间内讲出最有价值的内容。最后,演讲的内容要准确,特别是其中的一些分析性内容。回答投资者的问题要"四不要":不要啰唆;不要软弱回避;不要针锋相对;不要语无伦次,前后不搭。

5. 反复练习

反复演练,控制时间。激情、气场、语速、语调、手势动作等演讲基础技巧要勤练习,把演讲内容烂熟于心。在创业团队面前进行试讲,让他们帮忙计时,反馈演讲效果并及时改进。

6. 注意语言模式

大部分人不是天生的演讲家,可是控制语速能让创业者讲解得更清晰。控制语速可以减少犯错误,少用形容词,用故事叙述。不要把问题说得太抽象,要用翔实的数据、具体的事例和故事进行讲述,展示清晰的故事叙述能力。

三、创业计划推介的进阶技巧 >>>

创业计划推介的进阶技巧如下:

1. 形成良好的第一印象

与投资者首次会谈通常需要 1~5 小时,具体时间长短依讨论问题的深度、广度而异。平均看来,会谈的时间大约为 2 小时。在会谈过程中,对方将以企业家的标准分析你的个性,考核你的能力。大多数投资者认为,创业者给他们的第一印象具有决定性意义,如果第一印象不好,双方的接触很可能就此终止。那么,怎样才能给对方留下良好的第一印象呢?得体的穿着,礼貌的行为,诚恳的态度是最基本的要求。

2. 会谈要围绕创业计划书进行

会谈要始终围绕创业计划书进行,不要漫无目的地夸夸其谈。运用数据,明确告诉投资者企业的目标用户是谁,项目将会怎么做,为什么在同行业中比其他创业者更优秀,同时再给投资者提供一份详细准确的财务预测。虽然说数据略显枯燥,但是大家要记住:数据才是最准确、最吸引人的描述。某些创业者认为自己应向对方出示大量资料和图表,而不认真考虑这些资料的必要性,甚至对所带的资料缺乏深入的了解,以致当投资者问起时不能给予满意的回答。所以,一些资深投资者建议,会谈前一定要围绕创业计划书涉及的内容进行认真准备,会谈要始终围绕创业计划书进行。如果有产品模型或样品,一般可以随身带去,多余的东西最好不带,否则很可能会给创业者带来意想不到的麻烦。

3. 不要过分自夸

投资者首先需要创业者有聆听能力。许多创业者认为，会谈的机会非常难得，应该在有限的时间内，尽可能通过自己的表达打动投资者。基于这种考虑，创业者为了赢得投资者们的兴趣，往往会特别健谈，甚至会不由自主地夸大自己的项目优势。如果创业者认为自己的项目不可一世，听不进别人的意见，在推介自己的计划书和项目时只顾自己而不顾投资者的感受，这样创业者和创业者的项目都很难受到投资者的青睐。在这种时候，创业者一定要明白"言多必失"，一定要尽量避免提及自己在将来的宏大计划，更不要提及在创业计划书中并没有说明的那些新产品。同时，创业者需要诚实地回答投资者的问题，让投资者觉得创业者是可以信任的，不要偷奸耍滑。应该知道，"过分地自夸只会让人感觉你是一个梦想家或是一个眼高手低的人"，这是一位风险投资家对创业者的忠告。

4. 展示你的热忱和激情

创业是一件非常艰苦的事情，只有充满热忱和激情的人才能取得创业成功。事实上，投资者在考察创业者时，除了希望对方专业、智慧，具有完成创业项目的知识和能力外，还希望对方具有坚定的信念和乐观的精神，并且对自己的事业具有火一样的热情。所以，提醒创业者不要过分自夸，并不是要其沉默、低调，而是要实事求是地展现自己和自己的创业项目。同时还要注意，在会谈过程中，创业者就像是一个推销员，在向投资者推销创业项目时，也是在推销自己。一个对自己的创业项目都没有热忱和激情的人，投资者怎么可能为他投资呢？

5. 捕捉投资者的兴趣

在推介创业计划之前，创业团队应该了解投资者的喜好，尽量多地搜集内部信息。比如，他们有自己的公众号吗，有博客吗，他们是关注长远目标还是关注当前的财务状况，他们关注创业者的什么特质等。再比如，有资料显示，关注 IT 的投资者一般喜欢新产品和新服务。因此，要尽量了解投资者的兴趣，如果能在推介时利用好这些，可以给投资者留下深刻印象。如果创业团队在推介前无法得到这些信息，那么在推介的过程中要注意观察，并及时做出调整。

6. 表现出真实的自己

在双方会谈过程中，还要注意你表现出来的得是你自己，不要企图把自己伪装成另外一个成就很大的企业家。会谈时要谈吐自如，要把注意力放在准确理解和回答对方提出的问题上。作为一个寻求帮助的人，不要试图把自己表现得很强大。真正的自信者，应该能够客观地看待自己的优势，坦然地面对自己的不足。要尽可能真诚地表达自己的想法，要实事求是地评价自己的项目和能力。要知道，你不可能吸引所有投资者，你要寻找的是真正懂你、信任你，真正看好你的创业项目，并确实有能力帮助你的人。如果你遇到的不是这种人，千万不要为了迎合他的要求而改变自己。

7. 准备回答最刁钻的问题

在推介创业计划时，精明的投资者往往会提出各种比较刁钻的问题。在推介之前，创业团队最好就可能被问的问题提前做好准备，尽量避免措手不及。但是如果投资者提出的问题真的是创业团队没有想到或没有妥善解决的问题，不要担心，只要记住一点：诚实回答。诚实是企业家重要的品质之一，如果搪塞、糊弄，则可能会让之前留下的良好印象大打折扣。

【思考讨论】

请围绕"创业计划及创业计划书的撰写与展示"分组展开讨论，思考并回答下列问题。

①创业计划书有什么作用？

②创业计划书应包含哪些内容？

③撰写创业计划书要经过哪些步骤？

④撰写创业计划书应遵循哪些原则？

⑤分析创业可能遇到的问题和困难。

⑥如何理解展示创业计划的要点？

⑦进行创业计划展示时应注意哪些问题？

⑧创业计划的推介技巧有哪些？

【课外修炼】

创业计划是创业的动力。好计划是很容易获得的，但仅仅有设想与将其付诸实践完全是两码事，那么，如何找到最适合你的计划呢？请完成以下练习。

①用 50 字左右将你的想法写出来。

②在实施这个想法前，列出所有你要回答的关于这个行业的问题。

③尽可能具体地找出这个想法的来源。

④找出 3 种方法来证明你的这个想法比现在应用的具有一定的优越性。

⑤找出你的想法可以应用的另外 3 个例子，如果找不出来，请说明其困难及克服方法。

⑥今后 5 年内你是否打算致力于该计划的实行？为什么？

⑦你的这个想法产生多长时间了？如果少于 3 个月，解释一下为什么你不给它更长的时间。

⑧粗略地估计一下，该项设想在 3 年内能达到的销售水平和实现的利润是多少。通过这些估计判断一下，如果你开始实施它，将会遇到的风险有多大。

(9)你是执行这个计划的最佳人选吗？如果是，找出 3 个理由并加以证明。

(10)你的计划是关于一种产品还是一个企业的？如果它是关于一种产品的，解释一下这种产品如何导致一个企业的诞生。

如果你已经通过了前面的检验，再用下面一些附加检验来验证一下。

①这个计划将如何帮助你实现你的奋斗目标？

②今后 5 年内，你自己的两个重要目标是什么？

③列出 3 个你在实现市场占有率中的限定条件(如工作经验、受教育程度、开拓性研究、商誉等)。

④用 50 个左右的字描绘出你的市场占有率。

⑤列出并描绘一下在实施这个计划时，你可能遇到的两个棘手的问题。

⑥解释一下你将如何克服那些困难。

"即食泡菜"项目创业计划书

1. 项目背景

泡菜属乳酸菌发酵食品，在我国历史悠久。泡菜制作一般采用高盐分、长时间腌制工艺，其原理为蔬菜在5%~10%的高浓度食盐溶液中，借助天然附着在蔬菜表面的有益微生物(主要是乳酸菌)，利用蔬菜泡制切割处理时涌出的汁液，进行缓慢的发酵产酸，降低pH，同时利用食盐的高渗透压，共同抑制其他有害微生物的生长，经15~30天发酵，获得泡菜成品。

国内泡菜企业多采用自然发酵工艺，该工艺的弊端有以下几点：

①发酵周期相对较长，生产力低下。

②受卫生条件、生产季节和用盐量影响，发酵易失败。

③发酵质量不稳定，不利于工厂化、规模化及标准化生产。

④沿用老泡渍盐水的传统工艺，难以实现大规模的工业化生产。

⑤异地生产，难以保证产品的一致性。

⑥亚硝酸盐、食盐含量高，食用安全性差。

目前市场上不少的泡菜已走了样。很多泡菜实际上不是采用传统的制作方式炮制的，而是在盆或池子里用盐，甚至是工业盐炮制，这岂不成了"盐制菜"？餐厅或家庭在使用之前就必须用水脱盐。这样必然会导致营养流失。有些企业在后期采用柠檬酸等调味，泡菜吃起来就不鲜了。目前市场上的泡菜品种较为单一，用的蔬菜也较单一，又因为炮制的时间长，不易保存。

即食泡菜的研发正是在这种背景下应运而生的。用特制的容器腌制泡菜，更重要的就是利用乳酸菌发酵。这对人体健康有益。另外，发酵过程中还会产生醇、酯等物质，吃起来很香，这就是所谓的风味。还有一种制作时间更短，几小时即成的即食泡菜，味道也挺好。因其简单、经济，正适合作为早餐佐粥、午餐开胃的小菜。即食泡菜成为日常餐饮多变的料理和宵夜清爽口味的佳肴，同时也是各餐厅、酒楼为顾客提供的下饭配菜。

2. 指导思想

将泡菜提升为卫生、方便、美味、快捷，人见人爱的食品，将给市场带来新的亮点和卖点。因为它不是所谓超前的产品，而是以它古老的传统和习俗、风味而更贴近消费者，一旦进入市场更易于被人们接受，这将使泡菜具有旺盛不衰的生命力。

经过多年研发，不断求索，利用现代食品工程高新技术，终于研发出最新型的科技产品——即食泡菜。它继承百年的传统泡菜工艺和配方，用专门设计的泡菜机械设备制成，不仅取代了一些极其烦琐的程序，而且可以按照泡菜时间的先后顺序生产所需品种，无须借助其他捞取工具，避免了污染，从而延长了保存的时间。更为特别的是，由于其快速的炮制方法和传统工艺秘方，即食泡菜具有消食健胃、降压、活血、美容、防癌的功效。因此，产品一经上市定会受到消费者的青睐，特别是中老年人和工作繁忙的人士，更会百吃不厌。如今，即食泡菜已不是单纯的节令食品，而成为一年四季随时可吃的佳肴，确实是中小投资者小本创业的好项目。

小泡菜写出大文章。依靠泡菜发财的人真是不少,比如天津商学院一位教授下海做泡菜生意,仅仅两年时间,就赚了足足400万元。如今这位64岁的教授又将投资1300万元,打造一个真正意义上的工业化泡菜工厂。

此项目研发不但考虑了广大消费者的利益,而且考虑了生产上的可行性。固定资产投资较低,回报率较高,发展前景较好。每500克即食泡菜的售价为7~10元,然而成本不过是售价的30%。又如,日营业额在2000元左右的餐厅,日销售泡菜近3000克;一些中大型城市及周边地区,按4万多家餐饮企业年需用泡菜20万吨计算,减去这些企业每年自做的5万吨,每年还需从市场上购买(市场年缺口)15万吨,因而市场潜力巨大。

此项目技术可以制成多种口味和品种的即食泡菜,而且可制成在常温下保质期为6个月的产品,不断给市场制造出新亮点和新卖点,给生产和经营企业带来丰厚的利润回报,也给消费者带来不少的惊喜和口福。

3. 资金投入

①固定资产(此投资为先期小规模投入):9万元左右,不包括厂房、压力锅炉(2吨)及交通工具。②流动资金:3万元。③前期筹建资金:1万元。④包装物费用:3万元。⑤市场推广(营销费用):2万元。⑥不可预见费:2万元。

4. 主要任务和步骤

(1)筹备组建企业,从筹备到试产,3~6个月。

(2)可分期、分批投入资金、人员等,由小到大逐步发展。原则:销售逐步增加,资金逐步投入,厂房逐步扩大,设备逐步增加,人员逐步增加。

(3)做市场应注意的问题(建议)。

①可采用多渠道并举(包括电子商务)的营销方式,并做好促销工作,力求尽快达到盈亏平衡点,尽快整合好进入主流渠道的各方面资源及配送体系。②尽快进入龙头店,带动二级店,协调好代理商,不断扩展形成销售网络,并细分好渠道和市场。③逐步推广市场,扩大市场份额(占有率)。④逐步树立品牌和企业形象。⑤进一步把市场细分做透,扩展和延伸,并适时推出新产品。

5. 效益分析

①年产量:约150吨。②年产值:约210万元(按售价每500克7元统计)。③年纯利润:约100万元。

④纯利润率:约50%。

6. 项目所需其他条件

①人员:10人。②厂房:100平方米以上。③水:5吨/小时。④电:20千瓦。

7. 风险预测

此项目属于现代食品工程高新技术,其特点是研发期长,技术含量较高,自我保护期长。这使之较难仿造、伪造和假冒,从而能够保持强有力的竞争力。

结论:固定资产投入较少、风险较小、回报率高、市场前景广阔。竞争对手少,见效较快,并易形成垄断的技术、市场、利润。

8.产品发展设想

①创业企业的生存与发展离不开四个要素,即营销、资金、技术、团队。企业具备以上要素的同时,还要突出一个"快"字。产品快速占领市场,有助于避免一些不必要的竞争和消耗。

②本产品的目标消费者为中端消费群体。面对目前国内城市的市场状况,把其产品定位在精装、高品质、中等价格,不失为明智之举。

③宜采用"多个鸡蛋放在多个篮子中"的策略,使其产品品种、规格、口味等呈多样化,从而形成强有力的市场冲击力,并可获得丰厚的利润回报。

案例思考:1.该创业计划书存在哪些问题?你觉得哪些方面还需要进一步改进?

2.如果你是投资者,你会为这个创业项目投资吗?为什么?

3.从发现小泡菜商机到实现工业化泡菜工厂,你在生活中有没有发现类似的情况呢?

案例&故事

张华的商业计划

张华毕业于某名牌大学,经过多年的业余研究,他在室内环境污染治理方面取得了一项重要突破,这项技术如果在实际中得到应用,前景非常广阔。于是,张华辞去原来的工作,准备创业,但若干年的积蓄都用在了室内环境污染治理的研究上,在七拼八凑注册了一家公司后,已经无力再招聘员工、买实验材料了。无奈之下,张华想到了风险投资基金,希望通过引入合作伙伴的方式解决困境。为此,他写了一份简单的创业计划书,与一些风险投资机构或个人投资者接洽商谈。虽然张华反复强调他的技术多么先进,应用前景多么好,但计划书中总数据没有提供,如市场需求量具体有多少,一年可以有多大的销售量,投资后年回报率有多高,就连招聘一些技术骨干也比较困难,这些人也总是对公司的前景缺乏信心。这时,曾经在张华注册公司时帮助过他的一位做管理咨询的朋友的几句话点醒了他:"你的那些技术有几个投资者搞得懂?你的创业计划书里什么都没有,怎么让别人相信你?投资者凭什么相信你?"

于是,在向相关专家请教咨询后,张华又查阅了大量的资料,然后静下心来,从公司的经营宗旨、战略目标出发,对公司的技术、产品、市场销售、资金需求、财务指标、投资收益、投资者的退出等方面进行了分析和论证,很快拿出了一份全面的创业计划书。经过几位相关专家的指点,他又对内容进行了修改和完善。凭着这份出色的创业计划书,张华不久就与一家风险投资公司达成了投资协议,有了风险投资的支持,员工招聘问题也迎刃而解。现在,张华的公司经营得红红火火,年销售利润已达到500万元。回想往事,张华感慨地说:"创业计划书的编制与我搞的环境污染治理材料要求差不多,绝不是随便写一篇文章的事,编制计划书的过程就是我不断理清自己思路的过程,只有自己思路清楚了,才有可能让投资者、员工相信你。"

课后思考与讨论

1. 一份出色的创业计划书应包括哪些内容?

2. 张华凭借一份创业计划书就获得了风险投资,对你有什么启发?

3. 假如你是风险投资基金负责人,你会从哪些因素考虑准备风险投资的创业项目呢?

第八章 全国大学生生命科学竞赛指南

新时代新征程上，我们要坚持守正创新，不忘老祖宗，始终走正道、善于闯新路，让理论之树常青、事业之树常青，不断以新的作为、新的成就告慰老一辈革命家。

——习近平总书记谈创新

第一节 全国大学生生命科学竞赛解读

>>>

(一) 竞赛简介

全国大学生生命科学竞赛（以下简称生命科学竞赛）是在教育部高等学校大学生物学课程教学指导委员会、教育部高等学校生物科学类专业教学指导委员会、教育部高等学校生物技术与生物工程类专业教学指导委员会、教育部高等学校食品科学与工程类专业教学指导委员会、高等学校国家级实验教学示范中心联席会和《高校生物学教学研究（电子版）》杂志共同倡议、指导下，由全国大学生生命科学竞赛委员会设立的大学生课外学术科技活动竞赛，每年举办一届。通常，赛事每年7月份开始，次年8月底前完成。根据实际情况，竞赛时间安排可能做适当调整。

生命科学竞赛分为两个赛道，即科学探究类赛道和创新创业类赛道，分别为原全国大学生生命科学竞赛、全国大学生生命科学创新创业大赛。科学探究类赛道竞赛委员会秘书处设在浙江大学生物学国家级实验教学示范中心，创新创业类赛道委员会秘书处设在上海交通大学生命科学与技术国家级实验教学示范中心。生命科学竞赛每年同时段分赛道进行，竞赛的名称为"全国大学生生命科学竞赛（决赛举办年份）"；各省（市、自治区）大学生生命科学竞赛（以下简称"省赛"）的名称为"全国大学生生命科学竞赛（决赛举办年份）××赛区"。

(二) 竞赛内容和形式

生命科学竞赛的宗旨是立德树人、崇尚科学、追求真知、勤奋学习、守正创新、迎接挑战。竞赛的目的为引导和激励高校大学生实事求是、刻苦钻研、勇于创新、提高素质，培养学生创新能力、科研素质和综合能力，激发大学生创新创业热情，提高高校生命科学类专业人才培养质量。

科学探究类竞赛分为科学研究类和野外实习类。参赛队伍围绕生命科学相关领域的科学问题,开展自主性设计实验或野外调查,寻找解决生命科学问题的有效方法。参赛队伍通过竞赛网络平台进行报名并按要求提交立项报告(研究综述和实验设计)、全程工作记录、论文和心得。在网络平台完成材料提交的队伍,需经过全国统一的网络评审,根据网络评审成绩择优参加省赛决赛,由省赛选拔出参加全国决赛的队伍。入围决赛队伍通过答辩,角逐特等奖、一等奖和二等奖,三等奖由省赛直接决出。

创新创业类竞赛分为创新组和创业组。创新组参赛队伍参加竞赛的成果包括竞赛期间发表或接收的学术论文或受理的发明专利等,参赛选手之一须为成果的前三贡献者。创业组参赛队伍需提交一份具有市场前景的生命科学相关技术、产品或服务的创业计划书,创业组分为实践类和创意类,实践类项目成员之一须为公司股东。参赛队伍通过竞赛网络平台进行报名并按要求提交相关材料。已获国家级及以上奖励的作品不在上述参赛范围之列。在网络平台完成材料提交的队伍,需经过全国统一的网络评审,根据网络评审成绩择优决定入围决赛队伍。入围决赛队伍通过答辩,角逐特等奖、一等奖和二等奖,三等奖根据网络评审成绩或省赛成绩认定。

(三)科学探究类

1.参赛资格

全日制非成人教育的各类高等院校在校本、专科生都可组队报名参赛,参赛资格由所在学校确认,报名时须为在校生。科学探究类每支参赛队伍由1~2名指导老师和不超过5名学生组成,每位老师当届指导的参赛队伍数不能超过两支,且作为第一指导老师的只能有一支参赛队伍。创新创业类每支参赛队伍由1~2名指导老师(指导老师必须在成果或作品中有署名)和不超过6名学生组成。

2.参赛方式

材料提交包括研究综述和实验设计、实验记录、论文、论文查重报告,以及参赛承诺书。参赛队伍需按时提交研究综述和实验设计,否则无法继续提交后续材料。实验记录每天只能上传一份,摘要不超过50字,完整实验过程、结果和分析等以PDF文件通过附件上传。每支团队最多上传30次实验记录。实验记录附件模板、论文撰写模板、参赛承诺书可至竞赛官网(https://culsc.cn)"下载中心"获取。论文重复率不超过20%。各项材料全部提交才能进入网络评审。

3.科学探究类竞赛评审

在科学探究类竞赛中,科学研究类和野外实习类分开评审。系统根据项目研究方向匹配5位网络评审专家,网络评审成绩为去掉最高分和最低分后的平均分。如果3个有效分值相差超过10分,将安排第6位专家评审,重新计算平均分。省赛决赛中网络评审成绩占50%。原则上同一二级学院被推荐为国赛决赛的团队数不超过所在省(自治区、直辖市)总推荐团队数的15%。

各省(市、自治区)根据网络评审成绩组织省级决赛,没有省赛的地区根据网络评审成绩排名推荐参加本届决赛的项目,角逐全国大学生生命科学竞赛科学探究类赛道一、二等奖。各省(市、自治区)进入决赛的团队数量为有效参赛团队数量的6.5%。

竞赛网络评审的总分为100分,包括立项报告20分、实验记录50分、论文30分。网络

评审专家在评分过程中参照以下要求执行:

(1)立项报告(20分)

研究综述(10分):围绕参赛队课题内容,阐述相应领域的最新研究进展,要求内容切题、信息正确、写作规范(不需要英文摘要,参考文献中的中文文献不需要翻译),字数为3000~6000字(参考文献不计算在内),参考文献限一页。

实验设计(10分):应包括本研究的目的与意义、研究内容、实验方案、技术路线、研究进度及预期成果。要求实验设计具有科学性、规范性和先进性。

(2)实验记录(50分)

实验操作和过程要尊重事实,须认真严肃地在竞赛平台上及时记录实验数据和细节,上传实验过程和结果。所有图表结论等须有产生过程。实验过程中出现失误或失败的,只要分析清楚,不影响得分。评审重在对整个实验过程的评价,如实验自主性与工作量、实验技术、过程记录、实验结果、实验的真实性和学生的收获等。

(3)论文(30分)

在上述实验的基础上形成论文,按照竞赛官方网站提供的论文模板撰写,包括中英文标题、中文摘要、正文图表,不需要英文摘要。论文内容要与实验记录符合。论文正文不超过4页,参考文献不超过1页。

(4)扣分标准

①信息泄露总分作零分处理:研究综述、实验设计、实验记录和论文中均不能出现学校名称、团队编号、学生及指导老师等相关信息,违反此规定,网络评审总分作零分处理。

②论文版面超出规定要扣分:正文不超过4页,包括中英文标题、中文摘要、正文和图表,参考文献不超过1页。网络评审时多1页总分扣3分,多2页总分扣6分,以此类推。

③实验记录未及时上传:实验记录上传时间和实际发生时间偏差大(受季节性影响的实验材料除外)的,根据偏差程度,总分扣5~10分。实验记录在截止日期前集中上传的,视具体情况,总分扣5~10分。

④论文内容与实验记录不符:根据不符程度,总分扣5~20分。

⑤结论没有形成过程:实验记录和论文中的图表结论等没有数据和形成过程的,视具体情况,总分扣5~20分。

(四)创新创业类

1.参赛资格

参赛对象:生物、食品、医学、药学、农学、环境等相关专业的全日制非成人教育的各类高等院校在校本、专科生都可组队报名参赛,参赛资格由所在学校确认,报名时须为在校生。不能跨校申报,即同一个项目必须为同一学校,但可以在同校跨院系申报。参赛者以团队形式参赛,每支参赛队伍由1~2名指导老师(指导教师指导项目数没有限制,但所有指导老师必须在成果中有署名)和不超过6名学生组成。每位学生当届竞赛最多可参加创新组和创业组各一个项目,且只能作为一个项目的负责人。

2.参赛方式

竞赛分创新组和创业组,参赛队伍通过竞赛网络平台进行报名并按要求提交相关材料。

已在往届该赛事中获省级、国家级奖励的项目不在上述参赛范围之列。

①创新组：生物、食品、医学、药学、农学、环境等相关专业在校本、专科生参加创新实验取得的成果，成果形式包括学术论文（应为已发表或已录用学术论文，如为综述类论文或会议论文摘要，不可以申报参赛）、发明专利（已受理申请、公开、授权）、软件著作权等。团队负责人必须为成果的前三贡献者（共同作者按自然排序的前三位）。创新组作品重点关注其科学性与创新性、规范性、申请学生的贡献度。

②创业组：参赛团队需完成一份具有市场前景的生命科学相关技术、产品或服务的创业计划书；创业组分为实践类和创意类，实践类项目成员之一须为公司股东（若仅有指导教师为股东，不能作为实践类项目）。创业组作品重点关注项目技术创新与经济性、规范性、申请学生的贡献度。

竞赛设立学生奖项（一等奖、二等奖、三等奖和单项奖）、教师奖项（优秀指导教师奖设一等奖、二等奖和三等奖）和集体奖项（优秀组织奖），教师奖项级别根据所指导的参赛队奖项级别确定。

参赛作品通过网络进行申报，申报网址为 www.culsc.cn。创新组提交材料：报名表、网络评审材料（包含作品申报书及佐证材料，此部分内容需隐藏所有个人及单位信息）、资格审查佐证材料（根据项目相关性依次罗列成果电子版原件或原件扫描件，合并生成一个 PDF 文件上传至指定位置，此部分所有材料无须隐藏单位和姓名信息，无须作品申报书）。创业组提交材料：报名表、网络评审材料［包含作品申报书及佐证材料（含创业计划书、专利证书等，需隐藏参赛团队成员个人、指导老师及所在单位信息）］、参赛视频（50 M 内，mp4 格式）、资格审查佐证材料［将所有支撑项目的证书、证明等原始材料电子版原件或原件扫描件合并成一个 PDF 文件上传至指定位置（如专利证书等），实践类项目需附营业执照和有效股东证明，此部分所有材料无须隐藏单位和姓名信息，无须创业计划书］。

第二节　全国大学生生命科学竞赛立项报告撰写

>>>

（一）写作思路

在撰写立项报告之前，一定要明确开展科学探究类生命科学竞赛的思路是"提出科学问题、解答科学问题"；没有明确科学问题的科学实践往往是盲目和缺乏可行性的，容易变成为了研究而做研究。因此在撰写参赛材料和开展实验研究的过程中，必须牢牢围绕科学问题这条主线。具体到立项报告的两项内容，研究综述和实验设计，写作思路大致应该是"提出合理的科学问题"和"设计解答科学问题的实验方案"。立项报告共 20 分，包括研究综述（10分）和实验设计（10分）。

在决定开展生命科学竞赛时，需要在指导老师的帮助下选题。选题过程大致是根据自己的科研兴趣和指导老师的研究领域，提出一些值得解答的科学问题；然后结合自己和指导老师的专业知识，以及能够获得的实验条件，进一步确定一个能够解答的科学问题。由此可见，选题其实就是选择一个值得解答且本团队能够解答的科学问题。将选题的过程记录下来并进行科学严谨的表述，就形成了我们的研究综述和实验设计，前者论证科学问题的实践或理论价值，后者阐明解答科学问题的方法。

（二）研究综述的撰写

研究综述围绕参赛队课题内容，阐述相应领域的最新研究进展，要求内容切题、信息正确、写作规范（不需要英文摘要，参考文献中的中文文献不需要翻译），字数为 3000～6000 字（参考文献不计算在内），参考文献限 1 页。撰写研究综述通常包含竞赛题目、竞赛摘要、竞赛项目关键词、研究综述正文和参考文献。

①竞赛题目是对拟开展竞赛项目的高度凝练，也是评委和读者了解竞赛项目的首要信息来源，因此题目必须言简意赅，且充分体现项目内容。通常题目应当反映项目研究材料、研究内容的重要性和新颖性，如果研究方法等比较重要也可以在题目中呈现。比如竞赛题目"毒死蜱对炎黄星齿蛉的生物毒性及基因表达的影响"包括杀虫剂毒死蜱和昆虫炎黄星齿蛉，研究内容为生物毒性及基因表达。

②竞赛摘要是对整个拟开展竞赛项目的高度概括。评委和读者通过阅读摘要应该能够对整个项目的内容有比较全面的了解。摘要通常依次呈现研究背景、主要研究内容、预期研究结果和研究意义。这里需要注意，在撰写立项报告时研究内容还没有开展，因此叙述研究内容、预期结果和研究意义时常用将来时态，比如"将""拟开展"等表述。

③竞赛项目关键词是对竞赛项目重要内容的提取，通常为名词性质的词汇或短语，数量一般为 5 个左右，主要源自研究材料、研究内容、研究方法等，常与竞赛题目和竞赛摘要中出现的重要词汇一致或相关。竞赛项目关键词能够体现竞赛项目的关键点，还可以补充题目没有凸显的亮点。比如竞赛题目"毒死蜱对炎黄星齿蛉的生物毒性及基因表达的影响"的关键词为："毒死蜱""水生昆虫""炎黄星齿蛉""生物毒性"和"基因表达"。其中 4 个关键词出现在了竞赛题目中，"水生昆虫"是对研究材料的补充描述。

④研究综述正文是该部分的主要内容，要逻辑清晰地介绍整个竞赛的研究背景、国内外研究进展、研究材料，并在此基础上提出科学问题。通常按照由远及近的写作顺序进行撰写，比如竞赛题目"毒死蜱对炎黄星齿蛉的生物毒性及基因表达的影响"的写作提纲大致可以是毒死蜱的生态风险→毒死蜱对水生昆虫的影响→毒死蜱对水生昆虫的毒性机理→研究区域与研究对象特点→提出科学问题。

⑤参考文献目录是对前人研究成果的引用。尽管参赛所需的全部资料都需要参赛队员自己撰写，但在撰写研究综述正文时往往需要引用已发表文献资料的数据和观点来支持我们的观点或探讨一些问题。这些被引用的文献资料应当按照文献引用的格式在研究综述正文中标注，并在参考文献目录中按引用顺序或字母顺序列出。正文中的标注常用"中括号加罗马数字上标"或"括号人名加年份"的方式标注，比如"[1]"和"（张三等，2023）"；参考文献目录通常包含作者姓名、文献题目、出版物名称、年份、期卷页码等，具体格式可以询问指导老师。

（三）实验设计的撰写

实验设计应包括本研究的目的与意义、研究内容、实验方案、技术路线、研究进度及预期成果。要求实验设计具有科学性、规范性和先进性。在研究综述已经"提出合理的科学问题"的情况下，要为解答科学问题设计一个可靠的实验方案，因此实验设计需要围绕科学问题来撰写。

①目的与意义是整个立项报告最重要的部分之一，通常以简短精炼的篇幅呈现研究背景、科学问题、研究思路、研究内容、研究目的和研究意义，能集中体现竞赛项目的创新性和学术价值。因此，这部分内容也是评审专家和读者最看重的内容。在撰写目的与意义时，径直提出研究目的和意义会比较突兀和缺乏依据，在撰写时可以先简要总结研究综述叙述的研究背景和科学问题，然后条理清晰的写出为解答科学问题所要开展的研究内容，最后设想完成研究内容后可以达成的研究目的和研究意义。

②研究内容是为解答科学问题而设置，因此要仔细分析科学问题的内涵，查阅文献资料，设置合理的研究内容。例如竞赛项目"毒死蜱对炎黄星齿蛉的生物毒性及基因表达的影响"的科学问题是：毒死蜱对炎黄星齿蛉的生物毒性包括哪些方面？因此，我们可以查阅文献资料了解毒死蜱对其他生物有哪些毒性作用，以及如何通过实验手段去分析这些毒性作用，然后根据炎黄星齿蛉的生物学特征设计研究内容去揭示毒死蜱对炎黄星齿蛉的毒性作用。能否解答科学问题，是判断研究内容设置是否合理的重要标准之一。

③实验方案是为完成研究内容而设置的具体研究方案。一个竞赛项目的实验方案通常包含若干个相互关联的实验。实验方案可以看作这些实验的说明书，其他科研工作者根据实验方案应当能够复现这些实验，因此要将每个实验的主要试剂材料、实验方法、操作步骤描述出来。

④技术路线是研究方案的图像化展示，评委和读者应当在查看技术路线后能够较全面地掌握竞赛项目的研究对象、研究内容、研究方案和研究目标。

⑤研究进度是对拟开展实验的进度安排，竞赛项目的所有实验内容应当在竞赛规定的时间范围内完成，我们通常以月为单位计划每个时间段要完成实验内容。

⑥预期成果是在完成全部研究内容之后可以获得的成果，通常围绕科学问题的解答和可能取得的学术成果来撰写。比如竞赛项目"毒死蜱对炎黄星齿蛉的生物毒性及基因表达的影响"的科学问题是：毒死蜱对炎黄星齿蛉的生物毒性包括哪些方面？解答该科学问题之后的预期成果可以是"揭示毒死蜱对炎黄星齿蛉幼虫的生物毒性，撰写学术论文一篇"。

第三节　全国大学生生命科学竞赛(科学探究类)项目实施

每一个全国大学生生命科学竞赛(科学探究类)项目都是一项比较系统的科学研究，需要按照计划的研究进度完成设计的实验内容。这些实验可能涉及艰苦的野外调查、繁重的室内实验和复杂的数据分析，参赛同学应当在指导老师的带领下充分利用课余时间开展实验工作。在这个过程中，参赛同学应大量查阅文献资料、掌握所需实验技能和学会各种数据分析方法，着重锻炼自己的科学思维和学术写作能力，完成每项实验后要及时记录实验结果和分析实验数据，撰写实验记录，提交到生命科学竞赛网站系统。

第四节　生命科学竞赛论文和心得体会撰写

>>>

（一）竞赛论文撰写

在完成研究内容的基础上形成论文，按照竞赛官方网站提供的论文模板撰写。论文内容要与实验记录符合。论文正文不超过4页，参考文献不超过1页。竞赛论文是在竞赛实验内容完成后对整个竞赛项目的总结，通常包括中英文标题、中文摘要、关键词、前言、材料与方法、结果与分析（含图表）、讨论与结论和参考文献目录。

①竞赛论文题目是论文内容的高度凝练，并且应尽量与竞赛题目保持一致。

②论文中文摘要是对论文内容的高度概况，摘要通常依次呈现研究背景、主要研究内容和结果、研究结论和研究意义。这里需要注意，在此时研究内容已经完成，在叙述研究内容、研究结果和研究意义时常用现在时态和过去时态，比如"开展了""结果表明"等表述方式。

③论文关键词是对论文重要信息的提取，通常为名词性质的词汇或短语，数量一般为5个左右，主要源自论文的研究材料、研究内容、研究方法等，常与论文题目和论文摘要中出现的重要词汇一致或相关。

④论文前言在某种程度上可以看作竞赛项目研究综述的精简版，要逻辑清晰地介绍论文的研究背景、主要研究进展、研究对象、存在的问题和简要的研究内容。写作逻辑也是由远及近，最终落脚到存在的问题和为解决该问题开展的研究内容。

⑤论文材料与方法在某种程度上可以看作竞赛项目实验方案的精简版，简明扼要地交代论文实验所用到的试剂材料、实验方法和操作步骤等。

⑥结果与分析是对实验记录的深入总结、描述和分析。由于篇幅有限，要合理地使用图表对实验记录中的内容进行总结，然后逻辑清楚、条理清晰地描述和分析取得的重要实验结果。值得注意的是，结果与分析部分应客观描述实验结果，不要对实验结果进行主观评论和引用他人结果进行比较。

⑦讨论与结论是对实验结果背后的科学意义的挖掘，并在此基础上形成可靠的结论。在这个部分，作者要借助自己掌握的知识和文献报道的数据对论文结果进行讨论，找出实验结果的要点，形成论文的结论。

⑧论文参考文献与前面研究综述的参考文献类似，在论文前言和讨论过程中，需要引用其他文献资料的数据和内容来佐证观点和探讨问题，在材料与方法中也可能引用文献报道过的实验方法；被引用的文献资料应当在前言和讨论中标注，并列入参考文献目录。

（二）参赛心得体会撰写

参赛心得是完成整个竞赛过程的心得体会，字数要求在500字以内，可以回顾印象深刻的事物，总结自己的收获，有感而发，自由发挥。

（三）全国大学生生命科学竞赛参赛要点及案例解析

下文以获得全国大学生生命科学竞赛（2023）国赛二等奖的竞赛项目"毒死蜱对炎黄星齿

蛉的生物毒性及基因表达的影响"为例,围绕立项报告(研究综述、实验方案)、实验记录、竞赛论文和心得体会简要介绍生命科学竞赛参赛要点。

案例&故事

毒死蜱对炎黄星齿蛉的生物毒性及基因表达的影响
研究综述

(注:该题目是一个包含研究对象、研究内容的名词性短语。)

摘要:喷洒在农田的杀虫剂毒死蜱会随着水流和大气沉降进入淡水环境。水生昆虫是遭受毒死蜱污染毒害最重的生物之一,但是毒死蜱对我国许多水生昆虫的生物毒性还不清楚。本项目拟以武陵山区广泛分布的广翅目水生昆虫炎黄星齿蛉作为研究对象,开展毒理实验分析毒死蜱对炎黄星齿蛉幼虫的致死浓度;进行生物化学实验测定毒死蜱对炎黄星齿蛉幼虫乙酰胆碱酯酶和抗氧化酶活性的影响;采用转录组技术和定量 PCR 技术测定毒死蜱对炎黄星齿蛉幼虫基因表达的影响。研究结果有助于揭示毒死蜱对炎黄星齿蛉的生物毒性及分子机理,为水生昆虫的保护提供科学数据。

(注:下划直线为研究背景,下划虚线为研究内容,下划波浪线为预期研究结果和意义。)

关键词:毒死蜱;水生昆虫;炎黄星齿蛉;生物毒性;基因表达

(注:5 个关键词分别为竞赛项目的研究材料、材料性质、研究内容。)

一、毒死蜱概述……

二、毒死蜱的生态风险

有机磷杀虫剂是目前世界上生产最多、使用最广的杀虫剂种类,为保障全球粮食安全发挥了重要作用(张凯和马利民,2020)。但是,由于广谱的杀虫效能和较高的环境残留,有机磷杀虫剂对非靶标生物的生物毒性,以及由此引发的生态风险也成了不可忽视的环境问题。在我国,毒死蜱是使用最多的有机磷杀虫剂之一,广泛用于水稻、小麦、玉米、棉花等粮食和经济作物的种植中。近年来毒死蜱的药物残留问题日益凸显,我国已经从 2016 年起禁止毒死蜱在蔬菜上使用,但是毒死蜱主要使用对象是水稻、小麦、棉花等大田作物,全国的毒死蜱用量仍巨大(杨益军,2019)。毒死蜱是一类非内吸性杀虫剂,施用在农田中的毒死蜱被农作物吸附的部分通常不超过20%,其余部分降落到土壤中或悬浮在空气中(张凯和马利民,2020)。土壤中的毒死蜱随农田地表径流最终汇集到溪沟、河流、湖泊等淡水环境中,悬浮的毒死蜱也常常随着大气沉降和自然降雨进入淡水环境。因此,毒死蜱已经成为全球最严重的淡水环境污染物之一(Williams et al.,2014)。Papadakis 等(2018)在希腊的地表水中检测出了毒死蜱,最高浓度为 0.419 μg/L。Ccanccapa 等(2016)对西班牙两条流入地中海的河流进行了长达四年的杀虫剂监测,毒死蜱的检出率最高。Rizzi 等(2019)曾在意大利阿尔卑斯山的冰川中检测到 1.90~70.3 ng/L 的毒死蜱……

（注：研究综述的每个段落都要有自己的主题，整个段落都围绕这个主题撰写；为了方便评委和读者理解，段落前两句往往是凸显段落主题和统领整个段落的主旨句；写作视野要开阔和重点突出，既要包含国外研究进展，又要突出国内研究现状；正文中标注的参考文献要格式规范，使用的标点符号应为半角，标点符号后有空格。）

主要参考文献

杨文菊，杨洁，张佑祥，等. 湘西地区不同淡水生境的齿蛉科幼虫多样性特征[J]. 环境昆虫学报，2021，43(5)：1203-1209.

Dembélé K, Haubruge E, Gaspar C. Concentration effects of selected insecticides on brain acetylcholinesterase in the common carp (Cyprinus carpio L.) ［J］. Ecotoxicology and Environmental Safety, 2000, 45(1)：49-54.

（注：参考文献目录格式要规范，除文献标题和出版物题目中原有的标点符号外，使用的标点、括号和中括号应为半角，标点符号后有空格。）

毒死蜱对炎黄星齿蛉的生物毒性及基因表达的影响
实验设计

1. 研究目的意义

毒死蜱是一种全球范围大量使用的广谱杀虫剂，对昆虫和螨虫都有很好的杀灭效果。在我国，毒死蜱是用量最高的杀虫剂之一，为保障粮食安全发挥了重要作用。但是，喷洒在田地中的毒死蜱会随流水和大气沉降进入淡水环境，对各类淡水生态系统造成严重的生态风险。水生昆虫作为各类杀虫剂的非靶标生物，是遭受杀虫剂污染毒害最严重的生物之一。但是长期以来，人们对水生昆虫这一重要生物类群关注度较低，杀虫剂对许多水生昆虫的生物毒性还不清楚，一些地区的水生昆虫种群已经严重衰退甚至消失但仍然得不到任何保护。本项目拟以湘西地区广泛分布的广翅目水生昆虫炎黄星齿蛉作为研究对象，①开展毒理实验分析毒死蜱对炎黄星齿蛉幼虫的致死浓度；②进行生物化学实验测定毒死蜱对炎黄星齿蛉幼虫乙酰胆碱酯酶和抗氧化酶活性的影响；③采用转录组技术和定量 PCR 技术测定毒死蜱对炎黄星齿蛉幼虫基因表达的影响。研究结果有助于揭示毒死蜱对炎黄星齿蛉的生物毒性及分子机理，为水生昆虫的保护提供科学数据。

（注：下划直线为研究背景，下划虚线为科学问题，下划波浪线为研究方法和内容，双下划线是预期研究结果和意义。）

2. 研究内容

①毒死蜱对炎黄星齿蛉的生物毒性

测定毒死蜱对炎黄星齿蛉的致死浓度。

测定亚致死浓度毒死蜱对于炎黄星齿蛉乙酰胆碱酯酶的影响。

……

②毒死蜱对炎黄星齿蛉基因表达的影响……

（注：这里的研究内容与研究目的意义中的研究内容一致，但更详细。）

3. 研究目标

揭示毒死蜱对炎黄星齿蛉的生物毒性。

……

（注：研究目标不是试验方案必需的内容，但可以帮助评委和读者理解竞赛项目的科学价值。）

4. 拟解决的关键问题

毒死蜱对炎黄星齿蛉幼虫的生物毒性包含哪些方面？

……

（注：拟解决的关键问题通常是科学问题的分解，它与研究内容高度对应，可以帮助评委和读者理解为什么要设置以上研究内容来解答科学问题；它们不是试验方案必需的内容，但能发挥重要作用。）

5. 研究方案与技术路线

5.1　研究方案

①毒死蜱对炎黄星齿蛉幼虫致死浓度测定

选取头壳宽度5 mm的炎黄星齿蛉幼虫，在直径10 cm的玻璃培养皿中单头饲养。分别加入10 mL去离子水或包含不同浓度毒死蜱的处理液。饲养幼虫的培养皿放置在温度$20 \pm 1℃$的培养箱，每24 h记录一次幼虫状态，并更换一次去离子水或者处理液。记录的幼虫状态包括存活、击倒和死亡，正常爬行的记为存活，身体蜷曲但在毛笔刺激下身体颤抖的记为击倒，身体瘫软且毛笔反复刺激都没有反应的记为死亡。

②毒死蜱对炎黄星齿蛉幼虫乙酰胆碱酯酶活性的影响……

（注：研究方案与研究内容高度对应。）

5.2　技术路线

技术路线如图1所示。

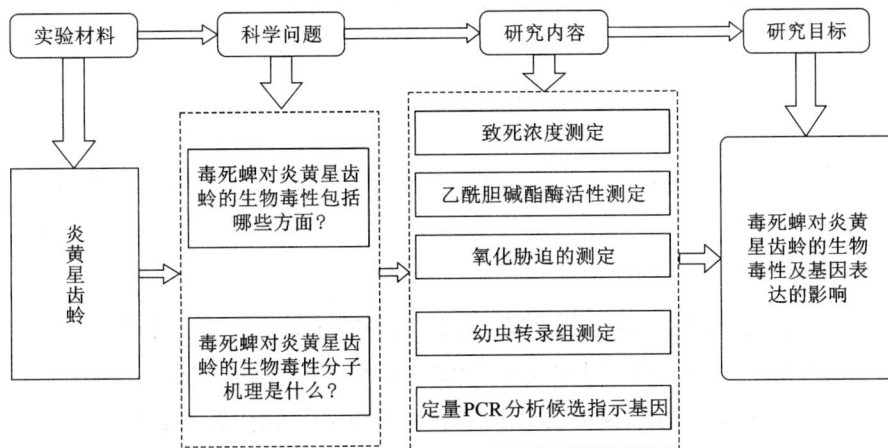

图1　技术路线

（注：技术路线是对整个研究方案的形象化展示，帮助评委和读者直观理解整个研究的思路和内容。）

6.可行性分析

①我们已顺利开展炎黄星齿蛉的实验室饲养工作，能够保障本实验所需昆虫。

②本课题组在国家级自然保护区开展野外实习期间接触了大量水生昆虫，充分了解了研究对象的生物学特性。

……

（注：可行性分析是研究方案的重要内容，能够论证研究方案的可靠性和可执行性，充分的可行性分析是后续实验顺利开展的保障；通常可以从前期研究基础、团队成员知识能力、科研平台条件等方面论证研究方案的可行性。）

7.本项目的特色与创新之处

（1）研究材料特色

炎黄星齿蛉幼虫期长达2~3年，一年四季有幼虫在武陵山区河流溪沟中活动，是易于获取的环境检测生物。该虫为底栖捕食性昆虫，与水体和水底沉积物均有直接接触，且在生命周期中大量捕食其他水生昆虫或者节肢动物，有机会在淡水环境中摄入较多的杀虫剂，是研究毒死蜱生物毒性和生态风险监测的优良材料。

（2）研究思路创新……

（注：竞赛项目应具有鲜明的研究特色和创新性，因此竞赛项目实验材料、研究思路、研究方法的特色和创新性进行深入的分析。）

8.研究进度安排

2022年11月—2023年1月

①测定毒死蜱对炎黄星齿蛉的致死浓度；

②测定亚致死浓度毒死蜱对于炎黄星齿蛉乙酰胆碱酯酶的影响；

……

2023年2月—2023年3月……

（注：研究进度安排是对研究内容和实验方案的时间规划。）

9.预期成果

揭示毒死蜱对炎黄星齿蛉幼虫的生物毒性；

……

（注：预期成果是研究方案的实验内容完成后将取得的理论和实际成果。）

竞赛论文

毒死蜱对炎黄星齿蛉的生物毒性及基因表达的影响
Effects of chlorpyrifos on Protohermes xanthodes Navá：biotoxicity and disruption of gene expression

（注：竞赛论文题目是论文内容的高度凝练，并且应尽量与竞赛题目保持一致。）

摘要：毒死蜱（Chlorpyrifos，CPF）是全球广泛使用的广谱有机磷杀虫剂，在保障世界粮食生产的同时也对全球生态安全和人类健康造成了严重威胁。CPF的直接杀虫活性是抑制神经系统乙酰胆碱酯酶活性，也能诱发氧化胁迫对虫体造成毒害。水生昆虫是连接淡水生态系统和陆地生态系统的关键类群，也是易受 CPF 毒害的非靶标生物。本研究测定了毒死蜱对南方常见水生昆虫炎黄星齿蛉的生物毒性，发现毒死蜱对炎黄星齿蛉的毒性较高，并可能通过氧化胁迫和改变乙酰胆碱酯酶、解毒酶活性影响该虫的生理活动。对炎黄星齿蛉幼虫的转录分析鉴定得到了 2 个乙酰胆碱酯酶基因（*PxAchE1* 和 *PxAchE2*），这两个基因编码的蛋白具有 3 个保守的催化活性位点和 1 个呈现特定空间结构的底物结合空腔。进一步的差异表达基因分析发现，CPF 胁迫可以抑制 *PxAchE1* 和 *PxAchE2* 基因表达，并对羧酸酯酶、谷胱甘肽-S 转移酶和细胞色素 P450 家族的解毒酶基因表达造成影响；7 个解毒酶基因在低浓度和高浓度 CPF 处理下均呈现上调表达，可能参与了对 CPF 的解毒作用。以上研究结果初步查明了 CPF 对炎黄星齿蛉的急性和慢性毒性，揭示了 CPF 胁迫对该虫乙酰胆碱酯酶、解毒酶的催化活性和基因表达的影响，鉴定到的差异表达基因可能作为生物标记用于未来的 CPF 生态风险评估。

（注：下划线为研究背景，下划虚线为研究内容和结果，下划波浪线为研究结论和意义。）

关键词：炎黄星齿蛉；毒死蜱；毒性；乙酰胆碱酯酶；解毒酶

（注：关键词从项目论文中提取，主要源自论文的研究材料、研究内容、研究方法等，常与论文题目和论文摘要中出现的重要词汇一致或相关。）

毒死蜱（Chlorpyrifos, CPF）是全球产量最高、用量最大的广谱有机磷杀虫剂之一，常用于水稻、玉米、棉花等大田作物害虫防治，为保障世界粮食安全和经济发展发挥了重要作用[1, 2]。CPF 的直接杀虫活性是抑制昆虫神经系统乙酰胆碱酯酶（AchE）活性，此外还能通过诱导氧化胁迫产生自由基，对虫体的正常生理活动造成影响[3]……

本研究以我国南方广泛分布的水生昆虫炎黄星齿蛉为研究对象，通过毒理实验测定 CPF 对该虫的生物毒性，并借助转录组分析 CPF 对 AchE 和解毒酶基因表达的影响，研究结果为揭示 CPF 对水生昆虫的毒性作用提供了数据。

（注：要逻辑清晰地介绍论文的研究背景、主要研究进展、研究对象、存在的问题和简要的研究内容。写作逻辑为由远及近，最终落脚到存在的问题和为解决该问题开展的研究内容。）

1　材料与方法

1.1　供试昆虫

炎黄星齿蛉幼虫采自湖南省吉首市峒河湿地公园，采集的幼虫带回实验室于自然温度和光周期下饲养，并进行基于 *COI* 基因序列的分子鉴定。

1.2　毒死蜱对炎黄星齿蛉的生物毒性测定

选取头壳宽度 4mm 的幼虫进行毒死蜱致死浓度测定。使用不同浓度毒死蜱溶液处理液分别处理炎黄星齿蛉幼虫 24 h、48 h、72 h 和 96 h，记录幼虫状态，每组设置三个生物学重复，然后使用 SPSS 软件进行致死浓度计算。以暴露 96 h 致死浓度 LC20 和 1/5 LC20 的毒死蜱浓度处理炎黄星齿蛉幼虫 96 h，去离子水处理作为阴性对照；测定毒死蜱对炎黄星齿蛉幼虫生物化学指标的影响。使用上海生工生物科技公司的 Bradford 法蛋白质定量检测试剂盒进行蛋白质浓度测定。丙二醛(MDA)含量检测试剂盒,乙酰胆碱酯酶(AchE)、羧酸酯酶(CarE)和谷胱甘肽 S-转移酶(GST)的活性检测试剂盒同样来自上海生工。

……

(注:材料与方法简明扼要地交代论文实验所用到的试剂材料、实验方法和操作步骤等。)

2 结果与分析

2.1 毒死蜱对炎黄星齿蛉幼虫的致死浓度

毒死蜱对炎黄星齿蛉幼虫的致死浓度随暴露试剂增加而降低,处理 24 h、48 h、72 h 和 96 h 的 LC50 分别为 59.00、24.80、14.34 和 10.53 μg/L,LC20 分别为 42.95、22.00、10.26 和 8.37 μg/L,LC10 分别为 36.39、20.66、8.62 和 7.42 μg/L。

2.2 毒死蜱对炎黄星齿蛉 MDA 含量、AchE 活性和解毒酶活性的影响

炎黄星齿蛉幼虫经毒死蜱暴露 96 h、7 d 和 14 d 后,MDA 含量、AchE 活性和解毒酶活性呈现不同变化趋势(图2)。96 h 毒死蜱暴露(图 1ABCD),低浓度和高浓度处理的炎黄星齿蛉幼虫 MDA 含量均显著高于对照;AchE 活性随毒死蜱浓度升高而降低,高浓度处理显著低于对照;CarE 活性随毒死蜱浓度升高而升高,高浓度处理显著高于对照;GST 活性随毒死蜱浓度升高而降低,低浓度和高浓度处理均显著低于对照。7 d 毒死蜱暴露……

(注:结果与分析是对实验结果的深入总结、描述和分析。由于篇幅有限,要合理地使用图表对实验记录中的内容进行总结,然后逻辑清楚、条理清晰地描述和分析取得的重要实验结果;值得注意的是,结果与分析部分应客观描述实验结果,不要对实验结果进行主观评论和引用他人结果进行比较;下划线的内容是对图表的引用,论文中的图表必须在正文中被引用,图表未被引用是写作不规范的体现。)

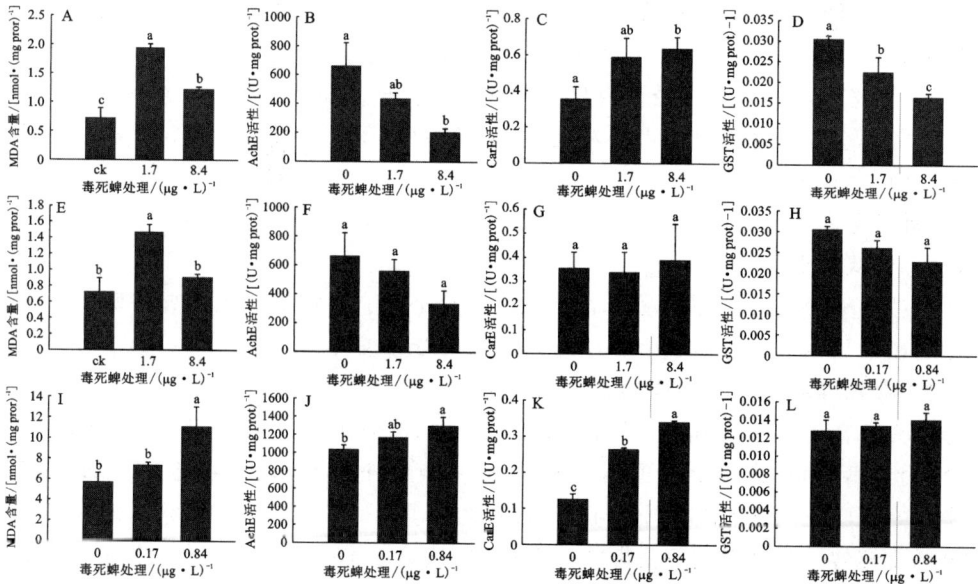

图 2　毒死蜱对炎黄星齿蛉幼虫 MDA 含量及 AchE、CarE 和 GST 活性影响

注：A、B、C 和 D 为毒死蜱处理 96 h 的 MDA、AchE、CarE 和 GST 活性；E、F、G 和 H 为毒死蜱处理 7 d 的 MDA、AchE、CarE 和 GST 活性；C 和 F：I、J、K 和 L 为毒死蜱处理 14 d 的 MDA、AchE、CarE 和 GST 活性；误差线表示三次生物重复平均值的标准误差，显著性差异以不同字母表示($P<0.05$，单因素方差分析)，所有值均为 mean±SE。

……

（注：图表必须有自明性，即读者不借助正文也能看懂图表内容；因此，图题要准确反映图表内容，图版中的小图要合理编号，要仔细撰写图注来帮助读者理解图表内容。）

3　讨论与结论

杀虫剂在保障全球粮食生产的同时也对全球生态安全和人类健康造成了严重威胁。CPF 作为全球广泛使用的广谱杀虫剂，是引起水生昆虫多样性衰退的重要因素之一。本研究测定了 CPF 对炎黄星齿蛉的生物毒性，并通过转录组测序技术分析了毒死蜱对该 AchE、CarE、GST 和 CYP450 基因表达的影响。结果发现毒死蜱对炎黄星齿蛉幼虫的致死浓度较低，并可能通过氧化胁迫和改变乙酰胆碱酯酶、解毒酶活性影响该虫的生理活动，鉴定到的差异表达基因还可以作为候选的生物标记用于未来的 CPF 生态风险评估。

水生动物对 CPF 的敏感性存在差异，CPF 对淡水环境的污染可能改变一定区域内的水生动物群落结构。文献报道不同藻类的 CPF 暴露 LC50（96 h）变化范围为 330 ~ 7408.08 μg/L，鱼类为 0.5~3270 μg/L，甲壳动物为 0.029~1242.54 μg/L，软体动物为 16~50000 μg/L[14]。蜻蜓目昆虫 *Xanthocnemis zealandica* 的 CPF 暴露 LC50（96 h）为 8.44 μg/L，毛翅目昆虫 *Molanna angustata* 大于 34 μg/L[12]；本研究发现 CPF 处理炎黄星齿蛉幼虫 96 h 的 LC50 为 10.53 μg/L，这些数据表明水生昆虫对 CPF 毒性十分敏感。昆虫的发育和繁殖周期通常较短，CPF 常在作物生长期内反复施用，CPF 对水生昆虫的毒性效应可能涵盖水生昆虫的整个甚至多个生长周期。当一定淡水环境遭受 CPF 污染，区域内的水生昆虫和其他敏感的水生动物种群数量可能急剧下降，而对 CPF 耐受性强的水生动物种群数量受到的影响可能较小，甚至因为生态位的空余而增加。水生动物种群的改变可能随食物链的营养关系传递，进而在污染区域的群落结构层面产生影响[3]。

……

综上，较低浓度 CPF 就能造成炎黄星齿蛉幼虫急性毒性，亚致死浓度 CPF 还会通过诱导氧化胁迫和干扰生理活动对机体造成慢性毒性。

（注：讨论与结论是对实验结果背后的科学意义的挖掘，并在此基础上形成可靠的结论。在这个部分，作者要借助自己掌握的知识和文献报道的数据对论文结果进行讨论，找出实验结果的要点，形成论文的结论。）

参考文献

[1] 马万里, 安鹏, 强晓鸣, 等. 有机磷农药毒死蜱对水生动物毒性的研究进展. 安徽农学通报, 2018, 24(18): 70-72.

……

[3] Barron M G, Woodburn K B. Ecotoxicology of chlorpyrifos. Rev EnvironContam Toxicol. 1995, 144: 1-93.

......

（注：在论文前言和讨论过程中，我们需要引用其他文献资料的数据和内容来佐证观点和探讨问题，在材料与方法中也可能引用文献报道过的实验方法；被引用的文献资料应当在前言和讨论中标注，并列入参考文献目录。）

参赛心得

在即将完成所有竞赛事务之际回首当初组队时的情景，可谓感慨万千，从对竞赛的一无所知，到与队员们一起在导师及师姐的帮助下完成实验综述和实验设计；从刚接触星齿蛉，本能地不敢直接触碰它（害怕被钳手），到现如今能轻车熟路地抓起它们并进行观察、测量等，我们很庆幸自己能参加本次竞赛。

我们在实验过程中遇到了很多困难和挑战，这让我们明白失败并不可怕，重要的是受挫后勇敢地站起来，这就是一次了不起的自我突破。我们相信用勤劳的汗水去辛勤浇灌，总会迎来收获的那天。参加此次竞赛，也让我们更深入地理解生命科学的精髓和魅力，不仅提升了我们的实验技能和科研能力，更培养了我们的自主学习、主动探索的能力。同时，我们也深深意识到在科学研究中团队合作和共同努力的重要性。总之，此次竞赛给我们带来了非常珍贵的体验和回忆，同时，让我们收获满满。

在整个过程中，我们时常感叹自己所学知识的肤浅、在实际运用中的匮乏。如果没有热情友善的师兄师姐，在我们遇到困难时甘愿牺牲自己的休息时间帮我们一起分析解决问题，如果没有全队成员的鼎力相助、团结协作，如果没有导师的耐心教导、严格把关，很有可能实验最终无法顺利完成，在此由衷感谢他们，也感谢大赛组委会给予这次机会。

（注：参赛心得是完成整个竞赛过程的心得体会，可以回顾印象深刻的事物，总结自己的收获，有感而发，自由发挥。）

课后思考与讨论

1. 湘西地区河流溪沟众多，许多鱼类、水生昆虫、甲壳动物在这里生存繁衍，是湘西地区生物多样性的重要基石；同时，湘西地区矿产资源丰富，这些资源的开发往往伴随重金属对周边淡水环境的污染问题。请在此基础上提出一个急需解决的科学问题，并设计能够解答该科学问题的研究内容。

第九章 全国大学生创新训练计划项目申请指南

> 高质量发展是"十四五"时期我国经济发展的必由之路,装备制造业高质量发展更是重中之重。高质量发展,创新很重要,只有创新才能自强、才能争先,在自主创新的道路上要坚定不移、再接再厉、更上层楼。
>
> ——习近平总书记谈创新

第一节 全国大学生创新训练计划项目解读 >>>

全国大学生创新训练项目简称"大创"项目,内容包括创新训练项目、创业训练项目和创业实践项目三类。创新训练项目是由本科生个人或团队,在导师指导下,自主完成创新性研究项目设计、研究条件准备和项目实施、研究报告撰写、成果(学术)交流等工作;创业训练项目是本科生团队在导师指导下,团队中每个学生在项目实施过程中扮演一个或多个具体的角色,完成编制商业计划书、开展可行性研究、模拟企业运行、参加企业实践、撰写创业报告等工作;创业实践项目是学生团队在学校导师和企业导师共同指导下,采用前期创新训练项目(或创新性实验)的成果,提出一项具有市场前景的创新性产品或者服务,以此为基础开展创业实践活动。

"大创"项目属于国家、省、校三级创新创业训练体系。教育部是国创计划的宏观管理部门,主要职责是①制定国创计划实施的有关政策,编制发展规划,发布相关信息;②制定国创计划管理办法,组织开展项目立项、结题验收等工作,加强项目的规范化管理;③制定国创计划成效评价指标体系,定期组织开展实施情况评价;④组建国创计划专家组织,加强大学生创新创业工作研究,推进高校创新创业教育经验交流;⑤组织举办全国大学生创新创业年会,推进大学生创新创业学术交流和成果推介。省级教育行政部门主要职责是①根据本区域经济社会发展特点,指导、规范本区域大学生创新创业训练计划运行和管理,推动本区域高校加强大学生创新创业教育工作;②负责组织区域内高校国创计划立项申报、过程管理、结题验收等工作,按照工作要求向教育部报送相关材料;③负责区域内参与国创计划高校交流合作、评估监管等工作。高校是国创计划实施和管理的主体,主要职责是①制定本校大学生创新创业教育管理办法,开展创新创业教育教学研究与改革;②负责国创计划项目的组织管理,开展项目遴选推荐、过程管理、结题验收等工作;③制定相关激励措施,引导教师和学生参与国创计划;④为参与项目的学生提供技术、场地、实验设备等条件支持和创业孵化服务;⑤搭建项目交流平台,定期开展交流活动,支持学生参加相关学术会议,为学生创新创业提供交流经验、展示成果、共享资源的机会;⑥做好本校国创计划年度总结和上报工作。

参加"大创"项目的本科生个人或团队在指导教师的指导下完成"大创"项目申请书撰写。参赛项目通常先参加校级"大创"项目评审,入围项目中优秀的部分参加省级项目评审,省级项目中的优秀部分参加国家级项目评审。获国家级、省级或校级立项的"大创"项目在指导教师帮助下准备研究条件和实施研究项目,取得研究成果并撰写研究报告和结题。而在整个"大创"项目过程中,项目申请书是影响项目立项级别的关键因素之一,而研究条件准备和项目实施的情况决定了项目能否顺利结题。因此,参加"大创"项目的同学应首先根据自己的兴趣爱好,积极参加老师的科研实验工作,培养科学思维和找到好的科学问题,然后在老师的指导下写出理论实践价值较高、学术规范性好、具有良好可行性的"大创"项目申请书,最后在指导教师帮助下,学习理论知识、实验技能和数据分析方法,撰写学术成果。整个过程中,项目成员需勤奋好学、踏实肯干,不怕困难、坚持不懈地把整个项目完成。

第二节　全国大学生创新训练计划项目申请书的撰写

在撰写大学生创新训练项目计划申请书(简称"大创"项目申请书)之前,首先要进行项目选题。"大创"项目选题的本质是"提出科学问题"和"思考如何解答科学问题"。参与项目的同学在思考要解决什么样的科学问题时,需要和指导老师充分交流,综合考虑自身科研兴趣、指导教师研究领域,以及能够获得的研究材料和科研条件。提出的科学问题应该契合国家经济社会发展需求,具有良好的实践和理论价值。比如我们前期发现某种害虫对杀虫剂产生了抗药性,为了揭示该虫对杀虫剂产生抗性的分子机理,我们会查阅文献资料,了解到昆虫解毒酶与抗药性密切相关,然后提出科学问题:哪些解毒酶参与了这个害虫对杀虫剂的解毒作用?提出科学问题之后,要思考如何解答这个科学问题。同学们可以在老师的指导下,围绕解毒酶基因鉴定和解毒酶活性分析来设计研究方案,从而解答提出的科学问题。

"大创"项目申请书的内容主要包含基本情况、立项依据(可加页)、经费预算、指导教师意见等;其中立项依据是"大创"项目申请书的核心内容,需要在立项依据中详细说明要开展什么研究,为什么开展这项研究,怎么开展这项研究,能否顺利完成这项研究。具体到项目计划书模板,立项依据包括七个部分:①研究目的、②研究内容、③国内外研究现状和发展动态、④创新点与项目特色、⑤技术路线、拟解决的问题及预期成果、⑥项目研究进度安排和⑦已有基础。在撰写过程中除了这七个标题部分外,还可根据实际情况增加标题部分。

(一)研究目的撰写

在立项依据起始部分,通常需要简要介绍项目的研究背景、对象、内容和意义,因此,我们常常将这些内容与研究目的结合到一起撰写。比如可以用一个段落进行项目概述,然后在此基础上提出研究目的;也可以单独列小标题"(一)项目简介",用两到三个段落简要做项目概述,然后顺势提出研究目的。

研究目的的主要内容是解答科学问题，因此，在撰写研究目的时可以将科学问题进行拆分，研究目标就是去解答这些问题。比如科学问题：哪些解毒酶参与了杜仲梦尼夜蛾对杀虫剂甲维盐的抗性？可以拆分为：哪些解毒酶与甲维盐抗性有关？这些基因编码的解毒酶如何降低甲维盐毒性？那么相应的研究目标可以是：①借助转录组测序筛选与甲维盐抗性相关的解毒酶基因；②通过基因重组表达和催化活性实验分析解毒酶对甲维盐的降解活性。

(二)研究内容的撰写

研究内容阐述的是为了解决科学问题、达成研究目的要开展的实验内容，可以围绕科学问题的内涵，以研究目的为基础设计研究内容。简要叙述主要研究内容，再展开叙述各项研究内容的具体实验内容和实验方案。针对"借助转录组测序筛选与甲维盐抗性相关的解毒酶基因"这项研究目的，可以设置研究内容：对杜仲梦尼夜蛾甲维盐敏感品系和抗性品系进行转录组测序，鉴定杜仲梦尼夜蛾解毒酶家族基因；通过差异表达基因分析，筛选与甲维盐抗性相关的解毒酶基因，然后针对每项研究内容设计比较详细的实验方案。

(三)国内外研究现状和发展动态

国内外研究现状和发展动态是科学问题提出的依据，也是对研究目的和研究内容设置合理性的论证。因此，这个部分也是围绕科学问题来撰写，重点介绍研究内容相关的研究进展和观点，以及这些进展和观点的发展过程。可以按照由大到小、由远到近的思路来撰写，整个写作要逻辑清晰、条理清楚。例如围绕"哪些解毒酶参与了杜仲梦尼夜蛾对杀虫剂甲维盐的抗性？"这个科学问题，我们可以重点阐述害虫的杀虫剂抗性、昆虫解毒酶家族和抗药性机理、杜仲梦尼夜蛾的危害和药剂防治等内容。

(四)创新点与项目特色

项目应具有鲜明的研究特色和创新性，因此，关于竞赛项目实验材料、研究思路、研究方法的特色和创新性，应进行深入的分析。项目的创新点可以涉及的点很多，可以围绕理论创新、研究方法创新、思路创新等方面撰写。理论创新要求较高，项目完成能够提出新的研究理论或者验证还未证实的理论的，可以围绕理论创新撰写项目创新点；提出研究方法创新需要说明项目采用了一些新的实验方法和手段来完成研究内容；如果项目不涉及新的科学理论，采用的实验方法也是已有成熟方法，可以围绕研究思路来撰写项目的创新点，比如从新的视角出发去解决科学问题等。项目特色也很宽泛，可以围绕研究区域特殊性、研究材料特殊性、研究内容重要性等方面撰写。开展野外调查类项目可以优先考虑研究区域特色，以室内实验为主的研究项目可以从研究材料特殊性和研究内容重要性方面撰写。

(五)技术路线、拟解决的问题及预期成果

技术路线是研究方案和思路的图像化展示，应包含研究对象、研究内容、研究目标等，通过合理的拓扑结构呈现整个项目的研究过程和思路。拟解决的问题是为了解答科学问题所必须解答的关键问题，可以看作科学问题的拆分，通常与研究目的和研究内容对应，达成一项研究目的就是解答一个关键问题，完成各项研究内容也是在解答关键问题；回顾每条研究目的被提出来的原因，往往有助于打开撰写"拟解决的问题"的思路。预期成果是在完成全部

研究内容之后可以获得的成果,通常围绕科学问题的解答、研究目的的达成,以及可能取得的学术成果来撰写。比如针对研究目的"借助转录组测序筛选与甲维盐抗性相关的解毒酶基因",可能取得的研究成果为"完成解毒酶家族基因鉴定,明确哪些解毒酶与甲维盐抗性有关,发表学术论文 1 篇"等。

(六)项目研究进度安排

研究进度是对拟开展研究内容的时间进度安排,竞赛项目的所有实验内容应当在竞赛规定的时间范围内完成,我们通常以月为单位计划每个时间段要完成实验内容。比如在"××××年××月—××××年××月"完成具体的几项研究内容。

(七)已有基础

已有基础是论证研究可行性的重要内容,包括两项主要内容:①与本项目有关的研究积累和已取得的成绩,②已具备的条件,尚缺少的条件及解决方法。与本项目有关的研究积累和已取得的成绩是科学问题提出和保障项目顺利开展的基础,因此,在提出科学问题和撰写项目申请书前应开展预试验,对实验数据进行分析和描述可作为研究积累;前期已经开展与项目相关的研究取得的研究结果和学术成果也可作为研究积累和已取得的成绩。已具备的条件,尚缺少的条件及解决方法是保障项目顺利完成的硬件条件。项目团队应具备开展项目实验所需的基本硬件,少量不具备的实验条件应当能够通过共享、借用、付费使用等方式顺利获取;如果需要开展野外工作,环境条件和野外工作所需的必要工具也应具备;例如已具备的条件可以为"项目指导教师长期开展某方面科学研究,具备实验所需的仪器",然后列举已具备的主要实验设备和条件;尚缺少的条件及解决方法可以为"实验需使用某大型仪器,在某科研平台可以共享,本团队已经和该平台取得联系,可以保障实验的顺利完成"。

第三节 全国大学生创新训练计划项目经费预算的撰写

>>>

"大创"项目经费预算包括业务费、仪器设备购置费、实验装置试制费和材料费四个主要内容;应根据项目研究内容和进度安排合理设置经费预算。

1. 业务费

①计算、分析、测试费。可以在供应商官网查询计算、分析、测试费用单价,然后根据项目内容估算。

②能源动力费。一些实验设备可能需要燃油、电力等能源支持,可根据研究内容需要合理设置能源动力费。

③会议、差旅费。通常包括差旅的住宿费和交通费等,如果参加学术会议则还可能产生会议注册费。

④文献检索费。一些文献资料的查阅和复印需付费。

⑤论文出版费。不同期刊发表论文的出版费不同,有的免费,有的则费用高昂,可以根据预期研究成果大致估算,不宜过高。

2. 仪器设备购置费

由于项目开展的前提是已经具备必要的实验条件，而且项目能够获得的经费不多，因此，只能补充性地购买一些本实验所需的小型设备，如果不需要购买设备，也可以将设备购置费预算设为 0 元。

3. 实验装置试制费

一些项目需要用到自制实验装置，因此需要采购零部件和委托其他单位制作，可以根据研究内容合理设置实验装置试制费。

4. 材料费

材料费可以包括试剂、耗材、用具等材料的购买费用，可以在供应商官网或业务员那里查询单价，然后根据项目研究内容估算材料费。经费预算见表 9-1。

表 9-1　经费预算

开支科目	预算经费/元	主要用途	阶段下达经费计划/元	
			前半阶段	后半阶段
预算经费总额				
1. 业务费				
(1)计算、分析、测试费				
(2)能源动力费				
(3)会议、差旅费				
(4)文献检索费				
(5)论文出版费				
2. 仪器设备购置费				
3. 实验装置试制费				
4. 材料费				
学校批准经费				

第四节　全国大学生创新训练计划项目评选要点及案例解析

>>>

下文以大学生创新训练计划项目立项的"湘西州几个洞穴匙指虾科新分类群的鉴定及其系统发育关系的研究"为例，围绕立项依据简要介绍"大创"项目申请书的撰写要点。

(一)项目简介

米虾属(*Caridina*)隶属于匙指虾科(*Atyidae*)，隶属于节肢动物门(Arthropoda)甲壳纲(*Crustacea*)十足目(*Decapoda*)真虾下目(*Caridea*)[1]，是一个较为古老的甲壳动物类群……通过形态学观察和分子条形码技术确定在湘西大龙洞、堂乐洞、旧寨坪岩洞、水牛洞等洞穴环境中采集到的匙指虾是否为米虾属的新种;利用贝叶斯推断法(BI)和最大似然法(ML)构建分子系统树,分析这些物种之间的系统演化关系。研究结果可以丰富匙指虾科的物种多样性数据,为甲壳动物学研究增添新的内容,同时还可为"湘西世界地质公园"建设和溶洞生物多样性保护提供实践数据和理论依据。

(注:简要介绍整个项目的概况,包括研究背景、主要研究内容和方法、研究意义。)

(二)研究目的

①综合采用形态学和分子条形码技术厘清湘西大龙洞、堂乐洞、旧寨坪岩洞、水牛洞等溶洞匙指虾的分类学地位,确定其是否为新属或新种。

②利用贝叶斯推断法(BI)和最大似然法(ML)构建分子系统发育树,明确这些物种之间的系统演化关系。

(注:本项目的科学问题是湘西溶洞匙指虾属于什么物种,需要从分类地位和系统演化关系两个方面来解答这个科学问题,这里的研究目的分别对应查明分类地位和明确系统演化关系。)

(三)研究内容

①匙指虾形态特征显微观察,具体观察指标如下:

额角:额角上下齿数量、额角所伸至的位置以及上齿位于眼后缘的齿数,拍摄头胸部照片并绘制头胸部模式图……

②匙指虾 DNA 提取和 *COI* 基因扩增,具体操作步骤如下:

……

③基于 *COI* 基因序列的系统发育分析。

……

(注:研究内容中的"匙指虾形态特征显微观察"和"匙指虾 DNA 提取和 *COI* 基因扩增"与研究目的中的第一条对应;"基于 *COI* 基因序列的系统发育分析"与研究目的中的第二条对应;这些研究内容的顺利完成可以很好地解答项目的科学问题。写作上是通过小标题呈现主要研究内容,每个小标题后详细叙述实验方法和步骤。)

(四)国内外研究现状和发展动态

1849 年,De Haan 首先在《日本动物志》中建立了匙指虾科(*Atyidae*),并于同文中确立产于日本的一米虾新种——锯齿米虾(*Caridina denticulata*)。此后,一些西方学者在研究日本、朝鲜和我国的米虾时,虽也描述了该物种的一些形态上的区域差异,但都将其归并为 C. denticulata。直到 1918 年,Kemp 才将采自上海郊区(太湖)的标本视为锯齿米虾的一个新亚种,定名为锯齿米虾中华亚种 C. d. sinensis……

我国对匙指虾类的研究始于 1930 年。早在 1938 年,喻兆瑜在报道我国的米虾属 10 个物种(包括 5 新种)时指出,锯齿米虾(*Caridina denticulata*)为我国的广布种,同时将中华米虾(*Caridina denticulata sinensis*)视为前者的同物异名。1948 年,沈嘉瑞报道了采自我国西南地区的米虾 3 个新种,它们均具有新米虾属(*Neocaridina*)的典型特征……

最近 20 多年,有关我国匙指虾科的研究虽在逐步发展,但研究文献却存在明显的空缺期,研究人员也存在断层。1999 年,有人报道分布于湖南省的匙指虾科二新属[3]。2001—2003 年间,也陆续有新属的论文发表[6-9],2005 和 2007 年各有 1 篇新属论文发表[10],还有 1 篇涉及匙指虾的观赏种类。之后是长达 10 年的文献空缺期。直到 2017 年,才重新出现对匙指虾科的研究论文[11]。此后直到 2021 年才又有人发表匙指虾科的论文[12]。

我国匙指虾科资源丰富,已知种类约占全球的 30%;并且我国地域辽阔,地质历史悠久,喀斯特地貌发育良好,淡水水系复杂多样,溶洞众多,匙指虾科(尤其是洞穴匙指虾)分类研究前景非常广阔。近年,指导老师课题组已在湘西州大龙洞、堂乐洞、旧寨坪岩洞和水牛洞等溶洞内及洞外水体中先后采集到了 10 多种匙指虾,经过前期研究发现 1 个疑似新属和 3 个疑似新种。弄清这些种属的分类学地位,不仅可为我国及全球匙指虾科增添新的成员,丰富淡水虾类生物多样性,还可为甲壳动物学增加新的内涵,对于"湘西世界地质公园"的建设和溶洞生物多样性保护也有理论意义。

(注:国内外研究现状和发展动态从匙指虾科的建立开始,系统介绍了国内外匙指虾科分类学研究发展过程,指出我国匙指虾资源丰富,但匙指虾分类研究存在空缺和研究人员断层的现实问题,然后介绍了湘西地区的地质条件和洞穴匙指虾情况,这些内容可以为科学问题的提出和研究内容的确定提供依据;在国内外研究现状和发展动态的写作中,要注意写作逻辑和语言流畅性,推荐按从远到近、从大到小的逻辑顺序撰写。)

(五)创新点与项目特色

湘西州地处云贵高原东缘武陵山地区的腹地,在动物地理区划分上,位于我国华中、华南和西南三大动物地理区的交会地带,境内地质古老,沟壑纵横、水系发达,溶洞众多,淡水及洞栖性虾类资源非常丰富。

本项目拟采取生态学、形态学与分子生物学相结合的方式,对于栖息在湘西州几个溶洞中的匙指虾科疑似新属、新种进行分类鉴定及其系统发育研究,研究结果有助于推进我国淡水虾类和洞穴虾类的深入研究与资源保护,具有重要的动物分类学与保护生物学意义。

(注:本项目采用的实验方法属于成熟的分类学研究方法,也没有产生和验证新的理论,因此创新点主要是围绕研究思路来写的;另外,项目特色是围绕湘西的地质和生态环境特色和本研究的研究意义重要性来写的。)

(六)技术路线、拟解决的问题及预期成果

1. 本项目的技术路线如图 9-2 所示。

(注:技术路线是对整个研究方案的形象化展示,通常包含研究对象/材料/区域、研究内容、研究方案、研究目标等,通过图形和精炼的文字直观呈现整个项目的研究思路和内容。)

2. 拟解决的关键科学问题

①湘西大龙洞、堂乐洞、旧寨坪岩洞和水牛洞等洞穴内发现的匙指虾属于哪个类群,是否为新属或新种?

②这些洞穴匙指虾之间,以及它们与洞外匙指虾之间呈现什么样的系统发育关系?

(注:拟解决的关键科学问题通常是科学问题的分解,与研究内容高度对应,能够帮助评

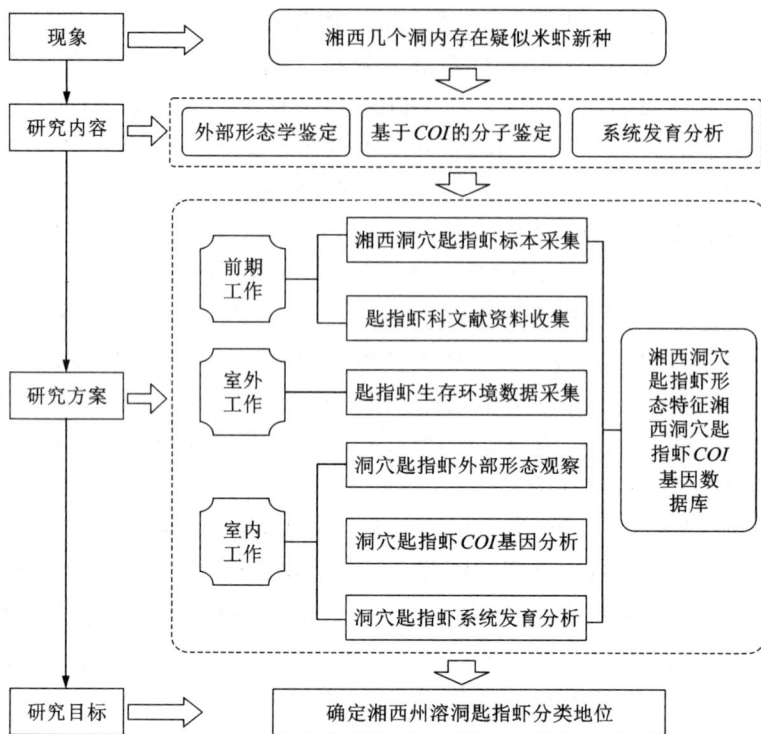

图 9-2 技术路线

委和读者理解科学问题的内涵，以及研究内容设置的合理性。)

3.预期成果

①查明湘西洞穴匙指虾和已知匙指虾种类之间的形态学和 COI 基因序列差异，确定它们之间的鉴别特征、分类地位及系统发育关系。揭示洞穴匙指虾之间，以及它们与洞外匙指虾之间的系统发育关系。

②发表 2~3 篇学术论文。

（注：预期成果是研究方案的实验内容完成后可以取得的理论和实际成果，也可以包括学术成果。）

（七）项目研究进度安排

①2022 年 5 月开展预试验和撰写项目申请书。

②2022 年 6 月—2022 年 9 月，利用课余时间和暑假开展野外工作，采集虾类标本及其微生境数据，同时开展室内形态学观察，以及 DNA 提取和 COI 基因扩增，然后及时对测序结果进行初步分析。

③2022 年 9 月—2023 年 8 月，继续开展野外和室内研究，进一步补充和完善相关数据，进行系统分析，弄清疑似新属、新种的鉴别特征及其系统发育关系。

④2023 年 9 月—2023 年 12 月，对所有数据进行整理和分析，撰写、发表论文，并递交结题报告。

（注：研究进度安排是对研究内容和实验方案的时间规划。）

(八) 已有基础

1. 与本项目有关的研究积累和已取得的成绩

申请者和项目组成员自入学以来，积极参与指导老师的科研课题，跟随老师跑野外、钻山洞，具有一定的野外工作经验，掌握了野外标本采集、生态学数据收集和处理的基本方法。先后在吉首、凤凰、保靖、花垣和张家界的溶洞和洞外水体中采集了 10 余种虾类标本，并在实验室将虾养殖成功，对于虾的行为和形态学特征已进行了初步鉴定，对于虾所生活的水体的水质也进行了测定。同时，还初步掌握了 DNA 分离、纯化、扩增、测序，以及数据分析的方法，熟悉相关的统计分析软件。通过前期研究，已发现疑似新属 1 个和疑似新种 3 个。

（注：与本项目有关的研究积累和已取得的成绩是科学问题提出和保障项目顺利开展的基础，通常是叙述前期工作和预试验结果；前期已经开展与项目相关的研究取得的研究结果和学术成果也可作为研究积累和已取得的成绩。）

2. 已具备的条件，尚缺少的条件及解决方法

指导老师长期开展无脊椎动物多样性研究，具有丰富的洞穴节肢动物研究经验，能够指导团队完成洞穴虾科动物的调查和鉴定工作。实验室具备 PCR 仪、低温离心机、体视显微镜、配备微距镜头的数码相机等研究所需仪器设备。且吉首大学位于武陵山区，周边地下溶洞数量众多，团队在校园周边有多个长期开展洞穴生物学研究的溶洞。

（注：已具备的条件，尚缺少的条件及解决方法是保障项目顺利完成的硬件条件，项目团队应具备开展项目实验所需的基本硬件，比如仪器设备和少量不具备的实验条件应当能够通过共享、借用、付费使用等方式顺利获取；如果需要开展野外工作，环境条件和野外工作所需的必要工具也应具备。）

(九) 主要参考文献

［15］金银霜，刘家茹，程小洁，等. 中国匙指虾科的物种名录，分布及保护［J］. 世界生态学，2021，10（4）：13.

（注：参考文献目录格式要规范，除文献标题和出版物题目中原有的标点符号外，使用的标点、括号和中括号应为半角，标点符号后有空格。）

三、经费预算　>>>

经费预算表如表 9-2 所示。

表 9-2　经费预算表

开支科目	预算经费/元	主要用途	阶段下达经费计划/元	
			前半阶段	后半阶段
预算经费总额	××××	用于项目各项开销	××××	××××
1. 业务费				
(1) 计算、分析、测试费	××××	基因测序费	××××	0

续表 9-2

开支科目	预算经费/元	主要用途	阶段下达经费计划/元	
			前半阶段	后半阶段
（2）能源动力费				
（3）会议、差旅费	××××	野外标本采集	××××	××××
（4）文献检索费	××××	文献资料查询、打印等费用	××××	0
（5）论文出版费	××××	论文版面费	0	××××
2.仪器设备购置费	××××	氧气泵、大型鱼缸等	××××	0
3.实验装置试制费				
4.材料费	××××	野外防护及易耗品	××××	0
学校批准经费				

（注：每个学校经费支持力度不同，应根据项目研究内容和进度安排合理设置经费预算。计算、分析、测试费，可以在供应商官网查询计算、分析、测试费用单价，然后根据项目内容估算；会议、差旅费，通常包括差旅的住宿费和交通费，如果参加学术会议则可能产生会议注册费；文献检索费，一些文献资料查阅和复印需付费；论文出版费，不同期刊发表论文的出版费不同，有的免费有的则费用高昂，可以根据预期研究成果大致估算，不宜过高；仪器设备购置费，由于项目开展的前提是已经具备必要的实验条件，而且项目能够获得的经费不高，因此只能补充性地购买一些本实验所需的小型设备，也可以不设置设备购置费；材料费可以包括试剂耗材用具等材料的购买费用，可以在供应商官网或业务员那里查询单价，然后更加项目研究内容估算；该项目未涉及能源动力费和实验装置试制费。）

课后思考与讨论

1. 白颈长尾雉是国家一级保护动物，在对两个临近自然保护区（A保护区和B保护区）的动物多样性调查中发现白颈长尾雉在A保护区种群数量较高，而B保护区的数量较少；影响雉类种群的因素包括环境因素（比如地形、水源、海拔等），生物因素（比如食物、天敌捕食、种间竞争等），以及人为因素（比如农业、畜牧业和工业活动等）。由此，我们提出如下科学问题：哪些是影响白颈长尾雉的种群数量的关键因素？请根据该科学问题撰写研究目的、研究内容、研究方案和可行性分析。

附　录

附表 1　"原本·武陵创新创业实践营"国家级奖励和项目一览表 (2005 年以来)

获奖第一作者	获奖名称	获奖作品名称	获奖类别
邓涛	第九届"挑战杯"全国大学生课外学术科技作品竞赛荣获"一等奖"	《吉首大学校园植物志》	自然科学类学术论文 (2005 年，复旦大学)
柳菲	第十届"挑战杯"全国大学生课外学术科技作品竞赛荣获"一等奖"	《张家界植物游》	自然科学类学术论文 (2007 年，南开大学)
李晓腾	第十一届"挑战杯"全国大学生课外学术科技作品竞赛荣获"二等奖"	《植物拉丁名与重要分类信息快速查询电脑桌面工具软件》	科技发明制作 (2009 年，北航)
李勇	第十一届"挑战杯"全国大学生课外学术科技作品竞赛荣获"三等奖"	《湖南省小溪国家级自然保护区资源植物概览》	自然科学类学术论文 (2009 年，北航)
张旺	第十二届"挑战杯"全国大学生课外学术科技作品竞赛荣获"二等奖"	守望者说——寻访吉首与凤凰国家级非物质文化遗产传承人	哲学社会科学类社会调查报告和学术论文 (2011，大连理工)
肖艳	第十二届"挑战杯"全国大学生课外学术科技作品竞赛荣获"二等奖"	土家族传统药用植物彩色图典	自然科学类学术论文 (2011，大连理工)
彭乐	第十三届"挑战杯"全国大学生课外学术科技作品竞赛荣获"三等奖"	高望界自然保护区蝶类图谱	自然科学类学术论文 (2013，苏州大学)
肖艳	第十三届"挑战杯"全国大学生课外学术科技作品竞赛荣获累进创新铜奖(三等奖)	土家族传统药用植物彩色图典	自然科学类学术论文 (2013，苏州大学)
吴涛	第十四届"挑战杯"全国大学生课外学术科技作品竞赛荣获"三等奖"	小溪两栖爬行动物图谱	自然科学类学术论文 (2015，广东工业大学)
向颖	第十五届"挑战杯"全国大学生课外学术科技作品竞赛荣获"三等奖"	黄桑蝴蝶	自然科学类学术论文 (2017，上海大学)
伍利强	第十五届"挑战杯"全国大学生课外学术科技作品竞赛荣获"二等奖"	湘西大型真菌图谱	自然科学类学术论文 (2017，上海大学)
张佩玲	第十六届"挑战杯"全国大学生课外学术科技作品竞赛荣获"二等奖"	武陵山区翼手目动物的资源本底与种群保护	自然科学类学术论文 (2019，北航)

续附表 1

获奖第一作者	获奖名称	获奖作品名称	获奖类别
龙秋萍	2014年"创青春"全国大学生创业大赛公益创业赛铜奖	"变变变"快乐成长营	创业作品（2014，华中科技大学）
扶会媛	2014年"创青春"全国大学生创业大赛第九届"挑战杯"创业计划竞赛铜奖	湘西山莓健康饮品有限公司	创业作品（2014，华中科技大学）
李梓铭	2018年"创青春"浙大双创杯全国大学生创业大赛第十一届"挑战杯"创业计划竞赛铜奖	"与茶共枕 助梦飞翔"——"湘西黄金茶"制品创新	创业作品（2018，浙江大学）
曾星琡	第十二届"挑战杯"中国大学生创业计划竞赛铜奖	人工智能开辟行为研究新纪元——动物精细行为智能检测云平台	创业作品（2020，东北林业大学）
赵勇彪	第四届中国"互联网+"大学生创新创业大赛铜奖	纯萃自然	创业作品（2018，厦门大学）
龙若兰	第四届中国"互联网+"大学生创新创业大赛铜奖	桃花虫王	创业作品（2018，厦门大学）
胡传豪	2020年国家级大学生创新创业训练计划项目	武陵山地区蚱类昆虫多样性调查	2020年国家级大学生创新创业训练计划项目立项
何娇阳	2020年国家级大学生创新创业训练计划项目	张家界景区猕猴种群结构、行为特征及其与游客的关系	2020年国家级大学生创新创业训练计划项目立项
李港花	2021年国家级大学生创新创业训练计划项目	不同螯合剂对香根草修复铅锌尾矿的效果影响	2021年国家级大学生创新创业训练计划项目立项
何佳秀	2021年国家级大学生创新创业训练计划项目	基于红外相机高望界哺乳类调查	2021年国家级大学生创新创业训练计划项目立项
章扬	2022年国家级大学生创新创业训练计划项目	玉竹多糖的提取分离及纯化工艺研究	2022年国家级大学生创新创业训练计划项目立项
陈诗慧	2022年国家级大学生创新创业训练计划项目	湘西州几个洞穴匙指虾科新分类群的鉴定及其系统发育关系的研究	2022年国家级大学生创新创业训练计划项目立项
宋苡宁	2022年国家级大学生创新创业训练计划项目	药用植物淫羊藿的传粉模式及其对有性繁殖的影响	2022年国家级大学生创新创业训练计划项目立项

续附表 1

获奖第一作者	获奖名称	获奖作品名称	获奖类别
周丽萍	2022 年国家级大学生创新创业训练计划项目	沉水植物对微塑料与重金属复合污染水体修复研究	2022 年国家级大学生创新创业训练计划项目立项
蒋琦琦	2021 年"力诺瑞特杯"第十四届全国大学生节能减排社会实践与科技竞赛	"以废治废"一种基于玉米秸秆和活性污泥的改性复合生物炭	全国三等奖
李彤	2021 年全国大学生生命科学竞赛湖南赛区	酒曲害虫的种类鉴定与发生规律研究	全国三等奖
徐丹蕾	2023 年"建行杯"第十六届全国大学生节能减排社会实践与科技竞赛	浊气穿肠过,清气满乾坤——汽车尾气"清道夫"	全国三等奖
袁芳	2023 年第八届全国大学生生命科学竞赛	毒死蜱对武陵山区常见水生昆虫炎黄星齿蛉的生物毒性研究	全国二等奖
杨鑫宇	2023 年第八届全国大学生生命科学竞赛	湖南省高望界国家级自然保护区两栖动物多样性及其分布格局	全国三等奖
邹雅珍	2023 年第八届全国大学生生命科学竞赛	一种真洞穴铁线虫疑似新种的分类学鉴定及其生活史探究	全国三等奖
刘杰茗	2023 年第八届全国大学生生命科学竞赛	冬季开花植物蜡梅雄蕊运动的繁殖适应意义	全国三等奖
杨洁	2019 年第三届全国大学生生命科学竞赛	湘西地区齿蛉科幼虫的分布调查及花边星齿蛉镉含量测定	全国三等奖
杨丹	2019 年第三届全国大学生生命科学竞赛	花蜜酵母菌对植物与传粉者相互作用的影响研究:以油菜—蜜蜂互惠体系为例	全国三等奖
杨鑫智	2019 年第三届全国大学生生命科学竞赛	湘西地区蜻蜓目昆虫多样性调查	全国一等奖
任钊衍	2023 年第九届"田家炳杯"全国师范院校师范生教学技能竞赛	2023 年第九届"田家炳杯"全国师范院校师范生教学技能竞赛	全国二等奖
陈美如	2024 年第九届全国大学生生命科学竞赛	张家界景区的吸血性蛭类资源现状及其对旅游活动的影响	全国一等奖
李诗	2024 年第九届全国大学生生命科学竞赛	湘西州洞穴马陆本底资源调查、新种鉴定及行为观察	全国二等奖

续附表 1

获奖第一作者	获奖名称	获奖作品名称	获奖类别
张芯予	2024 年第九届全国大学生生命科学竞赛	猕猴桃属植物功能性雌花不育雄蕊的适应意义	全国三等奖
刘艺	2024 年第九届全国大学生生命科学竞赛	湘西州洞栖性紫啸鸫的巢址选择及繁育行为研究	全国三等奖
毛静	2024 年第九届全国大学生生命科学竞赛	基于 Maxent 模型的高望界国家级自然保护区小灵猫生境适宜性及潜在分布分析	全国三等奖

获奖证书

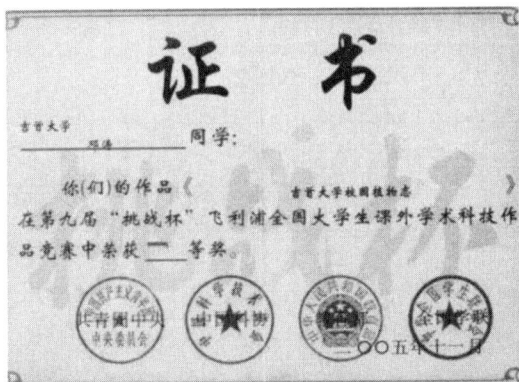

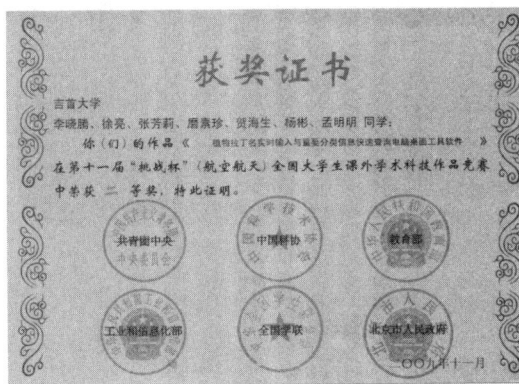

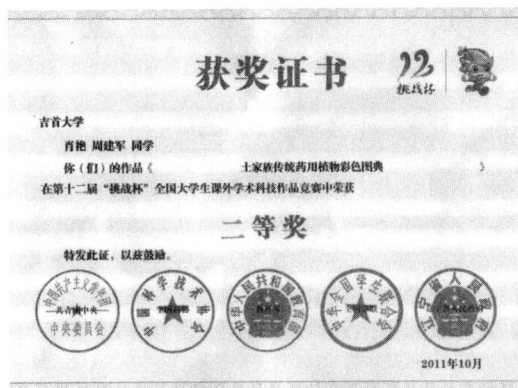

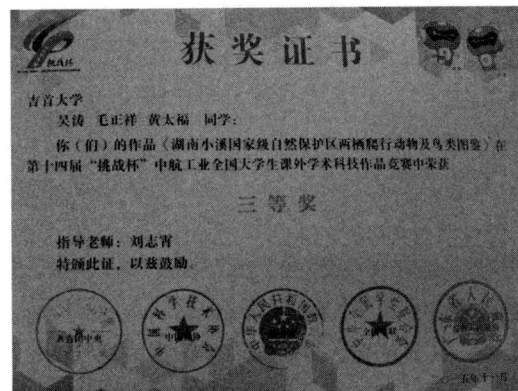

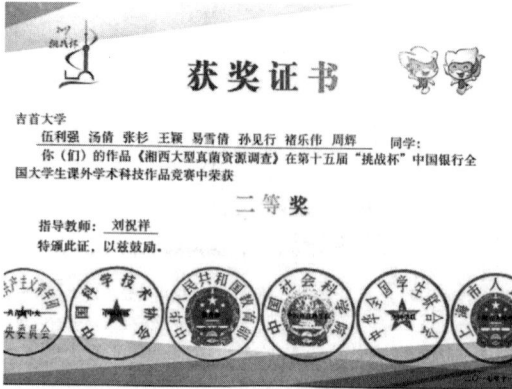

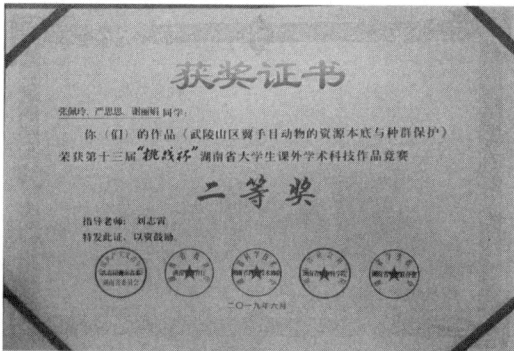

参考文献

［1］单林波.大学生创新创业思维与方法研究［M］.北京：中国商务出版社，2020.

［2］黄昕，王江生，姚茂华，等.民族地区大学生创新创业教育实务［M］.成都：西南交通大学出版社，2016.

［3］侯东东."新工科"背景下大学生创新创业教育及其支持体系的理论探讨与研究［M］.成都：电子科技大学出版社，2019.

［4］魏小松.深化创新创业教育：地方高校的责任与使命［J］.成都中医药大学学报（教育科学版），2017，19（3）：19-22.

［5］丁俊苗.以创新创业教育引领高等教育改革与发展：创新创业教育的三个阶段与高校新的历史使命［J］.创新与创业教育，2016，7（1）：1-6.

［6］怀特海.教育的目的［M］庄莲平，王立中，译.上海：文汇出版社，2012.

［7］王建华.高等教育的持续变革［M］.南京：南京师范大学出版社，2019.

［8］金银霜，刘家茹，程小洁，等.中国匙指虾科的物种名录、分布及保护［J］.世界生态学，2021，10（4）：618-630.

［9］林学军，郑慧娟.当代大学生职业生涯规划与管理：第2版［M］.广州：暨南大学出版社，2014.

［10］于祥成，彭萍.大学生生涯规划与发展［M］.长沙：湖南大学出版社，2009.

［11］黄海燕，刘玉.大学生创新创业基础［M］.沈阳：东北大学出版社，2018.

［12］王平.大学生创新创业教育基础教程［M］.北京：中国传媒大学出版社，2021.

［13］杨立华，李冬，李新省.创新创业基础［M］.北京：中国言实出版社，2024.

［14］陈晶，黄孝鹏，侯杰.创新创业基础［M］.长沙：湖南大学出版社，2021.

［15］孟丽萍.大学生创新创业基础［M］.长沙：中南大学出版社，2023.

［16］刘延，高万里.大学生创新创业基础［M］.武汉：华中科技大学出版社，2020.

［17］李家华，谢强.创业基础：教学手册［M］.北京：北京师范大学出版社，2014.

［18］吴小平，张小斌.大学生创新创业实践教程［M］.北京：北京出版社，2022.

［19］张振刚，等.问鼎"挑战杯"：全国大学生课外学术科技作品竞赛指南［M］.北京：高等教育出版社，2010.

［20］李心婳，谭贻群.新编大学生创新创业教育［M］.北京：北京出版社，2019.

［21］REARDON，LENZ，SAMPSON，等.职业生涯发展与规划［M］侯志瑾，伍新春，等译.北京：高等教育出版社，2005

［22］闫俊霞，吴秋平，陈锐，大学生创新创业基础教程［M］.重庆：重庆大学出版社，2021.

［23］李雪萍.大学生创新创业指导［M］.成都：电子科技大学出版社，2020.

［24］［美］雷思·吉尔森著.选对池塘钓大鱼［M］.彭书淮编译.北京：机械工业出版，2004.

［25］郭西平.大学生职业生涯规划与创新创业指导［M］.西安：西北大学出版社，2020.

后 记

　　吉首大学所处的武陵山片区，既是国际生物多样性热点地区、国家重点生态功能区，又是长江流域重要生态屏障和我国重要的森林碳汇，更是众所周知的气候上的微生物发酵带、土壤中的富含硒带和植物群落里的亚麻酸带，动植物以及微生物资源都非常丰富。吉首大学"'原本·武陵'创新创业实践营"课程立足于武陵山片区的特色资源，开展了卓有成效的创新创业教育实践，取得了斐然的成果。《"原本·武陵"创新创业实践指南》由课程团队的相关老师根据日常的教育教学实践教案整理而成，具有较强的实用性。

　　《"原本·武陵"创新创业实践指南》由具有丰富实践指导经验的教师编著，共分为三篇九章，其中第一章、第二章、第三章、第四章由王永强、唐雯熙编写；第五章、第六章由吴涛编写；第七章由闫亮编写；第八章、第九章由黄兴龙编写；全书由王永强、彭清忠统稿。本书力求科学性、系统性和实用性的统一，可作为高校生命科学类专业学生开展专业实践的参考书，也可作为各专业大学生开展创新创业实践的参考书。该书也是湖南省普通高校教学改革研究重点项目"立足本土资源的生物类"双创"人才多维度协同培养模式研究与实践"（编号：HNJG-20230686）的阶段性成果之一。

　　本教材的出版得到了学校各方面的大力支持，吉首大学党委书记、博士生导师廖志坤教授在百忙之中为本书作序，教材编写过程中也得到很多领导、同行的关心、帮助与支持，很多同类的教材也丰富了我们的思路和素材，中南大学出版社的编辑也为本书的出版做了大量的工作，编写过程中也借鉴、参考了有关著作、教材、报刊和互联网的相关资料，吉首大学生物资源与环境科学学院生物科学国家级一流本科专业对教材出版给予了资助，吉首大学教务处对教材的编写给予了指导，在此一并表示感谢。由于作者水平和经验有限，书中难免会有错误和不妥之处，恳请广大读者批评指正，以便今后进一步修订完善。

　　希望本教材能对生命科学类专业的学生、创新创业实践者和其他读者有所启发和帮助。

作者

2025 年 1 月

图书在版编目（CIP）数据

"原本·武陵"创新创业实践指南／王永强，彭清忠
主编. --长沙：中南大学出版社，2025.5. --ISBN 978-
7-5487-6210-2

Ⅰ. G647.38
中国国家版本馆 CIP 数据核字第 20250QY685 号

"原本·武陵"创新创业实践指南

王永强　彭清忠　主编

□出 版 人	林绵优	
□责任编辑	刘颖维	
□责任印制	唐　曦	
□出版发行	中南大学出版社	
	社址：长沙市麓山南路	邮编：410083
	发行科电话：0731-88876770	传真：0731-88710482
□印　　装	长沙印通印刷有限公司	

□开　　本	787 mm×1092 mm 1/16	□印张 13	□字数 326 千字	
□版　　次	2025 年 5 月第 1 版	□印次 2025 年 5 月第 1 次印刷		
□书　　号	ISBN 978-7-5487-6210-2			
□定　　价	48.00 元			